‹Ain't I a Woman?› by Sojourner Truth

Well, children, where there is so much racket

there must be something out of kilter.

I think that 'twixt the negroes of the South

and the women at the North,

all talking about rights, the white men will be in a fix pretty soon.

But what's all this here talking about?

That man over there says that women need

to be helped into carriages,

and lifted over ditches, and

to have the best place everywhere.

Nobody ever helps me into carriages,

or over mud-puddles, or gives me any best place!

And ain't I a woman? Look at me! Look at my arm!

I have ploughed and planted,

and gathered into barns, and no man could head me!

And ain't I a woman?

I could work as much and eat as much

as a man - when I could get it

- and bear the lash as well!

And ain't I a woman?

I have borne thirteen children,

and seen most all sold off to slavery,

and when I cried out with my mother's grief,

none but Jesus heard me!

And ain't I a woman?

Then they talk about this thing in the head;

what's this they call it?

[member of audience whispers, "intellect"]

That's it, honey.

What's that got to do with women's rights or negroes' rights?

If my cup won't hold but a pint,

and yours holds a quart,

wouldn't you be mean not to let me have

my little half measure full?

Then that little man in black there,

he says women can't have as much rights as men,

'cause Christ wasn't a woman! Where did your Christ come from?

Where did your Christ come from? From God and a woman!

Man had nothing to do with Him.

If the first woman God ever made was

strong enough to turn the world upside down all alone,

these women together

ought to be able to turn it back ,

and get it right side up again!

And now they is asking to do it,

the men better let them.

Obliged to you for hearing me,

and now old Sojourner ain't got nothing more to say.

난여자가아닙니까?

난 여자가 아닙니까?
성×인종×계급의 미국사

초판 1쇄 펴낸날 2023년 6월 9일

지은이 벨 훅스
옮긴이 노지양
해제 김보명
펴낸이 이건복
펴낸곳 도서출판 동녘

책임편집 홍주은
편집 구형민 김다정 이지원 김혜윤
디자인 김태호
마케팅 임세현
관리 서숙희 이주원

등록 제311-1980-01호 1980년 3월 25일
주소 (10881) 경기도 파주시 회동길 77-26
전화 영업 031-955-3000 편집 031-955-3005 **전송** 031-955-3009
홈페이지 www.dongnyok.com **전자우편** editor@dongnyok.com
페이스북·인스타그램 @dongnyokpub
인쇄 새한문화사 **라미네이팅** 북웨어 **종이** 한서지업사

ISBN 978-89-7297-087-3 (03940)

- 앞표지에 쓰인 저자의 사진은 퍼블릭 도메인입니다.
- 잘못 만들어진 책은 구입처에서 바꿔 드립니다.
- 책값은 뒤표지에 쓰여 있습니다.

Ain't I a Woman

난 여자가 아닙니까?

성×인종×계급의 미국사

벨 훅스 지음 · 노지양 옮김

김보명(이화여대 여성학과) 해제

동녘

추천의 말

지난 20년간 출간된 여성 작가의 책 중 가장 영향력 있는 책!
—《퍼블리셔스 위클리》

젠더에 대한 사고방식을 바꿔주는 20세기 가장 논쟁적인
페미니즘 도서!
—《가디언》

시대를 초월하는 최고의 페미니즘 논픽션!
—《미즈》

흑인 여성의 권리를 무시했던 여성운동과 흑인운동을 무자비하게
비판한 격렬한 논쟁작. 도발적이고 환상적이며 영감을 준다!
—《뉴 스테이츠먼》

흑인 여성에 대한 인종차별과 성차별의 영향을 다룬 이 책의 통찰은
오늘날에도 딱 들어맞는다. 모든 여성의 진정한 평등을 위해
무엇이 필요한지 알려주는 책.
— 엠마 왓슨(영화배우)

1981년 이 책의 출간 이후 벨 훅스는 미국에서 가장 날카로운
문화비평가 중 한 명이 되었다. 아프리카계 미국 여성의 입장에서 쓴
훅스의 이 초기작은 현대의 문화생활에서 인종, 성별, 계급의
상호 관계를 논리적으로 분석하며 미국 페미니즘 이론의
지형을 새로이 그리는 데 큰 도움을 주었다.
— 샐리 키넌(영국 사우샘프턴대학교 명예교수)

인종차별주의, 여성혐오주의, 제국주의, 자본주의적 가부장제에 의해
억압받은 미국 흑인 여성의 역사를 흡인력 있게 묘사한 수작.
페미니스트라면 반드시 이 책을 읽어야 한다.
— 셰릴 클라크(시인 겸 흑인 페미니즘 활동가, 《레즈비언으로 살기》 저자)

이 책은 가장 흥미롭고 명쾌한 페미니즘 도서 중 하나이다.
흑인의 역사와 여성의 역사, 그리고 지금껏 너무 많이 간과되어온
그 둘 간의 연관성에 관심이 있는 사람이라면 누구에게든
진심을 다해 이 책을 추천할 수 있다.
— 마리아 K. 무트리(미국 일리노이대학교 스프링필드캠퍼스 부교수)

인식의 지평을 완전히 다르게 열어주는 질문이 있다.
1851년 오하이오주 애크런의 집회에서, 흑인 노예 출신이었던
소저너 트루스는 '신사의 에스코트를 받는 숙녀에게
왜 참정권이 필요한지'를 묻는 이들에게 이렇게 되물었다.
"난 여자가 아닙니까?" 한 번도 숙녀로 취급받아본 적 없는 여자가 던진
통쾌한 한 방이었다. 1981년 벨 훅스는 자신의 첫 번째 책 제목으로
이 질문을 다시 가져와 페미니즘 내부의 백인 중심성에
불가역적인 균열을 냈다. 누가 여자를 진정으로 대표할 수 있는지
그 자격 여부가 심문의 대상으로 올라갈 때마다
이 질문은 페미니즘의 역사에서 하나의 좌표가 되어왔다.
생물학적 본질주의가 만들어낸 젠더이분법이 여전히 강고한 지금,
대문자 단수 여자의 세계에서 소문자 복수 여자들의 세계로
가고자 했던 벨 훅스의 이 역사적인 책을 함께 읽자.
— 권김현영(여성주의 연구활동가, 《여자들의 사회》 저자)

한때 시를 쓰셨고 읽기와 쓰기를 향한 순수한 갈망과 사랑을 내게 물려주신

나의 어머니 로자 벨에게

일러두기

1. 본문에 사용한 기호의 쓰임새는 다음과 같다.

   《 》: 단행본, 잡지, 신문

   〈 〉: 단편, 논문, 기사, 영화, TV 프로그램, 강의

2. 본문의 굵은 고딕체는 원서에서 강조한 부분이다.

3. 옮긴이 주는 대괄호([ ])를 사용해 표기했다.

4. 우리말로 번역되어 출간된 도서는 번역서의 제목으로 표기했다.

5. 인명과 지명의 표기는 관행상 굳어진 경우를 제외하고는 외래어 표기법을 따랐다.

들어가는 말

아주 어릴 때부터 작가가 되고 싶었다. 책에 빠져들었던 10대 소녀 시절, 책은 나를 익숙한 세상과는 완전히 다른 새롭고 놀라운 세계로 인도해주었다. 책은 이국적이고 색다른 신세계와도 같았다. 책에는 모험이 있고 다르게 생각하는 방법도 있었다. 가장 중요한 건, 책이 가져다주는 새로운 관점 덕분에 나만의 작은 안전지대에서 빠져나올 수 있다는 점이었다. 나는 작은 책 한 권만 있으면 세상이 달리 보인다는 것, 페이지 속 단어가 나를 다른 사람으로 바꾸어놓을 수 있다는 사실에 경외심을 품기 시작했다. 내가 대학에 다니던 시절, 이 사회의 고정된 성역할과 가부장제가 사라져야 한다고 주장하는 페미니즘운동이 일어났다. 그 시대에 **여성해방**이란 젠더에 대한 이 놀랍고도 신선한 사고방식에 붙여지는 이름이었다. 나 또한 이전부터 사회가 주입하는 전통적인 여성상과 내가 맞지 않는다고 느꼈기에 여성해방운동에 간절히 참여하고 싶었다. 나를 위해, 내가 사랑하는 여자들을 위해, 모든 여자들을 위해 자유라는 공간을 만들고 싶었다.

그 뒤 페미니스트 의식 고취 모임에 열심히 참여하면서 인종, 계급, 젠더 차이의 현실을 맞닥뜨리게 될 수밖에 없었다. 나는 여자의 자리가 어디인가에 관한 성차별적인 규정을 언제나 반대해왔기 때문에 여성해방운동 내에서의 여자의 자리와 정체성에도 의문을 제기했으나, 그 운동 안에서 나 자신을 위한 자리를 찾을 수 없었다. 젊은 흑인 여성의 경험은 인정받지 못했다. 내 목소리나 나와 같은 여성의 목소리는 경청되지 않았다. 이 운동을 통해 나 자신과, 사회에서의 나의 위치에 대해 얼마나 무지했는지 깨닫게 되었다.

내 목소리를 낼 수 없다면 이 운동에 속할 수가 없다고 생각했다. 다른 사람들에게 나의 이야기를 들어달라고 하기 전에 내가 먼저 내 목소리를 듣고 내 정체성을 발견해야 했다. 여성학 과목을 수강하면서 이 사회가 여성에게서 무엇을 기대하는지 배웠다. 젠더 차이에 대한 새로운 사실들을 알게 되었고 성차별과 가부장제에 대해, 이 시스템들이 여성의 역할과 정체성을 형성하는 방법에 대해서도 공부했다. 하지만 우리 문화에서 흑인 여성들이 어떤 역할을 해왔는지는 배울 수가 없었다. 흑인 여성으로서의 나를 이해하고 이 사회에서 흑인 여성에게 주어진 자리를 이해하고 싶었기에 나는 강의실을 나가야 했다. 또 백인 친구들의 책과 논문에서도 벗어나야 했다. 이것들은 여성해방이 무엇인지 설명하고 젠더와 여성의 위치에 대한 급진적이고 대안적인 관점을 제공하고 있었지만 충분하지 않았다.

젠더 정의를 위한 혁명 운동 안에서 흑인 여자가 어떤 위치에 있는지 알아보기 위해서는 더 크고 넓은 사회에서 우리가 어디에 서 있었는지도 이해해야 했다. 그동안 성차별과 성차별적인 사고가 여성의 정체성을 어떻게 형성해왔는지는 넘치도록 배우고 공부했지만 인종이 여성의 정체성을 어떻게 형성해왔는지는 전혀 배우지 못했었다. 강의실과 의식 고취 모임에서 인종과 인종차별로 인해 우리 삶은 달라질 수밖에 없었다는 이야기를 꺼내면 백인 여자 동기들은 전혀 귀담아듣지 않거나 관심을 다른 곳으로 돌리면서 우리 사이에 자매애부터 형성돼야 한다고 말하곤 했다. 그들 한가운데에 내가 있었다. 켄터키 시골 농장에서 올라온 건방진 흑인 여자애가 흑인 여자와 백인 여자의 삶의 경험은 다를 수밖에 없다는 이야기를 꺼낸 것이다. 그때부터 이 다름에 대해 이야기하고 싶었고, 다르다는 것의 의미를 설명하고 싶었다. 그 시절의 호기심과 노력이 지금 이 책《난 여자가 아닙니까?》의 밑바탕이 되었다고 할 수 있다.

이 책은 학부생 시절 처음 자료조사에 착수했고 초고도 썼다. 지금으로부터 무려 40년 전이라는 사실이 새삼 놀라울 뿐이다. 처음 이 논문을 들고 책으로 출간해줄 출판사를 찾았을 때는 거듭 거절만 당했다. 그때는 흑인 여자가 쓴 흑인 여성에 대한 책을 읽을 독자가 있으리란 생각을 아무도 하지 못한 것 같다. 그 시절의 흑인들은 여성해방운동이란 시간 많고 팔자 좋은 백

들어가는 말

인 여자들이나 하는 것이라 생각했다. 그래서 이 운동을 열렬히 끌어안은 개개인의 흑인 여성들은 고립되거나 다른 흑인들과 멀어질 수밖에 없었다. 우리는 백인들만 가득한 모임에서 유일한 흑인일 때가 대부분이었다. 그때 용기 내어 인종 문제를 꺼내면 젠더 정치를 논할 시간을 빼앗는다는 말을 들었다. 따라서 흑인 여성은 인종, 계급, 젠더에 대한 우리의 이해를 설명하고 알리기 위해 독립적이고 구분되는 책을 써야만 했다.

급진 페미니즘 정치와 창작욕을 결합하면서 나는 계급과 교육 수준에 상관없이 누구나 쉽게 이해하고 읽을 수 있는 책을 쓰고 싶다는 생각이 강해졌다. 그 시절 페미니즘 사상가들은 독자층에 대해 고심하곤 했다. 우리의 작품을 어떤 사람들이 읽으면 좋을까? 더 광범위한 독자에게 다가가려면 명료하고 구체적인 글을 써야 하고, 대학 문턱에도 가보지 못한 사람들, 때로는 고등학교도 졸업하지 못한 사람들도 읽을 수 있어야 한다. 그래서 나는 우리 어머니를 이상적인 독자로 설정했는데, 우리 어머니야말로 페미니즘 사상으로 가장 개종시키고 싶은 독자였다. 그렇게 나는 다양한 배경을 가진 독자들이 이해할 수 있는 글쓰기 방식을 개발해나갔다.

《난 여자가 아닙니까?》가 완성되고 몇 년 후 내가 20대 후반일 때 드디어 책이 출간되었다. 그 시절 나는 자아실현을 하고 자유롭고 독립적인 여성이 되고자 고군분투하고 있었고 이 책은 그 시기의 완성처럼 느껴졌다. 처음 여성학 강의실에 들어갔을 때 내가 만난 교수님은 백인 여성 작가 틸리 올슨Tillie Olson이었다. 그분은 일하며 아이를 키우는 여자들, 남성에게 속박된 여자들의 삶에 대해 이야기했고 그분이 울 때 나도 함께 울었다. 그분의 에세이 〈나는 여기 다림질하며 서 있다Stand Here Ironing〉를 함께 읽으며 우리 어머니를 생각했고 우리 어머니 같은 여자들, 1950년대에 자란 여성들을 새로운 관점에서 보기 시작했다. 우리 어머니는 스무 살도 채 되기 전에 결혼해 아이들을 줄줄이 낳았다. 스스로 여성해방운동가libber라고 생각한 적은 없었을지 몰라도 엄마는 성차별적 억압을 몸으로 경험했고, 교육열이 강해 여섯 딸들에게 반드시 공부를 해야 한다고, 그래야 스스로 경제적 주체가 되어 남자에게 의지하지 않을 수 있다고 가르쳤다. 물론 우리도 연애를 하고 결혼을 할 수도 있다고 생각했지만 그 전에 우리 자신을 돌볼 수 있어야 했다. 어머니 자신은 가부장제의 굴레에 속박돼 있었지만 우리에게는 이 속박을 풀고 자유롭게 나가야 한다고 했다. 그래서 나는 이 책의 표지에 우리 어머니 로자 벨 왓킨스Rosa Bell Watkins의 사진을 실으려 한다[원서 표지에는 로자 벨의 사진이 사용됐다].

내가 쓴 그 어떤 책보다 이 책《난 여자가 아닙니까?》를 쓸 때, 어머니와의 관계가 영감과 자료가 되었다. 이 책은 내가 어렸을 때, 페미니즘운동 또한 아직 갈 길이 멀 때 쓴 글이라 부족한 점이 많다. 하지만 흑인 여성과 페미니즘의 뿌리를 탐구하고 싶은 독자들에게는 여전히 중요한 자료가 되리라 믿는다. 어머니는 돌아가셨지만 나는 어머니를 생각하지 않은 날이 단 하루도 없다. 아무런 정치적 운동의 지지를 받지 못했고 페미니즘 이

론도 공부하지 못했지만 우리에게 자유와 해방의 청사진을 그려
준 이들은 우리의 어머니들이다. 그들이 다음 세대에게 건네준
선물은 바로 선택과 자유였고 한 인간으로서의 온전한 정신, 신
체, 존재 그 자체의 귀함이었다.

서장

"내가 경험한 인생에서 이 두 가지는
불가분의 관계에 있었고 태어난 순간부터
이 두 가지 조건이 나의 운명을 결정했다고 느꼈다.
나는 흑인으로 태어났고 여성으로 태어났다.
그것이 내 운명이었다."

미국 역사에서 언젠가 한 번쯤은 전국의 흑인 여성들이 다 같이 일어나 여성의 사회적 평등을 주장하고 성차별이 우리의 사회적 지위에 어떤 영향력을 미치는지 제발 인식해달라고 요구할 수도 있었을 것이다. 그러나 우리는 침묵했다. 우리가 침묵한 이유는 백인 여성해방운동이 우리 뜻에 맞지 않아서도, 우리가 흑인 남성 가부장제와 연대하고 있음을 보여주고 싶어서도 아니었다. 이 침묵은 핍박받는 이들 특유의 침묵이었다. 자신의 운명을 받아들이고 포기하는 사람들 사이에서 필연적으로 생성되는 깊은 우물 같은 침묵이었다. 현시대 흑인 여성은 중요한 사회운동이었던 여성인권운동에 참여하여 적극적으로 싸울 수 없었는데, 먼저 '여성됨womanhood[여성 집단의 전형적인 특성]'이란 것 자체를 우리 정체성의 중요한 부분으로 인식하지 못했기 때문이다. 인종차별적, 성차별적 사회에서 태어나 자라면서 우리는 우리가 여성임은 그다지 중요한 것이 아니라 여기게 되었고 인종만이 우리 정체성의 전부라는 생각에 길들여졌다. 다시 말해서 우리는 우리의 중요한 일부를 부정하라고 요구받았고 실제로 그렇게 했다. 그 결과 여성운동이 성차별을 중요한 이슈로 들고 왔을 때 우리에게는 인종차별이라는 보다 가혹하고 잔인한 현실이 있으니 성차별 따위는 대수롭지 않다고 주장했다. 어쩌면 성차별이 인종차별만큼이나 우리를 압박하고 있다는 사실을 받아들이기가 두려웠을지도 모른다. 우리는 인종 탄압과 폭력에서만 벗어나면 앞으로 충분히 자유롭게, 인간답게 살 수 있다는 희망에 매달려 왔다. 우리 시대의 젊은 흑인 여성들은 현실에 순응하고 여성이 남성보다 열등하다고 받아들인 후 조용히 침묵했다는 점에서 오히려 전에 없던 새로운 세대였다.

19세기 미국의 흑인 여성은 우리와는 달랐다. 그들은 진정한 자유를 얻기 위해선 여성의 인권을 제도적으로 제한하는 성차별적 사회질서에서 해방돼야 하지만 그것이 전부가 아니라는 사실도 인지했다. 그 시대 흑인 여성은 인종평등을 위해 싸웠을 뿐 아니라 여성인권운동에도 참여했다. 누군가 흑인 여성의 여성운동 참여가 인종평등 운동에 방해가 되지 않느냐고 문제를 제기하면 그들은 흑인 여성의 사회적 지위 향상은 모든 흑인들에게 이익이 된다고 단호하게 주장했다. 1893년에 세계여성대표대회World's Congress of Representative Women에서 안나 줄리아 쿠퍼Anna Julia Cooper는 흑인 여성의 지위에 대해 다음과 같이 연설했다.

수준 높은 문명의 열매는 단기간에 거둘 수 없습니다. 30여 년 정도의 짧은 시간 동안 완성되지 않습니다. 여러 세대 동안 길고 지난하고 고통스러운 과정을 거쳐 성장합니다. 이 나라에서 유색인 여성이 가장 탄압받았던 암흑의 시기가 역사에 기록돼 있진 않지만 그 시기에는 영웅적인 분투가 있었습니다. 두렵고 압도적인 현실에 저항하다 끝내 목숨을 잃은 여성들도 많았습니다. 그들은 자신의 생명보다 더 소중한 가치를 유지하고 보호하기 위해 목숨을 바친 것입니다. 그 시대 어머니들은 먹고 살 돈을 벌기 위해서, 자신의 딸들만큼은 자기 몸의 주인이 되게 하기 위해서 느리게, 조용히 싸우며 고난을 감내했습니다. 덫에 갇힌 암호랑이처럼 절망적인 싸움을 하면서 자신의 사람들을 지켰고, 서사시 같은 이야기들을 우리에게 들려주었습니다. 물론 홍수 밑에서 물의 흐름을 바꿀 정도로 많은 일이 일어나고 있다는 것도 모르지 않습니다. 사실 우리 여자들 대다수는 영웅이 아닙니다. 어떤 인종이건 다수의 여자들이 영웅이었던 적이 있는지는 모르겠군요. 하지만 저에게 가장 중요한 사실은, 미국의 최상층계급의 눈에 흑인 여자는 가축이나 마찬가지요, 무식하고 무책임한 것들이며, 주인의 변덕에 따라 휘둘리는 존재였음에도 불구하고 우리 아프리카계 미국 여성은 이제까지 어디에서도 본 적 없는, 어느 누구 앞에서도 당당하고 훌륭한 여성됨을 지켜왔다는 사실입니다. 하지만 이러한 이상적인 여성됨은 정식 교육을 받지 못한 정신 안에서 발전하지 못하고 숨어 있거나 시들어버려 우리의 말을 들어달라고 요구할 수 있는 창구가 없었습니다. 백인 여성은 적어도 해방과 자유를 애원해볼 수는 있었습니다. 그러나 흑인 여성은 이중으로 노예 생활을 하며 고통받거나 분투하거나 침묵할 수밖에 없었습니다.

그러나 이 침묵은 깨졌다. 미국 역사상 처음으로 메리 처치 테럴Mary Church Terrell, 소저너 트루스Sojourner Truth, 안나 쿠퍼, 어맨다 베리 스미스Amanda Berry Smith 등의 흑인 여성이 침묵의 세월을 깨고 나와서 자신의 삶과 경험을 묘사하고 기록하기 시작한 것이다. 이들은 특히 자신들의 운명을 흑인 남성의 것과 구분해 '여성으로서의 삶'을 강조했다. 당시 백인 남성이 흑인 남성의 투표권을 지지하고 흑인이건 백인이건 여성의 선거권은 박탈하려고 했다는 점에서 흑인 남성의 위치를 가늠해볼 수 있다. 호레이스 그릴리Horace Greeley와 웬들 필립스Wendell Phillips는 이 특정 시기를 "니그로의 시간"이라고 불렀지만 사실 그때 논의되던 흑인 참정권은 오직 흑인 남성만을 대상으로 했다. 백인 남성은 흑인 남성의 선거권을 지지하고 백인 여성의 선거권을 반대하면서 뿌리 깊은 성차별을 드러냈다(짧았지만 이때는 미국 역사에서 성차별이 인종차별보다 더 강한 힘을 발휘했던 유일한 시기이기도 하다). 백인 여성운동가들은 백인 남성이 흑인 남성 투표권을 지지하기 전에 자신들이 먼저 흑인 정치활동가들과 연대하면 여성운동의 대의가 더 분명해질거라 생각했다. 그러나 자신들은 빼고 흑인 남성만 선거권을 얻을 수 있을 것 같은 분위기가 형성되자 흑인들과의 정치적 연대는 바로 저버리고 백인 남성들에게 인종적 연대를 호소하며 흑인 남성 참정권을 지지하려는 계획을 철수시키려 했다.

이렇듯 백인 여성인권운동가들의 인종차별주의가 수면으로 올라오자 그들과 흑인운동가들의 취약했던 연대는 즉시 깨졌다. 엘리자베스 케이디 스탠턴Elizabeth Cady Stanton이 1869년《레볼

루션Revolution》에 실은 〈여성과 흑인 남성Women and Black Men〉이라는 글을 보자. "성년 남자 참정권"을 운운한 이 보수적인 논평은 흑인 남성과 여성 사이에 분열과 적의를 형성하는 것을 목표로 했고 결국 이 두 집단 사이의 갈등은 무마되지 못했다. 많은 흑인 남성 정치활동가들은 여성 인권 지지자들의 대의명분에는 공감했지만 자신들이 참정권을 얻을 수 있는 기회를 놓칠 수는 없었다. 흑인 여성은 딜레마에 빠졌다. 여성의 참정권을 지지하면 공공연하게 인종차별주의를 드러낸 백인 여성운동가들과 연합한다는 의미였고, 흑인 남성 참정권만을 지지한다면 자신들에게 정치적 목소리를 가져다주지 못할 가부장제적 사회질서를 공개적으로 지지하는 셈이 되었다. 소저너 트루스는 이 문제에 대해 가장 크게 목소리를 냈다. 그녀는 여성이 투표권을 얻어야 한다고 당당하게 주장했고 이 권리 없이는 흑인 여성이 남성에게 복종할 수밖에 없음을 강조했다. "유색인 남성이 권리를 얻는 문제에 대해서는 여러 논의와 운동이 이루어지지만 유색인 여성에 대해서는 말 한마디 나오지 않는다. 만약 유색인 남성이 마땅한 권리를 얻고 여성은 얻지 못한다면, 유색인 남성은 여성의 지배자가 될 것이며 그것은 이전과 마찬가지로 지독히 나쁜 상황일 것이다." 소저너 트루스는 미국 시민들에게 성차별은 인종차별만큼이나 흑인 여성의 자유에 실제적인 위협이 된다는 사실을 설득하려 했다. 하지만 백인과 흑인 여성운동가들의 저항에도 불구하고 성차별은 그 시대를 지배했고 결국 흑인 남성이 먼저 참정권을 부여받았다.

노예제 기간과 대부분의 재건 시대 기간 동안 흑인 여성과 흑인 남성은 해방을 위해 똑같이 싸웠음에도 불구하고 흑인 남성 정치지도자들은 남성이 더 우월하다는 가부장적 가치를 지켰다. 흑인 남성 자신들은 미국의 모든 분야에서 입지를 넓혀가면서도 흑인 여성은 뒤에서 수동적인 역할만 수행하길 원했다. 흑인 여성의 지적, 정치적 참여가 큰 몫을 했던 19세기의 급진적인 혁명 정신은 시들기 시작했다. 20세기에는 흑인들의 정치와 사회 내에서 흑인 여성의 역할에 확실한 변화가 일어났다. 이 변화는 급진적 사회 개혁을 위해 노력하던 모든 미국 여성들의 입지가 전반적으로 후퇴하고 있음을 나타내는 표시였다. 20세기 초반 여성인권운동이 끝나가고 있을 때 흑인 여성해방운동가들의 목소리는 대체로 묵인되었다. 1차 세계대전이 발발하면서 이 운동 초기에 불붙었던 열정도 사그라들었다. 흑인 여성은 노동 현장에 들어가 흑인 남성과 동일하게 생존 전쟁에 참여하면서도 성차별 타파를 주장하지는 않았다. 20세기 흑인 여성들은 성차별을 자연의 법칙처럼 바꿀 수 없는 현실로 받아들였다. 30~40대 흑인 여성들에게 설문조사를 하여 그들 삶을 가장 짓누르는 힘이 무엇인지 물었다면 가장 먼저 나온 대답은 성차별이 아니라 인종차별이었을 것이다.

1950년대에 흑인민권운동이 시작되면서 흑인 여성과 흑인 남성은 다시 인종평등을 위해 연대했으나 흑인 여성운동가들은 남성 지도자들이 받았던 대중의 관심과 칭송을 받지 못했다. 흑인 공동체에서도 성차별적 역할 패턴은 다른 미국 공동체와 비슷했다. 흑인들 사이에서 가장 존경받고 찬사받는 지도자들은 당연하다는 듯 남성이었다. 흑인인권운동가들은 자유를 미국 문화 안에서 완전한 시민으로 인정받는 권리로 정의했다. 그들은 미국 문화의 가치체계를 거부하지 않았다. 그 결과 가부장제의 정당성에도 전혀 의문을 제기하지 않았다. 1960년대 흑인해방운동은 흑인들이 여자와 남자의 역할에 확실히 선을 긋고 인종주의 저항에 참가한 첫 운동이었다고 할 수 있다. 흑인 남성 활동가들은 이 운동에 참여한 흑인 여성들이 차별적인 성역할 패턴에 순응할 것이라는 기대를 전혀 숨기지 않았다. 더 나아가 흑인 여성은 수동적인 역할을 군말 없이 받아들여야 한다고 주장하기도 했다. 여자라면 자고로 가정을 돌보고 혁명의 전사들을 낳아 길러야 했다. 토니 케이드 밤바라Toni Cade Bambara의 글 〈역할의 문제에 관하여On the Issue of Roles〉는 1960년대 흑인 조직들 사이에 만연한 성차별적 태도를 논한다.

이름만 대면 아는 모든 조직에서 한두 번 이상 나오는 말이 있다. 여자들은 전화나 받고 커피나 타는데 남자들은 기사를 쓰고 정치적으로 활동한다는 점에서, 반항심과 저항 정신이 있는 여성 간부들 사이에 불만이 터지기 시작하는 것이다. 어떤 조직은 선심 쓰듯 여성 당원들에게 윗자리 두세 개 정도를 준다. 어떤 조직은 아예 여자들에게 따로 간부 회의를 조직하든지 해서 조직을 분열시키지 말고 조용히 활동하라고 말한다. 어떤 이들은 대뜸 화를 내며 그럴 거면 나가서 아예 여자들만의 단체를 만들라고 말하기도 한다. 시간이 흐르면서 이 문제에 대한 갈등은 잠잠해졌다. 하지만 나는 아직도 이 문제에 관해서 조직들이 취하는 입장과 객관적인 분석을 들은 적이 없다. 흑인 여성들이 무조건 인내하고 지지하고 옆에서 보살펴야 우리 흑인 남성이 남자다움을 다시 찾을 수 있다고 말하는 남자도 있었다. 그들이 주장하는 여자다움이란 (그나마도 그에 대한 생각이나 주장을 말해야 하는 어쩔 수 없는 상황일 때나 말하지만) 자신의 남자다움을 어떻게 정의하느냐에 달려 있을 뿐이다. 이렇게 말도 안되는 일이 계속되고 있다.

일부 흑인 여성운동가들은 부차적인 역할만 맡도록 종용하는 남성을 거부하기도 했지만 일부는 나서지 말라는 남자들의 요구에 말없이 순응하기도 했다. 따라서 모든 흑인들을 인종차별에서 해방하기 위해 시작되었던 운동은 주요 목적이 흑인 남성의 가부장제 확립인 운동이 되어버렸다. 흑인 남성의 이익 증진에 주력하는 운동이 흑인 여성의 사회적 위치에 성차별과 인종차별이 이중으로 작용함에 관심을 기울일 리는 없을 것이다. 그들은 흑인 여성들에게 뒤에 숨은 조력자로만 만족하라고 말했다. 그래야 스포트라이트가 온전히 흑인 남성에게만 돌아가기 때문이다. 흑인 여성이 성차별과 인종차별이라는 이중고에 희생되었다는 사실은 세상에서 가장 중요한 일이 될 수는 없다. 여성의 고난과 아픔이 아무리 크다 해도 남성이 당하는 고통보다 우선시될 수는 없다.

최근의 여성운동이 성차별과 인종차별의 희생자가 된 흑인 여성에게 잠시 주목하긴 했으나 백인 페미니스트들은 차별의 부정적인 영향을 하나하나 짚어보기보다는 흑인 여성의 경험을 무작정 낭만화하는 경향이 있었다. 백인 페미니스트들은 잠깐은 흑인 여성의 희생을 인정하는 듯하지만 그 말이 끝나기도 전에 흑인 여성의 타고난 강인함을 강조한다. 흑인 여성이 탄압과 폭력 속에 살아온 건 맞지만 그들은 그 핍박에서도 손상되지 않고 살아남을 수 있었다고 했다. 왜냐면 그들이 남다른 의지와 힘을 지닌 사람들이기 때문이라는 것이다. 그러나 실상은 절대 그렇지 않다. 사람들은 흑인 여성의 "강인함"을 거론하며 흑인 여성이 차별과 억압을 어떻게 감내하고 대처해왔는지만 찬양한다. 그러나 차별과 폭력 속에서 강인해지는 것은 차별과 폭력을 극복하는 것과 전혀 동일하지 않다. 불굴의 인내를 변혁의 정신과 혼동해서는 안 된다. 특히 흑인 여성의 경험을 관찰하는 이들은 이 두 가지를 혼동하는 경우가 무척 많다. 여성운동에서만 흑인 여성의 경험을 낭만화하는 게 아니라 미국 문화 전반에서 흑인 여성의 힘을 감상적으로 묘사한다. "강인한" 흑인 여성이라는 정형화된 이미지는 더 이상 고난과 핍박의 상징이 아니라 흑인 여성의 영광을 빛내는 새로운 배지가 되었다. 여성운동이 가장 활발하게 진행되었을 때 백인 여성은 양육자, 희생자, 성적 대상의 역할을 거부한 반면 흑인 여성은 양육이라는 신성한 역할을 감당하는 헌신과 희생으로 칭송받았다. 흑인 여성은 "선천적으로" 강하니 어떤 고난도 참아낼 수 있고, 성적 대상으로 여겨져도 받아들일 수 있다는 것이다. 우리는 마치 만장일치로 백인 여성이 떠난 자리를 맡는 역할에 선발된 듯했다. 그들에게 《미즈 Ms.》[여성해방과 인권을 다룬 잡지]가 있었다면 우리에게는 《에센스

Essence》[흑인 여성을 위한 뷰티 생활 정보 잡지]가 주어졌다. 그들은 자신들의 삶에 성차별이 미친 부정적 영향을 논하는 책을 읽었지만 우리는 여성해방에서는 얻을 것이 없다고 주장하는 책을 읽었다. 흑인 여성의 존엄성은 성차별에서의 해방이 아니라 우리가 주어진 상황에 얼마나 잘 적응하고 조정하고 대처하는지에 따라 결정된다고 들었다. 우리는 앉아 있던 자리에서 얌전히 일어나 "선량한 여인들"이라며 박수를 받은 다음, 다시 자리에 앉아서 입을 꾹 다물고 있어야 했다. 성차별이 인종차별과 따로 또 같이 작용하며 어떤 방식으로 우리를 억압하는지를 논의하려고 하는 사람은 한 명도 없었다.

미국 내 다른 어떤 집단도 흑인 여성만큼 정체성이 지워지는 경우는 없을 것이다. 우리는 흑인 남성과 독립된 별개의 집단으로 인식되지도 않았고 이 문화 내의 더 큰 집단인 "여성"의 일부로도 여겨지지 않았다. 흑인에 관해 이야기할 때 성차별은 흑인 여성의 이익에 오히려 방해가 되는 것으로 여겨졌다. 여성에 관해 이야기할 때면 인종차별이 흑인 여성의 이익에 반하는 것으로 여겨졌다. 흑인들에 관해 이야기될 때 초점은 보통 **흑인 남성**에게 맞춰졌다. 여성이 논의의 중심이 될 때 초점은 주로 **백인 여성**에게 맞춰졌다. 대부분의 페미니즘 관련 문헌에도 이런 현상은 명백히 드러나 있다. 예를 들어 다음은 19세기에 백인 남성이 흑인 남성 참정권을 먼저 지지했을 때 백인 여성의 반응을 묘사한 글이다. 윌리엄 오닐William O'Neill의 책 《모두가 용감했다 Everyone Was Brave》에서 발췌했다.

남성이 여성이 아니라 니그로의 투표권을 먼저 지지했다는 점에 여성들은 큰 충격을 받았고 남성들에게 멸시를 당했다고 느꼈다. 이는 여성들이 흑인 남성들에 대해 느끼던 연민에 한계가 있었다는 것을 의미하며, 이들 사이에 존재했던 연대는 깨지고 말았다.

이 문단은 성차별과 인종차별을 정확하게 관찰하고 기록하는 데 실패했는데, 왜냐하면 바로 그 성차별과 인종차별로 인해 흑인 여성을 완벽하게 배제해버렸기 때문이다. 위에서 "남성이 여성이 아니라 니그로의 투표권을 먼저 지지했다는 점에 여성들은 큰 충격을 받았고"라고 했는데 이 문장에서 남성이라는 단어는 **백인 남성**만 가리키고 니그로라는 단어는 **흑인 남성**만 가리키며 여성이라는 단어는 **백인 여성**만 가리킨다. 보다 정확하고 구체적인 호칭은 인정되지 않거나 고의적으로 숨겨진다. 또 하나의 예는 비교적 최근 저서인 역사가 바버라 버그Barbara Berg의《기억된 문: 미국 페미니즘의 기원The Remembered Gate: Origins of American Feminism》에서 찾을 수 있다. 버그는 다음과 같이 기술한다.

참정권 전쟁에서 무시당한 여성들은 페미니즘의 원칙까지 타협해야 했다. 세기말 미국 사회는 매우 혼란스럽고 복잡했기에 참정권 운동가들은 선거권 요구의 기본 사항조차도 바꿀 수밖에 없었다.

여기서 버그가 말한 여성이란 백인 여성을 의미하지만 그녀는 이 점을 전혀 언급하지 않는다. 미국 역사서 전체에서 역사가들은 백인의 인종차별적 제국주의 내 백인 여성의 경험만을 기술하면서도 관습적으로 "여성"이라는 단어를 사용한다. 이러한 관습은 의식적이었건 무의식적이었건 미국 내 비백인 여성의 존재를 부정함으로써 인종주의를 영속시켰다고 할 수 있다. 또한 백인 여성을 정의하는 유일한 특징이 성별이라고 가정하고 그들의 인종적 정체성을 부정한다는 면에서 성차별을 영속시켰다. 백인 여성해방론자들은 이러한 성차별-인종차별적 행태에 의문을 제기하지 않았다. 그들은 그것을 계속 유지하기를 택했다.

백인 여성이 흑인 여성 배제를 아무렇지 않게 지지한 가장 대표적인 예는 백인들이 실제로는 백인 여성과 흑인의 사회적 위치를 비교하면서 "여성"과 "흑인"이라는 용어를 사용하는 것이었다. 인종차별적 사회의 다른 사람들과 마찬가지로 백인 페미니스트들은 아무런 문제의식 없이 "여성 문제"에 대한 책이나 칼럼을 썼고 아무렇지 않게 "여성"과 "흑인"을 비교하고 분석했다. 그러한 비교 분석을 통해 두 이질적인 현상을 비슷한 것처럼 만들면 백인 여성들의 힘, 매력, 존재의 이유를 끌어낼 수 있었다. 백인 여성이 "흑인" 안에 "여성"이 겹쳐 들어간다는 사실(왜냐하면 흑인 여성이 존재하기 때문에)을 인정하면 이러한 비교 분석은 불필요해졌다. 흑인과 여성이 지속적으로 비교되자 부지불식간에 "여성"은 "백인 여성"과 동의어가 되었고 "흑인"은 "흑인 남성"과 동의어가 되었다. 이 사실이 나타내는 것은 원래는 성차별 타파에 가장 큰 관심을 기울여야 할 인권운동의 언어 안에 흑인 여성을 향한 성차별-인종차별적 태도가 만연하다는 사실이다. 미국 사회에서 성차별-인종차별적 태도가 남성의 의식에만 존재하는 것은 아니다. 그것은 우리의 사고와 존재의 모든 방식에서 나타날 수밖에 없다. 그러나 여성운동에서는 적절한 페미니즘 수사만 받아들이면 성차별적 사고에서 자유로워질 것이라 가정하는 경우가 너무나 많다. 더 나아가 자신을 차별의 피해자로 정체화하기만 하면 자신이 차별의 가해자가 되는 일은 없다고 가정해버린다. 이런 사고가 깔려 있었던 백인 페미니스트들은 흑인 여성을 향한 자신들의 성차별-인종차별적 태도를 이해하거나 극복하지 못했다. 그들은 자매애라는 개념과 여성들 간 연대에 대해 열심히 달콤한 말을 하면서도 흑인 여성은 관심 밖으로 내몰았다.

19세기 흑인 남성 참정권 대 여성 참정권의 갈등 상황 속에서 흑인 여성의 입장이 곤란해졌던 것처럼 20세기 중반 흑인 여성은 흑인 남성 가부장제의 이익을 우선시하는 흑인민권운동과 인종차별적 백인 여성의 이익에 부합하는 여성해방운동 중에서 선택하라는 요구를 받았다. 그들은 이 두 가지 운동이 변해야 한다고 주장하거나 흑인 여성의 이익도 인정해달라고 주장하지 못했다. 흑인 여성 대다수는 흑인 가부장제 쪽으로 기울었는데, 그래야 자신들도 보호받을 것이라 믿어서였다. 소수의 흑인 여성만이 페미니즘운동과 연대했다. 여성의 권리를 지지해야 한다고 말할 수 있었던 용기 있던 사람들은 흑인 공동체 내에서 공격과 비난을 받아야 했다. 남은 흑인 여성은 이도 저도 선택하지 못한 채, 성차별을 하는 흑인 남성과도 인종차별을 하는 백인 여성과도 연합하고 싶지 않다고 생각하게 되었다. 그렇다면 그러한 흑인 여성들이 뭉쳐 우리를 배제하는 저 두 집단에 항의하면 되지 않았을까? 그렇지 못했다. 성차별-인종차별적 사회는 효과적으로 우리를 세뇌해 우리도 성차별과 인종차별을 내면화했고 우리의 이익은 싸워 얻을 만큼 가치가 있지 않다고, 우리에게 주어진 유일한 선택권은 다른 사람들의 의견과 여건에 굴복하는 것이라고 느끼게 되었다. 우리는 도전하지도, 질문하지도, 비판하지도 않았다. 그저 반응했다. 많은 흑인 여성이 여성해방운동을 "할 일 없는 백인 여자들의 쓸모없는 짓거리"라고 폄하하고 넘어갔다. 일부 흑인 여성은 백인 여성의 인종차별에 대응해 독립적인 흑인 페미니스트 조직을 만들기도 했다. 때로는 목소리 큰 흑인 여성이 흑인 마초의 개념이 혐오스럽고 공격적이라고 비난하긴 했지만 정작 우리 자신에 대해서는 말을 아꼈다. 흑인 여성이 어떤 사람들이고 성차별과 인종차별의 이중 희생자가 된다는 것이 어떤 의미인지 우리끼리도 이야기하지 않았다.

흑인 여성이 자신의 경험을 서술한 눈에 띄는 책도 출간되긴 했다. 이 사회에서의 여성의 역할에 대한 흑인 여성들의 관점, 흑인들의 삶에 미친 성차별의 영향에 대한 여러 글이 담긴, 토니 케이드 밤바라가 편집한 선집 《흑인 여성The black Woman》이다. 하지만 논의는 거기서 끝나고 더 나아가지 못했다. 여성 서사에 대한 수요가 커지면서, 출판 시장에서 여성을 다루는 책이라면 어떤 책이든 팔리거나 적어도 관심은 받는 시기가 찾아왔다. 그러나 흑인 여성을 주제로 한 책은 드물었다. 시장의 수요로 인해 출간된 흑인 여성 관련 저서 대부분에는 성차별-인종차별적 관습이 스며들어 있는 경우가 많았다. 흑인 남성이 쓴 흑인 여성에 대한 글은 너무도 예상 가능하게 성차별적이었다. 19세기 흑인 여성이 남긴 글과 자료를 수집한 선집 형태의 책들도 많았으나 보통 이런 책의 편집자는 백인 여성이었다. 오스트리아 태생인 거다 러너Gerda Lerner는 《백인 미국에서의 흑인 여성: 역사 기록 Black Women in White America: A Documentary History》을 편집했고 넉넉한 지원금을 받아 장학금으로 사용했다. 물론 나는 이 선집이 중요한 작업이라고 생각하지만 동시에 이런 생각도 해볼 수 있다. 이 사회에서 백인 여성이 흑인 여성에 대해 연구하면서 보조금을 받는 사례는 너무나 흔하지만 흑인 여성이 백인 여성의 역사를 연구하고 투자를 받은 사례가 과연 한 번이라도 있었을까? 흑인 여성을 주제로 엮은 문헌의 대부분이 학계에서 탄생하고, 학계란 출간에 대한 압박이 있는 곳이므로 나는 학자들의 동기가 과연 흑인 여성에 대한 진정한 관심인지 그저 시장의 수요에 대한 반응인지 궁금해지곤 한다. 이미 다른 책에 실린 흑인 여성의 글을 또 다시 다른 제목의 선집에 넣어 출판하려는 시도는 너무 흔했다. 이런 경향은 어쩌면 학자들이 흑인 여성을 보다 진지하게, 비판적으로나 학문적인 방식으로 다루고 싶어 하지 않기 때문은 아닐까? 이런 저서의 서문에서 많은 저자들은 한 목소리로 흑인 여성의 사회적 지위에 관해 보다 포괄적인 연구가 반드시 필요하지만 아직 쓰이지 않았다고 말한다. 그 순간 나는 왜 어느 누구도 그런 책을 쓰는 데 관심이 없는지 궁금해지기 시작했다. 조이스 래드너Joyce Ladner의《내일의 내일Tomorrow's Tomorrow》이 그나마 서점의 여성학 코너에서 찾을 수 있는, 저자 한 명이 흑인 여성의 경험을 진지하게 쓴 제법 긴 분량의 책이다. 물론 흑인 여성이 각종 학술지에 인종주의와 성차별에 대한 논문을 발표하긴 하지만 흑인 여성의 사회적 지위에 미친 성차별의 영향력만 집중해서 탐구하려는 이들은 찾아보기 힘들다. 그나마 앨리스 워커Alice Walker, 오드리 로드Audre Lorde, 바버라 스미스Barbara Smith, 셀레스틴 웨어Cellestine Ware 같은 흑인 여성 작가들은 자신의 작품을 페미니즘의 틀 안에 넣어야 한다고 말해왔다.

미셸 월리스Michele Wallace의 책《흑인 마초와 슈퍼우먼 신화Black Macho and the Myth of the Superwoman》가 등장했을 때 드디어 흑인 여성에 관한 획기적인 페미니즘 책이 출간됐다는 평을 받았다. 다음은 이 책 표지에 실린 글로리아 스타이넘Gloria Steinem의 추천사다.

《성 정치학Sexual Politics》이 1970년대를 대표하는 책이었다면 미셸 월리스의 책은 1980년대를 대표하는 책이 될 것이다. 저자는 성-인종의 장벽을 넘어 미국에서 흑인이자 여성으로 자란다는 것이 정치적으로, 사적으로 어떤 의미를 지니는지 기술한다.

이 추천사를 읽고 책을 읽으면 아이러니를 느낄 수밖에 없다. 월리스는 먼저 흑인 남성과 백인 여성에 대한 비판을 길게 한 다음에 흑인 여성의 사회적 지위에 대해서는 짧게 논했다. 사실 월리스는 흑인 여성의 삶에서의 성차별과 성차별적 억압의 영향에 대해서는 거의 논하지 않으며, 흑인 여성에게 페미니즘이 무엇인지 또한 논하지 않는데도 불구하고 자신을 페미니스트라고 칭한다. 이 책은 월리스 개인의 삶에 대해 흥미롭고 도발적으로 서술하며 흑인 남성 인권운동가의 가부장적인 욕구를 매우 날카롭고 재치있게 분석하기도 하지만 이 시대를 대표할 만한 페미니즘 작품이거나 흑인 여성을 다룬 괄목할 만한 성과는 분명히 아니다. 물론 흑인 여성 서사라는 점에서는 중요하다. 그러나 이 사회는 단 한 명의 흑인 인생사와 의견만 듣고 흑인에 대해서 모두 안다고 가정하는 경향이 있다. 스타이넘이 월리스의 책을 케이트 밀렛Kate Millett의 《성 정치학》과 나란히 놓은 것은 매우 편협하고 인종차별적인 의견이다. 밀렛의 책은 미국의 성 정치학에 대한 이론서이자 비평서로서 성역할 패턴의 속성에 대한 논의, 성역할의 역사적 배경, 문학작품 내 가부장적 가치의 침투 등을 폭넓게 아우르고 있다. 총 500쪽이 넘는 대작이고 자전적인 내용은 거의 없으며 여러 면에서 지나치게 현학적이기도 하다. 스타이넘의 추천사는 미국 대중이 1960년대 흑인인권운동에 대한 논의, 노예제 내 흑인 여성의 역할에 대한 피상적인 관찰, 그리고 미셸 월리스의 삶에 대해서만 읽고 흑인 성 정치학을 이해할 수 있다고 믿었을 때 할 수 있는 말이다. 이 작품의 가치를 폄하하고 싶지는 않지만 적절한 맥락에 위치시켜야 한다고 믿는다. 보통 페미니즘 책이라는 이름이 붙었다면 어떤 면이건 기본적으로 "여성 문제"에 초점을 맞추어야 할 것이다. 하지만 《흑인 마초와 슈퍼우먼 신화》는 주로 흑인 남성의 성역할에 대한 저자의 평가를 담았고 사실 그 내용이 주를 이루며 그런 주제에 관심 있는 독자들이 찾아 읽을 법한 책이다. 흑인 여성 노예들의 경험 그리고 성차별에 관한 그들의 수동적인 수용을 저자가 짧게 분석하고 있지만, 이 내용은 대체로 간과된다.

여성운동 덕분에 수백 명의 여성들이 각종 여성 문제에 대해 글을 쓸 수 있는 시대가 되었지만 흑인 여성의 경험을 보다 비판적이고 깊이 있게 분석한 책이 출간되지는 못했다. 대부분의 페미니스트들이 흑인 여성이 마주한 가장 중요한 문제가 성차별이 아니라 인종차별이라 가정했기 때문일지도 모른다. 우리가 인종을 성에서, 아니면 인종에서 성을 깔끔하게 분리할 수 있다고 생각하면서, "여성 문제"에 대해 쓰는 미국 사상가들과 작가들의 시야는 흐려졌고 대부분의 성차별, 성차별적 억압, 사회 안에서의 여성의 위치에 대한 논의는 왜곡되고 편향되고 부정확해져 버리고 말았다. 가부장제 아래 여성에게 부여된 역할에 관심을 불러오는 것만으로는 여성의 위치에 대해 정확한 그림을 그릴 수 없다. 또한 인종적 위계질서에만 초점을 맞추어서는 흑인 여성의 지위에 대한 정확한 그림을 그릴 수가 없다.

여성운동에 발을 들이기 시작한 순간부터 나는 인종과 성은 별개의 문제라는 백인 여성해방운동가들의 주장에 강한 거부감을 느꼈다. 내가 경험한 인생에서 이 두 가지는 불가분의 관계에 있었고 태어난 순간부터 이 두 가지 조건이 나의 운명을 결정했다고 느꼈다. 나는 흑인으로 태어났고 여성으로 태어났다. 그것이 내 운명이었다. 1970년대 초반 처음 스탠퍼드대학교에 입학해 백인 여성 교수가 가르치는 여성학 수업에 들어갔을 때 흑인 여성 저자의 글이나 흑인 여성에 대한 글을 전혀 찾아볼 수 없었던 이유는 이 교수가 흑인 여성의 존재를 무시하는 인종차별적 사회에서 백인으로 자랐기 때문이라고 생각했다. 그 교수가 여성이어서는 아닐 것이었다. 그 시기에 백인 페미니스트들에게 페미니즘을 지지하고자 하는 흑인 여성이 너무 적어서 고민이라고 털어놓았다. 그들은 흑인 여성은 인종차별주의 종식을 위해 싸우고 있기에 페미니즘운동은 거부할 수도 있다고, 충분히 이해한다고 대답했다. 내가 흑인 여성에게 페미니스트로 활동하자고 제안하면, 우리 삶을 가장 압박하는 힘은 성차별이 아니라 인종차별이기에 "여성해방론자"가 되어선 안 된다는 말을 들었다. 나는 두 집단 모두를 향해 인종차별을 종결하고 성차별을 끝내는 싸움은 자연히 서로 복잡하게 얽혀 있을 수밖에 없으며, 이둘을 분리하는 것은 우리 존재의 기본적인 진실을 부정하는 것이라고, 인종과 성별은 인간의 정체성을 구성하는 필수 불가결한 요소라고 목소리를 높여 말하곤 했다.

처음 이 책 《난 여자가 아닙니까?》를 위해 자료조사를 할 때 나의 의도는 성차별이 흑인 여성의 사회적 위치에 어떤 영향을 미쳤는지를 집중적으로 조사하는 것이었다. 흑인 여성은 성차별의 희생자가 아니며 여성해방은 필요하지 않다고 큰 목소리로 주장하는 안티 페미니스트들의 주장을 반박하고 구체적인 증거를 제시하고 싶었다. 작업이 진행되면서 페미니스트의 관점에서 인종차별과 성차별의 정치학 모두를 탐색해야만 흑인 여성의 경험과 사회와의 관계를 온전히 이해할 수 있다는 사실을 인식하게 되었다. 이 책은 먼저 노예제 시대 성차별이 흑인 여성에게 미친 영향을 논할 것이다. 그다음에 이 사회 전반의 흑인 여성됨 비하, 흑인 남성이 행하는 성차별, 최근 페미니즘운동 내의 인종차별, 흑인 여성의 페미니즘운동에 대해서도 다루려 한다. 그리고 마지막에 19세기 흑인 여성의 경험은 어떠했는지 다시 돌아볼 것이다. 그래야 흑인 여성의 특징에 대한 성차별적 가정을 넘어 우리 경험의 진실에까지 닿을 수 있기 때문이다. 이 책의 초점이 흑인 여성에게 맞춰져 있긴 하지만 해방을 위한 투쟁은 페미니즘운동 안에서 일어나야만 하며 페미니즘운동의 궁극적인 목표는 모든 인간의 해방이다.

성차별과
흑인 여성 노예의 경험

성적인 접근에 저항하는 흑인 여성은
사회 체제에 직접적으로 도전하는 것이나 마찬가지였다.
강간을 거부한다는 것은 곧 노예소유주의
소유권을 거부하는 것이나 마찬가지다.
이런 이들은 잔인한 처벌을 받았다.
백인 남성의 흑인 여성 강간에는 정치적인 목적도 있었다.
백인의 제국주의적 질서에 완전히 충성하고
복종하라는 뜻이 내포된 것이다.

과거 흑인 여성 노예의 경험을 면밀히 돌아보면, 흑인 여성의 삶에 인종차별만큼이나 성차별이 억압적인 힘으로 드리워져 있다는 것을 알 수 있다. 제도적 성차별(다시 말해 가부장제)은 인종차별적 제국주의와 함께 미국 사회를 떠받치는 근간이다. 성차별은 백인 식민지 지배자들이 고향 유럽에서 가져온 가장 핵심적인 사회적, 정치적 질서로 흑인 노예 여성의 운명에 지대한 영향을 미쳤다. 노예제 초입에 흑인 노예 거래의 주요 목적은 주로 노동력의 수입이었고 그 시기에는 흑인 남성의 거래 비중이 훨씬 컸다. 흑인 여성 노예에게는 남성 노예만큼의 가치가 매겨지지 않았다. 평균적으로 여성 노예보다 남성 노예의 가격이 더 높았다. 노동력이 부족하고 미국 식민지 내 흑인 여성의 숫자가 비교적 적으니 일부 백인 남성 농장주는 새로운 노동자를 생산하기 위해 백인 이민자 여성과 흑인 노예 남성의 성관계를 권장하고 설득하고 종용하기도 했다. 1664년 메릴랜드 식민지에서는 최초의 인종 간 결혼 금지법anti-amalgamation law이 통과되었다. 이 법의 의도는 백인 여성과 흑인 노예 남성의 성적인 관계의 가능성을 가능한 축소하는 것이었다. 이 법령의 전문에는 다음과 같은 내용이 실려 있다.

> 자유 신분으로 태어난 여성은 어떤 노예와도 결혼할 수 있으나 결혼 계약의 첫날부터 마지막까지, 그 남편이 생존해 있는 한 아내도 노예의 주인을 주인으로 삼아야 한다. 자유 신분의 여성은 노예와 결혼하면 노예가 된다.

이 시기에 가장 주목받은 사례는 아이리시 넬Irish Nell이라는 백인 여성의 혼인 문제였다. 그녀는 메릴랜드 식민지의 통치자인 볼티모어Baltimore 남작의 계약제 하인이었다가 남부 농장주에게 팔리는데, 이 농장주는 그 백인 하녀를 버틀러Butler라는 흑인 남자와 결혼시키려 한다. 아이리시 넬의 소식을 들은 볼티모어 남작은 선택이든 종용이든 백인 여성이 흑인 남성 노예와 성적 관계를 맺고 동거를 하게 된다는 사실에 너무도 분개하여 위의 법률을 폐지했다. 새로운 법에 따르면 백인 여성과 흑인 남성 사이에 태어난 자녀는 자유 신분이 된다. 흑인 남자와 백인 여자 사이의 인종 간 관계에 분노한 백인 남자의 계획이 성공하면서 미국 사회는 흑인 여성 노예를 새로운 눈으로 보게 되었다. 농장주들이 흑인 노예 여성에게서 얻어낼 수 있는 무한한 경제적 이익을 인식하기 시작한 것이다. 노예 수입에 대한 전 사회적 공격과 반감으로 인해 노예 번식과 사육이 더욱 중요한 이슈로 떠올

랐다. 흑인 남자와 백인 여자 사이의 자녀와는 달리 흑인 노예 여자의 자녀는 아버지의 인종에 상관없이 법적으로 노예 신분이고, 자연히 여자 노예를 소유한 주인의 재산이 되었다. 이때부터 흑인 여성 노예의 시장 가치가 급격히 올라가기 시작했고 백인 노예상은 다수의 흑인 여성을 약탈하고 매매했다.

18세기와 19세기의 아프리카 사회를 관찰한 백인들은 남성이 여성을 지배하는 문화에 충격을 받은 한편 깊은 인상을 받기도 했다. 그들은 여성이 열등한 위치를 받아들일 뿐 아니라 지역사회에서 가장 중요한 노동 인력이 되기를 요구하는 가부장제적 사회질서에 익숙하지 않았다. 19세기 흑인 선교사였던 어맨다 베리 스미스는 아프리카 지역사회를 방문한 뒤 아프리카 여성의 생활 조건에 대해 다음과 같이 기록했다.

아프리카의 가난한 여자들은 인도 여자들과 마찬가지로 고된 삶을 산다. 대체로 힘든 일은 거의 모두 여자들이 한다. 나무를 자르고 옮기는 사람도 여자고 머리에 물동이를 이고 다니는 사람, 쌀농사를 짓는 사람도 여자다. 남자와 소년들은 집안 여자들의 도움을 받으며 잡초를 뽑고 농지를 개간하기도 한다. 하지만 곡식을 심고 카사바를 재배하는 일은 여자가 도맡아 해야 한다. 덩치가 커다란 근육질의 남자가 손에 단검(또는 창) 하나만 들고 앞에 걸어가면 그 아내인 여자가 커다란 아이를 업고 머리에는 큰 짐을 이고 남자의 뒤를 따라가는 모습을 볼 수 있다.

여자가 아무리 피곤해도 남편은 아내에게 물 한 병 가져다줄 생각을 안 한다. 저녁을 차리거나 쌀을 빻는 일도 없다. 모두 여자가 해야 한다.

사회적 관습에 따라 권위에 복종하는 것에 단련된 아프리카 여성은 아마도 백인 노예 상인에게는 이상적인 노예로 보였을 것이다. 식민지 시대 미국에서 그만큼의 강도 높은 노동이 필요한 곳은 농업 분야였고 노예 상인들은 들판에서 고된 노동을 하고 돌아와 다양한 집안일까지 도맡아 하는 흑인 여자가 미국 농장에서 매우 유용한 일꾼이 될 것이라 확신했다. 신세계로 가는 첫 번째 배에는 흑인 여자들이 몇 명 없었지만 노예 무역이 점점 활발해지면서 노예선 인간 화물칸의 3분의 1은 흑인 여성이 채웠다. 여자들은 강도들과 납치범들의 손에 한번 잡히면 벗어나기가 쉽지 않았으므로 백인 남자 노예상들에게 비교적 쉬운 목표물이었다. 노예 상인들은 부족에서 귀하게 여겨지는 여자, 예컨대 추장의 딸을 납치하여 아프리카 남자들을 쉽게 포위할 수 있는 장소로 끌어들이기도 했다. 부족의 법을 어겼다는 이유로 노예상에게 노예로 팔리는 여자들도 있었다. 불륜을 저지르다 발각된 여자는 밧줄에 묶여 팔리기도 했다.

백인 남성 노예상들은 아프리카 여자들을 위협으로 여기지는 않았기에 남자들은 쇠사슬로 연결한 반면 여자들은 족쇄 없이 배에 실었다. 노예상들은 아프리카 남자들로부터는 안전을 위협받을 수도 있다고 믿었지만 여자들에게는 공포를 느낄 필요가 없었다. 아프리카 남성을 사슬로 연결한 이유는 혹시라도 일어날지 모를 반란을 방지하기 위해서였다. 백인 노예상들은 아프리카 남성들의 저항과 복수를 두려워했기에 가능한 배에서도 자신들과 가장 먼 화물칸에 그들을 실어 거리를 두었다. 한편 노예상들은 흑인 여성들만큼은 보복의 걱정 없이 학대하고 착취할 수 있었기에 그들에게 절대적인 힘을 휘두를 수 있었다. 갑판을 자유롭게 돌아다니는 흑인 여자들은 백인 남성들의 쉬운 먹잇감이 되었고 백인 남자들에게 수시로 신체적 고문과 괴롭힘을 당했다. 가장 먼저 백인 남자들은 불에 달군 쇠꼬챙이로 배에 탄 모든 노예들의 피부에 낙인을 찍었다. 고통을 호소하거나 고문에 저항하려는 흑인들에게는 아홉꼬리고양이채찍cat-o-nine tails[아홉 가닥으로 이루어진 채찍]을 휘둘렀다. 이때 울부짖는 여자들은 더욱 심한 채찍질을 당했는데, 옷이 몽땅 벗겨진 채 몸 구석구석을 채찍질당했다. 노예선의 지옥 같은 실상을 직접 목격한 아프리카인 루스 웰던Ruth Weldon과 제이콥 웰던Jacob Weldon은 이렇게 묘사하기도 했다. "가슴에 젖먹이를 안고 있는 엄마들에게도 낙인을 찍어 몸에 흉물스러운 자국을 남겼다. 마치 하늘이 지옥에서 온 학대자들에게 그들이 받아 마땅한 벌을 내리는 것만 같았다." 모든 노예들에게 낙인을 찍은 후에는 옷을 남김없이 벗겼다. 아프리카 여성의 알몸은 그들의 성적인 취약성을 계속해서 상기시키는 작용을 했다. 반항하는 흑인 여자를 억누르기 위해 가장 흔하게 쓴 방법은 강간이었다. 강간을 비롯한 신체적인 학대의 위협은 이제 고향을 떠나 난민이 되어버린 아프리카 여성의 정신에 공포를 주입했다. 노예 거래를 지켜보았던 로버트 슈펠트Robert Shufeldt는 노예선에서 시도 때도 없이 이루어지는 강간을 보고 이렇게 기록했다. "해안에 도착하고 난 뒤에는 이미 흑인 여자들 다수가 악랄한 선원들에 의해 임신한 상태였다."

포획당하거나 매매당하기 전에 이미 임신 중인 여성들도 많았다. 이들은 어떤 음식과 활동도 제공받지 못했고 비참한 환경 속에서 임신을 견디다가 아무 도움 없이 출산해야 했다. 고향 아프리카에서 임신부는 보통 정성스러운 돌봄과 보살핌을 받는 편이었으므로 노예선이라는 야만적인 환경에서의 임신은 육체적으로 해롭고 정신적으로는 더없이 비참한 일이었다. 기록에 따르면 미국 노예선 퐁가스는 250명의 여성 노예를 실었고 그 가운데 다수가 임신 중이었는데 이들을 가로 5.4미터 세로 4.8미터의 공간에 밀어 넣었다고 한다. 초기에 유산하지 않고 임신을 가까스로 유지한 여성은 배 갑판에서 뜨거운 태양이나 얼어붙을 듯한 추위 속에 맨 몸을 노출한 채 출산을 했다. 기록이 남아 있지 않기에 출산 중에 사망한 여성의 숫자나 사산아의 숫자는 영원히 알 수가 없다. 아이를 데리고 탄 흑인 여성은 선원들에게 끊임없이 조롱당하고 무시당하고 경멸당했다. 노예상들은 괴로워하는 엄마가 보는 앞에서 아이들을 잔인하게 학대하기도 했다. 웰던 부부는 일기에 노예선에서 목격한 실상을 기록으로 남겼는데 아홉 달 된 아기를 잘 안 먹는다는 이유로 매질한 일이 있었다. 아기에게 음식을 억지로 먹이는 데 실패하자 선장은 아기의 발을 끓는 물에 담그라고 명령했다. 다른 고문도 통하지 않자 선장은 아기를 땅에 떨어뜨려 죽여버렸다. 그는 이렇게 도를 넘은 사디스트적인 행동에 충분히 만족하지 못했는지 이번에는 아기 엄마에게 아기를 배 밖으로 던져버리라고 명령했다. 엄마가 거부하자 선장은 엄마를 항복할 때까지 매질했다.

노예선에 탄 아프리카 여성과 남성이 당한 트라우마 경험은 자유 인간을 노예로 변환하는 과정의 첫 번째 단계였다. 노예상들의 중요한 임무 중 하나가 배 위에서 아프리카인들의 성격을 효과적으로 개조해 식민지 시대 미국에서 시장 가치를 지닌 "고분고분한" 노예로 만드는 것이었다. 아프리카인 특유의 자부심 넘치고 오만하고 독립적인 정신을 반드시 산산조각 내야만 백인 식민지 지배자들이 원하는 얌전한 노예로 전환할 수 있었다. 아프리카인들을 시장에 팔 물건으로 만들기 위한 결정적인 과정은 이들의 존엄성을 철저히 파괴하고 이름과 신분을 지우고 이들을 흩어지게 하는 것인데, 그래야 공통의 언어를 갖지 않게 되고 겉으로 드러나는 아프리카의 유산도 제거할 수 있었다. 노예상들이 아프리카 여성과 남성의 인격을 말살하기 위해 쓰는 방법은 셀 수 없이 다양하고 창의적인 고문과 체벌이었다. 어떤 노예는 슬픈 노래를 불렀다는 이유로 채찍질을 당했다. 노예상들은 필요하다고 생각하면 이유 없이 한 노예만 집중적으로 괴롭혀 다른 노예들에게 공포를 유발하기도 했다. 이러한 위협과 공포는 아프리카인들에게 자신이 자유로운 인간이라는 생각을 억누르게 하고 강제로 주입된 노예 정체성을 받아들이게 하는 데 효과적이었다. 노예상들의 항해 일지를 보면 배에 탄 노예들을 가학적으로 괴롭힌 이유가 이들을 "부수어놓기 위해서" 혹은 "길들이기" 위해서라고 적혀 있다. 또한 아프리카 여성이 집단적 가학 행위의 희생자가 된 이유는 여자이기 때문에 쉽게 괴롭힘을 당해서이기도 하지만 이들이 이후로 흑인 남자들보다는 백인 가

1장_ 성차별과 흑인 여성 노예의 경험

족과 더 가까이 지내며 일해야 하기 때문이기도 했다. 노예상은 흑인 여성을 요리사, 유모, 가정부로 팔 상품으로 보았기에 이들을 미리 완전히 굴복시키고 정신을 개조해놔야 백인 남주인과 여주인과 아이들에게 고분고분한 하인이 될 것이라 보았다. 노예상은 상품의 판매 가치를 높여야 했고 혹시라도 반항심 있는 흑인 여자 하녀가 가족에게 독약을 먹이거나 아이들을 죽이거나 집을 불태우는 등 어떤 방식으로든 저항할 수도 있으니 이런 일이 일어나지 않도록 미리 준비해야 했던 것이다. 노예상들에게는 노예들을 효과적으로 길들이는 기술이 가장 중요한 능력이었다. 당연하게도 노예선에서의 경험은 흑인 남녀의 정신 상태에 어마어마한 심리적 영향력을 행사했다. 아프리카에서 아메리카로 오는 항해가 지독히 공포스러웠기에 이 고통스러운 조건을 견딜 의지가 있는 여자와 남자만이 가까스로 살아남았다. 백인들은 아프리카 노예들이 아메리카 해안에 도착하자 즐겁고 행복해 보였다고 했다. 이들은 아프리카 노예들이 행복해 보이는 이유가 기독교 국가에 도착해 기뻐서라고 생각했다. 하지만 노예들은 잠시 안도의 한숨을 쉬었을 뿐이다. 이들은 식민지 시대 미국에서 노예선에서의 경험만큼이나 끔찍한 운명이 그들을 기다린다는 사실을 꿈에도 몰랐다.

전통적으로 학자들은 노예제가 흑인 남성의 의식에 미친 영향력을 강조하면서 흑인 여성보다는 흑인 남성이 노예제의 "진정한" 피해자라고 주장하곤 한다. 성차별적 역사학자와 사회학자들이 미국 대중에게 퍼뜨린 관점은 노예제가 흑인의 삶에 가한 가장 잔인한 인격 말살은 흑인 남성의 남성성을 거세했다는 주장으로, 이로 인해 흑인 가족구조가 해체되고 붕괴되었다는 것이다. 더 나아가 흑인 남성들에게 전통적인 가부장의 지위를 갖는 것이 허락되지 않아 백인 남성이 효과적으로 이들을 무력화할 수 있었고 여자처럼 나약한 상태로 만들었다고 주장하기도 했다. 이 주장에는 남자에게 일어날 수 있는 최악의 일이란 자신이 여성의 사회적 지위에 있음을 받아들여야 하는 것이라는 의미가 내포돼 있다. 흑인 남성이 오직 가부장이 되지 못해 인격이 말살되었다는 말은 흑인 남성의 긍정적인 자아 개념을 발전시키기 위해서는 흑인 여성의 복종이 필수 불가결하다는 뜻이고 이는 성차별적 사회질서만을 지지하는 사고가 아닐 수 없다. 노예화된 흑인 남성은 아프리카 사회에서 누렸던 가부장의 지위는 빼앗겼을지 몰라도 남성성까지 빼앗기진 않았다. 흑인 남성이 비유적 거세를 당했다는 주장은 매우 인기 있는 주장이지만 미국에서 흑인 남성은 사회적으로 남성적인 역할이라고 정의되는 특징 중 일부는 얼마든지 유지할 수 있었다. 식민지 시대에도 현시대와 마찬가지로 남성성은 힘, 정력, 신체적 기량을 상징했다. 백인들이 가장 착취하고 싶어 했던 자원도 아프리카 남성의 "남성성"이었다. 젊고 힘세고 건장한 아프리카 남성은 노예상들이 가장 탐내는 상품이었다. 정력적인 아프리카 남자 "일꾼"을 시장에 내놓아야 투자 대비 최대한의 이익을 뽑아낼 수 있었다. 백인이 흑인 남성의 "남성성"을 인정했다는 사실은 흑인 남성 노예 대다수에게 맡겨진 노동의 종류를 보면 확연히 알 수 있다.

어떤 역사 기록에서도 흑인 노예 남성이 전통적으로 여성이 수행했던 역할을 하도록 강요된 기록은 찾아볼 수 없다. 그 반대의 증거는 무수히 존재하여 어떤 일을 시켰을 때 아프리카 남자들이 그것을 "여자"들의 일이라고 여겨서 하지 않으려 했다는 기록은 있다. 만약 백인 여성과 백인 남성이 흑인 남성성을 파괴하는 데 정말로 관심이 있거나 집착했다면 노예선에서 모든 남성을 물리적으로 거세하거나 흑인 남성에게 "여자들이 입는" 옷을 입히거나 소위 "여자들이 하는" 일을 맡겼을 것이다. 백인 노예 소유주들은 흑인 남성을 다룰 때 이중적인 태도를 보였는데, 그들의 남성성을 최대한 착취하고 싶어 하면서도 남성성이 너무 발현되지 않도록 최대한 조치를 취했다. 간혹 주인이나 군중이 특정 흑인 남성을 실제로 거세할 때도 있었는데 이는 나머지 흑인 노예들에게 백인의 권위에 저항하지 못하도록 본을 보인 것이었다. 만약 흑인 노예 남성이 흑인 여성과의 관계에서 가부장의 지위를 유지할 수 있었다고 해도 당시 노예의 삶과 현실이 조금이라도 더 견딜 만하거나 덜 잔혹하거나 더 인간적이었을 리는 만무하다.

노예제 시대에 흑인 남성이 당한 탄압을 남성성의 무력화라 설명하고 흑인 여성이 당한 탄압에는 어떠한 설명이나 분석도 덧붙이지 않은 것에는 같은 이유가 있다고 할 수 있다. 이러한 경향 뒤에는 남성의 경험이 여성의 경험보다 더 중요하다는 성차별적 가정, 그리고 남성의 경험 중에서도 가장 중요한 것은 자신을 가부장으로 내세우는 능력이라는 가정이 숨어 있다. 노예제 시대 흑인 여성이 당한 차별과 억압에 대해서 논하는 학자들은 별로 없었다. 흑인 여성의 사회적 위치에 성차별적, 인종차별적 억압이 어떤 영향을 미쳤는지 진지하게 연구하려는 의지가 없었기 때문이다. 학계와 대중의 관심과 흥미가 부족했기에 흑인 여성 노예의 경험은 축소될 수밖에 없었다. 성차별과 인종차별이라는 두 가지 힘이 흑인 남성 노예의 고통과 억압을 어떤 면에서도 줄여주지는 않았지만, 그 두 가지 힘으로 인해 흑인 여성의 고통과 억압이 극대화된 것만은 분명했다. 남자 노예와 여자노예의 지위 차이를 가장 극명하게 드러낸 분야는 노동이었다. 흑인 남성 노예는 들과 밭에서 일했다. 흑인 여성 노예는 낮에는 들과 밭에서 일하고 가정에서는 가사 노동도 담당하는 한편 백인 남성의 성적인 착취 대상이 되기도 했다.

흑인 남성이 식민지 시대 미국 사회에서 "여자" 역할을 강제로 수행하지는 않았던 반면 흑인 여성은 "남자" 역할도 강제로 담당해야 했다. 흑인 여자들은 목화밭이나 농장에서 흑인 남자들과 함께 일했으나 그 남자 노예들 중에 백인 가정에서 흑인 여자들과 함께 가사 노동을 하는 사람은 없었다(집사는 예외였지만 그래도 집사의 지위는 여자 하녀보다는 높았다). 따라서 노예제의 성차별적, 인종차별적 억압의 역학 관계를 알고 싶은 학자들이라면 흑인 남성의 탈남성화가 아니라 흑인 여성의 남성화가 어떻게 진행되었는지를 살펴보아야 더 정확한 분석과 조사가 가능할 것이다. 식민지 시대 미국 사회에서 특권층 백인 여성은 밭이나 농장에서 거의 일하지 않았다. 가끔 행실이 나쁜 백인 여자 계약제

하녀가 처벌을 받을 때 밭에서 일하기는 했지만 흔한 일은 아니었다. 식민지 시대 백인 미국인들의 눈에는 여성 중에 가장 밑바닥 계급에 있는 미천한 여자만 농장에서 노동했다. 따라서 어떤 사정으로든 농장에서 일하는 상황에 놓인 백인 여자는 "여자"라고 불릴 자격도 없다고 여겨졌다. 반면 흑인 아프리카 여성은 아프리카 사회에서도 들에서 일을 했고 이러한 임무들 또한 확장된 여성의 역할로 보았다. 이주민이 된 아프리카 여성은 곧 자신들이 백인 남자 노예상들에 의해 "대리" 남성으로 여겨졌다는 사실을 깨달았다.

특히 여성 노예의 숫자가 많은 농장에서 흑인 여성은 어김없이 흑인 남성과 동일한 노동을 담당했다. 여자들이 밭을 갈고 씨를 심고 작물을 수확했다. 여성이 남성보다 야외에서 더 장시간의 노동을 하는 농장들도 있었다. 백인 농장주들 사이에서는 흑인 여성이 동료 남성보다 더 손이 빠르고 일을 잘한다는 믿음이 있었으나 막상 운전사나 감독으로 뽑히는 이들은 남자 노예들이었다. 아프리카의 거친 논밭에서 일해온 아프리카 여성이었기에 식민지에서의 농장 노동도 그리 어렵지 않게 적응할 수 있었을 것이다. 한편 흑인 남성은 잡다하고 손이 많이 가는 농장 노동에 익숙하지 않았음은 물론 많은 일들을 "여자나 했던" 일로 보고 그 일을 직접 해야 한다는 사실에 분개했다. 면화가 주요 상품이었던 주에서는 수확을 주로 흑인 여성의 노동력에 의지했다. 흑인 남성과 여성 모두 면화를 땄지만 흑인 여성의 손끝이 가늘고 섬세하기 때문에 나뭇가지에서 목화를 따기에 더 적합하다고 여겨졌다. 백인 감독관들은 흑인 여성이 흑인 남성보다 많이 뛰어나지는 않더라도 적어도 동일한 노동량을 채우기를 바랐다. 예상된 노동량을 완수하지 못한 흑인 여성은 징벌을 받았다. 백인 남성은 운전사나 관리인을 뽑을 때는 남성만을 선호해 흑인 여성을 차별했지만, 처벌의 영역에서는 차별하지 않았다. 여자 노예는 남자 노예 못지않게 심한 매질을 당했다. 흑인 노예의 일상을 관찰한 이들은 농장에서 여자 노예의 옷을 벗겨 말뚝에 매단 다음 단단한 톱이나 방망이로 매질하는 광경을 흔하게 볼 수 있었다고 증언한다.

대규모 농장에서는 모든 흑인 여성이 야외에서 일하지는 않았다. 그들은 간호사, 요리사, 재봉사, 세탁부, 하녀 등으로 일했다. 백인 가정에서 일하는 흑인 노예들은 자동적으로 더 나은 대우를 받았다고 알려져 있기는 하지만 노예 개인들의 기록에 따르면 그렇지 않은 경우도 많았다. 가정 노예들은 야외에서 일하는 노예만큼 거친 육체 노동을 하지는 않았지만 정신적 스트레스에 노출되어 고통받을 가능성이 많았는데 요구가 많고 까다로운 여주인, 남주인과 언제나 함께 생활해야 했기 때문이다. 백인 여주인 바로 옆에서 일하는 흑인 여성은 사소한 잘못에도 심한 언어적 학대를 당했다. 앨라배마주의 전 노예 멍고 화이트Mungo White는 자신의 어머니가 일했던 환경에 대해 서술한다.

어머니의 일은 한 사람이 감당하기엔 너무 벅찼다. 화이트 씨 딸의 하녀로 일하면서 모든 식구들을 위해 요리하고 실을 잣고 청소를 해야 했다. 그 실들로 144개의 뭉치를 만들어야 했다. 그날 하루의 일을 다 마치지 못하면 밤에 50대의 매질을 당했다.

가정 노예는 백인 주인들의 지속적인 감시 아래에서 스트레스와 긴장을 경험했다고 털어놓는다.

흑인 여성은 농장 노동자나 가사 노동자로서 인종차별적 착취도 당했지만, 가장 비인간적이고 비도덕적인 착취는 성적인 착취였다. 식민지 시대 백인 남성 가부장제의 성차별로 인해 남자 노예들은 동성 간 성폭행을 비롯한 다른 형태의 성폭력은 모면할 수 있었다. 제도적, 일상적 성차별은 어쩌면 흑인 남성의 섹슈얼리티를 보호해주는 사회 시스템이었지만 흑인 여성에 대한 성적 착취는 (사회적으로) 정당하게 만들었다. 여자 노예는 자신의 성적인 취약성을 계속해서 의식했고 백인이든 흑인이든 어떤 남성이라도 자신을 골라내 성폭행을 할 수 있다는 두려움을 갖고 살았다. 린다 브렌트Linda Brent는 여자 노예로 살면서 어떤 의식을 지니고 있었는지 설명한다.

남자에게 노예제란 지옥이다. 하지만 여자에겐 더 끔찍한 지옥이다. 모두에게 공통적으로 지워진 짐 외에도 여자들만이 겪어야 하는 모욕, 고행, 치욕이 있었다.

흑인 여성에게 특별히 가해진 그 고통은 이들의 성별과 직접적인 관련이 있고 그 고통에는 성폭행을 비롯한 다양한 성폭력이 포함된다. 흑인 여성 노예는 보통 13~16세 때 성폭력을 당했다. 한 여자 노예는 자서전에 이렇게 썼다.

노예 소녀는 음탕한 분위기 속에서 공포를 느끼며 자란다. 주인과 주인 아들들의 채찍질과 그들의 음란한 말이 이 소녀가 세상에 대해 배우는 거의 전부가 된다. 열넷이나 열다섯이 되면 주인이나 아들이나 감독이, 혹은 그들 모두가 이 소녀를 작은 선물로 꼬드기기 시작한다. 자신의 목적을 달성하지 못하면 채찍질을 하거나 의지를 꺾을 때까지 굶기기도 한다.

흑인 여성 노예에 대한 기록 중 소녀들의 성교육에 관한 내용을 보면 이 어린 소녀들이 자신들의 몸에 대해서 무지했음을 알 수 있다. 이들은 아기가 어디에서 나오는지, 삽입 성교가 무엇인지 전혀 몰랐다. 딸들에게 강간당할 가능성을 경고하고 그런 상황에 놓이지 않도록 조심시키는 부모도 거의 없었다. 노예 부모들이 성적 착취의 현실에 대해 전혀 드러내지 못했다는 것은 식민지 시대 미국이 섹슈얼리티에 대해 전반적으로 어떤 태도를 취하고 있었는지를 설명하기도 한다.

어린 흑인 소녀가 당하는 성적 착취는 부모가 일하는 백인 가정의 헛간이나 오두막에서 빈번히 일어났다. 남주인과 여주인이 사용하는 침실에서 어린 흑인 소녀가 같이 자는 경우도 흔했고 당연히 성폭력이 쉽게 일어날 수 있는 환경이었다. 린다 브렌트는 자서전에서 백인 주인이 계속해서 성폭행을 무기로 위협하면서 자신의 힘을 과시하려는 집착적인 욕망을 드러냈다고 고백

한다. 린다가 첫 주인인 플린트Flint 박사의 시중을 들기 위해 집으로 들어갔을 때는 열세 살이었다. 그는 바로 강간을 하지는 않았지만 언젠가 그녀를 취하겠다는 의지를 계속해서 말로 표현하면서 지속적인 괴롭힘과 학대를 가했다. 처음 만났을 때부터 주인은 그녀에게 순순히 복종하지 않으면 무력을 사용할 것이라 했다. 린다는 열다섯 살 때의 자신을 이렇게 묘사한다.

나는 그와 같은 지붕 아래 살 수밖에 없었다. 그 집에서는 나보다 마흔 살이나 많은 남자가 가장 신성한 십계명을 매일 거역했다. 나는 그의 소유물이므로 모든 면에서 그의 뜻에 굴복해야 한다고 말했다.

백인 남성 노예소유주들은 흑인 여성에게 성적으로 접근하기 전에 뇌물을 주려고 시도하는 경우가 많았는데 그래야 그들을 매춘부로 취급할 수 있기 때문이었다. 백인 노예소유주가 흑인 여성 노예의 성적인 서비스에 "대가를 지불"하는 한 그는 책임에서 벗어날 수 있었다. 노예 생활이라는 가혹한 조건을 고려할 때 흑인 노예 여성이 성적 파트너를 스스로 선택할 수 있었다는 생각은 터무니없다. 백인 남성은 자신의 요구에 응하지 않은 흑인 여성을 얼마든지 강간할 수도 있었기에 흑인 여성이 그저 수동적으로 복종했다고 해서 이들의 관계를 상호적인 관계라고 볼 수는 없다. 노예들은 주인과 감독들의 성적인 접근에 응하지 않으면 잔인한 처벌을 당했다. 흑인 노예 여성에게 약간의 저항의 기미라도 보일라치면 백인 주인은 자신의 힘과 권력을 이용해 노예 여성을 더 심하게 괴롭혔다. 젊은 물라토[흑인 여성과 백인 남성 사이의 혼혈] 여자인 앤Ann은 일기에 백인 주인, 감독관, 채찍질을 담당하는 사람, 여성 노예들 사이의 권력 관계와 투쟁을 기록했다. 어느 날 노예 채찍질 담당인 남자가 앤을 강간하려 했다. 그는 앤에게 매를 맞기 전에 옷을 모두 벗으라고 했다. 그가 자신을 강간하려 한다는 것을 알았던 앤은 거부했다. 그녀의 거센 저항에 화가 난 남자가 말했다. "계집애야. 넌 나한테 굴복해야 돼. 내가 지금 널 가질 거야. 나는 그럴 수 있다는걸 너에게 보여줄 테다. 넌 내 것이 될 거야. 너한테 무명 드레스하고 예쁜 귀걸이 한 쌍 주면 되겠지!" 앤은 독자들에게 말한다.

더 이상 견딜 수가 없었다. 뭐라고! 내 삶의 모든 것을 걸고 지켜온 나의 순결한 천사를 고작 장신구 때문에 버려야 한다고? 그러한 모욕에 화가 나지 않을 여자가 어디 있겠는가? 나는 굶주린 암사자처럼 피했고 그의 더러운 손이 내 몸에 닿으려 할 때 미리 위치를 살핀 후 병을 들어 그의 왼쪽 관자놀이에 힘껏 던졌다. 그는 비명을 지르며 넘어졌고 상처에서 피가 흘러나왔다.

채찍질 담당자는 앤의 공격에도 죽지는 않았으며, 그녀는 독방에 갇히고 태형을 당했다. 남자가 사망했다면 그녀는 아마 살인죄로 재판받고 사형을 당했을 것이다.

19세기 백인 여성 인도주의자인 리디아 마리아 차일드Lydia Maria Child는 노예제 시대 흑인 여성의 사회적 지위를 다음과 같이 정확하게 요약한다.

니그로 여성은 법으로나 여론으로나 전혀 보호받지 못했다. 그들은 주인의 재산이고 그들의 딸들도 주인의 재산이었다. 그들에겐 양심의 가책도, 수치심도, 남편이나 부모에게 애정을 갖는 것도 허락되지 않았다. 니그로 노예 여자들은 주인의 의지에 완전히 굴종하여 죽기 직전까지 매를 맞을 때도 그의 뜻에 맞게 처신해야 했고, 만약 주인이 원한다면 조용히 죽어줘야 했다.

백인 남성 노예소유주는 흑인 노예 여성이 성적 착취를 힘 있는 이들의 권리이자 특권으로 받아들이고 그것에 조용히 응해주기를 원했다. 흑인 여성 노예가 주인의 성적인 접근을 허락하거나 그 대가로 선물을 받는다면 기존의 사회적 질서를 수용한 것이기 때문에 그에 맞는 보상을 받기도 했다. 그러나 성적인 접근에 저항하는 흑인 여성은 사회 체제에 직접적으로 도전하는 것이나 마찬가지였다. 강간을 거부한다는 것은 곧 노예소유주의 소유권을 거부하는 것이나 마찬가지다. 이런 이들은 잔인한 처벌을 받았다. 백인 남성의 흑인 여성 강간에는 정치적인 목적도 있었다. 백인의 제국주의적 질서에 완전히 충성하고 복종하라는 뜻이 내포된 것이다. 흑인인권운동가 앤절라 데이비스Angela Davis는 흑인 여성 노예에 대한 강간이 다른 학자들의 주장처럼 백인 남성의 성적 욕망을 충족하기 위한 일이 아니라, 제도화된 테러리즘으로서 흑인 여성의 비도덕화와 비인간화를 목적으로 한 일이었다고 주장했다. 데이비스는 다음과 같이 지적했다.

여성과 남성의 성 대결에서 흑인 여성을 적으로 마주한 주인은 여성에게만 특수하게 적용되는 가장 광포한 테러리즘을 이용해 그 여자를 제압해야 한다. 바로 강간이다. 농장 생활이라는 위협적인 환경을 고려할 때 노예 여자는 전혀 보호받지 못한 채 강간의 희생자가 될 확률이 무척 높다. 또한 주인이 자기의 권력으로 다양한 획책을 사용하는 것이 가능하기에 노예 여자는 이용당하기도 무척 쉬웠다. 이를테면 주인이 노예 여자에게 음식을 준다거나 처벌의 강도를 약화해준다거나 아이들을 보호해준다고 약속하는 식이다.

1839년의 책《있는 그대로의 미국 노예 현실American Slavery As It Is》은 익명의 백인 노예제 폐지론자들에 의해 출간된 책으로, 이들은 노예 생활의 공포를 인쇄물로 드러내면 노예제 찬성론자들을 공격할 수 있다고 믿었다. 그들은 먼저 노예제를 가장 가까이 본 백인들의 묘사와 설명에 의지하거나 노예소유주들과 이들의 친구들에게도 정보를 얻었다. 두 명의 대표적인 노예해방론자인 앤젤리나 그림케Angelina Grimke와 세라 그림케Sarah Grimke 자매가 자료를 수집하고 엮고 편집해 책으로 펴냈다. 이들의 남자 형제가 흑인 여성과의 관계에서 아이들을 얻었기에 이들은 흑인 여성 노예가 당하는 성적 착취에 대해 깊은 관심과 우려를 품고 있었다. 사실 다른 많은 백인 노예해방론자들이 이 운동에 적극적으로 가담하게 된 동기는 백인 남성과 흑인 여성의 성적인 접촉을 근절하기 위해서였다. 흑인 여성의 고초에 마음이 쓰였다기보다는 도덕적으로 타락해 하나님 앞에서 죄를 짓는 백인 남성의 영혼을 구원해주어야 한다고 믿었다. 따라서 노예제를 찬성했던 백인 여자들도 결국에는 노예제를 규탄하게 되었는데, 백인 남성의 성적인 만행에 점차 분노했기 때문이었다. 그들은 백인 남자의 불륜(사실상은 강간)이라 부른 이 행태에 개인적으로 수치심과 모욕을 느끼는 경우도 많았다. 린다 브렌트는 흑인 여성이 당하는 성적 착취를 향한 여주인의 태도를 다음과 같이 기록했다.

나는 확신했다. 그녀의 감정은 분노와 상처받은 자존심 때문에 생긴 것이었다. 자신의 결혼 서약이 더럽혀지고 품위가 훼손되었다고 느꼈다. 하지만 남편의 배신에만 집중했지 불쌍한 희생자에 대해서는 전혀 연민을 느끼지 않았다. 자신을 순교자로 생각하며 자기 연민을 느낄 수는 있었지만 손 내밀 곳 없는 기구한 노예들이 처한 수치와 불행에 공감할 능력은 없었다.

그림케 자매는 흑인 여성의 고초를 이해하고 동정했지만 당시 빅토리아 시대의 사회 관습으로 인해 백인 남성이 흑인 여성에게 가한 잔혹한 행태를 자세하고 구체적으로 묘사하지 못했다. 워낙에 예의와 규범을 따지는 시절이었기에 노예제하에서 일어난 은밀한 죄악에 대해서는 직접적으로 정직하게 털어놓지 못한 것이다. 앤젤리나 그림케는 이렇게 썼다.

우리는 사생활의 장막을 더 높이 올릴 수가 없었다. 그래도 여기에 몇 가지 징후를 제공하니 노예제 미국의 가정 생활에 조심스럽게 드리워진 커튼 뒤에서 일상적으로 무슨 일이 일어나는지 독자들이 충분히 짐작할 수 있으리라 믿는다.

앤젤리나 그림케와 세라 그림케가 사생활의 장막을 정말로 걷어내버렸다면 어떻게 되었을까? 흑인 여자들이 낳은 노예소유주들의 자식들이 알려졌을 것이고 흑인 여자에 대한 남자들의 성적 욕망을 넘은 가학적이고 여성혐오적이며 잔혹한 행위들, 이를 테면 강간, 고문, 유희적 살인, 시체 성애까지도 만천하에 드러났을 것이다.

현대 역사학자들은 노예제 시대에 흑인 여성이 당한 성 착취를 가볍게 취급하는 경향이 있다.《약속의 땅의 딸들Daughters of the Promised Land》에서 페이지 스미스Page Smith는 이렇게 쓴다.

남부의 젊은 청년들은 거의 모두 첫 성경험을 노예 소녀와 했다. 그러다 보니 이 남자들은 결혼 후에도 흑인 노예와의 관계에서 벗어나지 못하는 경우가 흔했다. 흑인 여자와의 관계에는 뭔가 다르고 삐딱한 것에 대한 끌림, 금기에 대한 매혹도 있었고 이들은 짙은 피부색을 기분 좋은 사악함 정도로 여기기도 했다. 또한 이들의 관심이 비록 흑인 여자들에게 환영받지는 못한다 해도 이 성적 착취자들이 실제적으로 위험해질 일은 없기 때문이기도 했다. 게다가 니그로의 섹슈얼리티를 즐기다 보면 백인 아내는 너무 절제된 성적 파트너로 보이기도 했다. 따라서 남부 남자들이 자신의 본능인 성적 만족을 위해 노예 여성을 찾았다면 그 후로도 계속 그렇게 될 가능성이 높았다. 남성의 성애에는 약간의 공격성과 일부 가학성도 포함되어 있었기에 수동적이고 무방비 상태인 니그로 여성이 백인 주인들에게 더 적합한 성적 대상으로 보이기도 했다.

스미스는 백인 남성의 잔인한 행태를 그저 "남자들은 다 똑같다"의 한 예로 보고 있고 독자들은 이 글을 보며 다소 마음이 편해질 수도 있다. 그는 다른 역사학자들과 마찬가지로 노예제 시대를 그리며 백인 남성이 단순히 "평범한" 성적 욕망 때문에 얌전한 노예 소녀에게서 욕구를 채우는 것처럼 묘사한다. 물론 흑인 여성 노예를 성적으로 착취한 이유 중에 하나가 가학성임을 인정하고 넘어가긴 했지만 이 또한 "평범한" 남성이 할 수 있는 성생활의 일부인 것처럼 말하며 최소화하려 한다.

백인 남자가 흑인 여자를 잔혹하게 대한 이유가 과연 오로지 성적 욕구 때문일까? 이 백인 남자들의 행위를 통해 여성과 여성의 몸에 대한 남자들의 증오가 얼마나 깊은지 알 수 있다. 백인 남성들의 행위는 식민지 시대 미국 사회에 팽배했던 여성혐오적 태도의 직접적인 결과라 할 수 있다. 근본주의 기독교에서는 여성을 사악한 유혹자이자 이 세상에 원죄를 가져온 존재로 본다. 성적 욕망은 원래 여성의 소유이며 남자는 그저 여자가 온몸으로 내뿜는 강력한 힘의 희생자다. 백인 남성은 남자를 도덕적 타락으로 인도한 이가 여성이라고 교육받으면서 반反여성 정서를 키워갔다. 백인 남성 목사들은 여자는 원죄를 지닌 피조물이며 이들의 사악함은 더 큰 힘을 통해서만 제거될 수 있다고 설교했다. 남자들은 스스로를 신의 중재자로 임명하여 여성의 미덕을 판단하고 감독하려 했다. 백인 여성의 성적 행동을 단속하는 법을 만들었고 이들이 유혹에 빠지지 않고 곧고 좁은 길에서 벗어나지 않아야 한다고 주장했다. 남성이 정의한 여성의 자리에서 나와 선을 넘으려는 여자들은 가혹한 처벌을 받았다. 세일럼의 마녀사냥 재판은 가부장적 사회가 가한 여성 처형의 극단적 예라 할 수 있다. 마녀사냥은 여자들이 수동적이고 순종적인 역할에 만족하지 않고 벗어나려 하면 벌을 받거나 때로는 죽을 수도 있다는 메시지를 전했다.

건국 초기 미국 백인 사회에서는 성적인 행동을 억압하기 위해 다양한 법이 실행되었는데 어떤 학자들은 식민지 시대에 유난히 성을 억압한 것은 식민지 지배자들 사이에 횡행한 자유와 방종에 대한 반작용이라고 말한다. 앤드류 싱클레어Andrew Sinclair 는 다음과 같이 지적한다.

황야에서의 고립이라는 무서울 정도의 자유 속에서 일부 초기 정착민들은 유럽의 엄격한 도덕관을 버렸다. 코튼 매더Cotton Mather에 따르면 수간 같은 것도 없지 않았다고 한다. (…) 서부로 간 초기 선교자들은 개척자들에게 가장 위험한 것이 야만성이라는 말을 들었다. "그들은 숲과 야생동물들 앞에서는 부끄러운 줄 몰랐을 것이다. 그러나 문명사회 앞에서는 수치심을 느낄 만한 행동을 했다." 여기저기 흩어져 있는 마을의 이민자 사회의 윤리를 엄중한 공공의 기준이 제재할 때까지 지방정부들이 나서서 문명의 기준을 따라잡기 위해 노력해야 했다.

백인 식민지 지배자들은 자신의 성욕을 지나치게 억제하는 경향이 있었는데, 성적인 감정에 대한 깊은 두려움이 있었고 그러한 감정은 죄악이며 영원한 지옥 불의 저주를 의미한다고 생각했기 때문이다. 식민지 시대 백인 남성은 성욕을 여성의 책임으로 몰았고 그 결과 일반적으로 섹슈얼리티를 의심과 불신과 관련지으며 여자들에게도 그렇게 대했다. 이때 생성된 강렬한 두려움과 여성에 대한 불신은 여성혐오라는 감정을 낳았다. 《문제가 있는 배우자Troublesome Helpmate》에서 캐서린 로저스Katherine Rogers는 여성혐오 감정의 출현에 대해 다음과 같이 설명한다.

> 여성혐오의 가장 두드러진 문화적 이유는 섹스에 대한 거부나 죄책감이다. 이는 자연스럽게 여성을 성적 대상으로만 강등시키고 여성을 남자가 억제해야 하는 욕구를 풀도록 유혹하는 성욕과 욕망의 소유자로 투영한다. 남자는 여성의 성적 기능을 폄하하는 동시에 욕구를 억누르려다가 오히려 성에 몰두하고 집착하게 되면서 여성을 오직 성적인 대상으로, 남성보다 더 성욕이 강하고 정신적이지 않은 존재로 여긴다. 여성혐오가 한 단계 더 발전한 것이 여성을 정부, 아내, 엄마로만 분류하면서 특정 대상을 이상화하는 것이다. 이에 대한 자연스러운 반응은 다음과 같다. 지나치게 추켜올린 대상을 또 다시 깎아내리고 싶어 안달하는 것이다.

식민지 시대 백인 남성이 여성에 대한 공포와 증오를 드러내는 방식은 성차별과 성적 억압의 제도화였다.

19세기에 미국 백인 사회가 경제적으로 풍요로워지자 초기 정착민들의 삶을 규정지었던 엄격한 청교도적인 교리에서 조금씩 벗어나게 되었다. 근본주의 기독교 교리와 거리를 두면서 여성에 대한 인식도 바뀌기 시작했다. 19세기 백인 여성은 더 이상 요부나 유혹자로 여겨지지 않았다. 이제 여자들은 찬탄의 대상이 되어 "인간의 더 고귀한 절반"으로 불렸다. 이 고귀한 여성들의 의무는 남성들의 정서를 고양시키고 더 고차원적인 욕구를 불러일으키는 것이다. 이 새로 등장한 백인 여성상은 과거의 이미지와는 정반대였다. 이들은 이제 죄인이 아닌 성인으로 묘사되었다. 고결하고 순수하고 순진하며 성적이지 않고 세속적이지 않았다. 백인 여성을 여신과 비슷한 위치로 승격시키면서 백인 남성은 기독교가 자신들에게 부여한 오명에서 벗어날 수 있었다. 백인 남성이 백인 여성을 순결하고 고결한 존재로 이상화한 것은 일종의 악령 쫓기로, 그 목적은 여성의 이미지를 완전히 변화시키고 여자를 성욕의 저주로 보지 않게 하는 것이다. 이 이상화가 전하고자 한 메시지는 다음과 같다. 여자들이 성욕과 이성에 대한 감정을 갖고 있으면 그들은 타락하고 비도덕적인 존재다. 이들에게 성욕이 없다면 사랑과 배려와 존경을 받을 가치가 있는 존재가 된다. 백인 여성을 순수하고 고결한, 일종의 상징적인 성모 마리아로 신화화하고 나면 더 이상 그 여성과 부정적인 성적 고정관념을 연결하지 않아도 된다. 여성이 이때 치러야 하는 대가가 있으니 원초적인 욕구인 성욕을 억압해야 하는 것이다. 그러나 당시 여자들이 해야 했던 연이은 임신과 고달픈 육아를 고려한다면 19세기 백인 여성이 자신들의 섹슈얼리티에 크게 애착을 갖지 않고 백인 남성이 주입한 이 새롭고 신성한 무성애적 정체성을 별다른 문제 제기 없이 받아들인 것도 당연해 보인다. 대부분의 백인 여성은 도덕적이고 정숙한 여성은 성욕을 느끼지 않는다는 성차별적인 주장을 기꺼이 받아들였다. 그 시대 여성들은 자신의 섹슈얼리티를 숨겨야 한다고 확신한 나머지 아무리 아파도 남자 의사 앞에서 옷을 벗거나 신체의 일부를 보여주지 않으려 했다. 미국에 방문한 한 프랑스인은 다음과 같이 관찰했다. "미국 여성은 자신의 몸을 두 부분으로만 나눈다. 머리부터 허리까지가 위장이고, 허리부터 발까지는 발목이다." 페이지 스미스도 같은 관점으로 관찰했다.

이 여자들은 너무 얌전해서 의사가 자신의 몸을 절대 만지지 못하게 했고 어떤 경우에는 자기가 어디가 아픈지도 부끄러워 설명하지 못했다. 한 젊은 엄마는 유방이 너무 헐어 진물이 나올 정도였지만 너무 고상한 체하느라 솔직히 말하지 못했고 자신의 상태를 복통이라 설명했다.

백인 여성이 육체성을 부정하도록 강요하는 것은 여성을 성적 대상으로 보는 것만큼이나 여성 혐오적이다. 백인 여성에 대한 이상화는 남성이 여성에게 느끼는 근원적인 멸시의 감정을 바꾸지는 못했다. 외국에서 온 방문자들은 백인 남성이 백인 여성에게 품는 숨겨진 적의를 알아채곤 했다. 한 방문자는 지적했다.

미국 남성은 자신의 아내에게 경외심을 지니고 돈을 더 많이 쓰고 다른 나라의 어떤 여성이 받는 것보다 더 많은 존중을 보내는 것처럼 보인다. 하지만 미국 남자들은 여자들을 특별히 좋아하지는 않는 것 같다. 여자와 함께 있고 싶어 하지 않는다. 여자가 흥미롭다고 생각하지 않는다. 아내와 어머니로서는 존중하지만 지나치게 감상적으로 볼 뿐이다. 여자들을 향한 자신들의 세련되고 교양 있는 태도에 스스로 도취되어 있기도 하다. 하지만 미국 남자들은 여자들을 특별히 좋아하지 않았다(지금도 좋아하지 않는다).

백인 여성의 이미지가 사악한 요부에서 고결한 숙녀로 변화한 시점은 노예 여성에 대한 성적인 착취가 급격히 증가한 시기와 맞물린다(이는 엄격한 도덕관이 지배했던 빅토리아 시대에 여성을 어머니와 아내로만 추켜세우면서 음지에서는 매음굴이 폭발적으로 증가한 현상도 비슷하다.) 미국 백인 남성은 백인 여성됨을 이상화하는 한편 뒤돌아서서는 흑인 여성을 성폭행하고 학대했다. 백인 남성이 흑인 여성에게 가하는 잔인하고 가학적인 폭력의 원인은 인종차별만이 아니었다. 가부장제 이데올로기에 의해 여성을 향한 증오가 백인 식민지 지배자들의 정신세계에 깊이 심어졌고 흑인 여성에 대한 백인 남성의 잔인성을 부추기고 승인했다. 흑인 남녀는 식민지 시대 미국에 도착하자마자 자신들에게 "성적인 야만인"이라는 정체성을 씌우기 위해 안달하는 사회를 만났다. 백인 식민주의자들은 자신들을 위해 독선적이고 위선적인 성 윤리를 적용해 흑인들을 야만적인 이교도로 취급했다. 여성은 성적인 죄악의 원인 제공자로, 특히 흑인 여성이야말로 죄악과 성적 욕망의 화신으로 여겨졌다. 이세벨[성경에 나오는 대표적인 악녀]이 자 요부인 흑인 여자들은 정신적으로 순결한 백인 남성들을 죄로 물들이는 범인이었다. 한 백인 정치가는 흑인들을 아프리카로 다시 돌려보내야 백인 남자들이 간통을 하거나 불륜을 저지르지 않을 것이라 주장하기도 했다. 그가 사용한 표현은 다음과 같다. "우리에게서 이 유혹을 제거하라." 신앙심이 있는 백인 여성이나 백인 남성, 흑인 남성은 흑인 여성이 당하는 성폭력의 책임은 백인 남성에게 있다고 주장했지만 그들 또한 남자는 여성의 성적 유혹에 굴복할 수밖에 없다는 개념을 받아들이는 편이었다. 성차별적 종교 교리에 따르면 여성은 남성의 유혹자이기에 흑인 여성도 비난에서 완전히 벗어날 수는 없다고 생각한 것이다. 많은 이들이 흑인 여성을 성적 착취라는 목적으로 사고팔면서 "매매춘"이라는 용어를 사용했다. 매춘부란 돈이나 어떤 종류의 대가를 받고 성적인 행위를 하는 여성과 남성을 지칭하는 것이므로 흑인 여성의 몸을 땅을 파서 만든 변소처럼 이용하고 아무런 보상도 하지 않으면서 이것을 매춘이라고 부르는 것은 부정확하다. 빅토리아 윤리관의 언어에 갇혀 있었던 노예해방론자 여성과 남성이 흑인 여성을 "매춘부"로 부르기도 했다. 흑인 연설가인 프레더릭 더글러스Frederick Douglass는 1850년 뉴욕주 로체스터에서 노예해방을 지지하는 대중에게 흑인 여성이 당하는 성적 학대에 대해 이렇게 말했다. "모든 노예소유주들은 불명예스러운 집의 법적인 수호자이다." 하지만 그는 연설 중 흑인 여성의 성적 착취를 정확하게 묘사하지는 않았다. 대신 관중에게 이렇게 알린다.

나는 남부 연합 주에 사는 백만 명 이상의 여성이 그 땅의 법에 의해, 그들의 잘못이 아닌데도 불구하고 역겨운 매춘부의 삶을 살 수밖에 없다는 사실을 지금이라도 증명할 수 있습니다. 많은 주에서 여성이 자신의 순결을 지키기 위해서 잔혹한 공격자에게 반항하려고 하다가는 법적으로 사형을 당할 수도 있습니다. (…) 피부가 밝은 거의 백인인 노예 여성이 팔리고 있습니다. 그들의 몸값은 그들이 저주받은 목적을 위해 끔찍한 일을 해야 한다는 것을 큰 소리로 알리고 있습니다. 젊음과 우아함과 미모와 순수함이 골목 시장에서 팔립니다. 그리고 괴물 같은 사내들이 금화가 가득한 주머니에 손을 찔러 넣고 느릿느릿 돌아다니면서 번들거리는 눈으로 희생자들을 찾습니다.

노예해방론자들은 흑인 여성에 대한 강간을 폭로하면 군중이 분노하게 될까 봐 두려워했고 대신 매춘이라는 주제에 집중했다. 하지만 백인 남성에 의한 흑인 여성의 집단적 성 착취를 묘사하기 위해 매춘이라는 단어를 사용하면 만연한 강제적 성폭력에서 주의를 멀어지게 할 뿐 아니라 흑인 여성이 선천적으로 음탕하기 때문에 강간에 책임이 있다는 신화를 조장할 수도 있다.

현대의 성차별적 학자들은 흑인 여성이 당한 성 착취가 흑인 여성의 정신에 미친 영향을 과소평가하고 백인 남성이 흑인 남성을 무력하게 하기 위해 흑인 여성을 이용했다는 주장을 펴기도 한다. 흑인 사회학자 로버트 스테이플스Robert Staples는 주장한다.

노예 여성이 강간당하는 것을 목격한 노예 남성은 자신의 여자를 보호하지 못하는 스스로에 대해 깊은 무력감을 경험한다. 이런 방식으로 남성성이 약화되면 그는 쇠사슬을 벗어날 힘에 대해서도 깊은 의심을 품게 된다.

스테이플스는 노예 흑인 남성이 모든 흑인 여성에게 책임을 느끼고, 보호자로서의 역할을 수행하지 못했을 때 느낀 자신의 무능력 때문에 사기가 꺾였다는 가정에 기초해 주장을 펼친다. 그러나 그의 가정이 역사적 증거를 통해 입증될 수 있을까? 전통적인 아프리카 사회의 여성에 대한 태도를 돌아보면 아프리카 남성은 자신을 모든 여성의 수호자로 여기는 교육을 받지 않았다. 물론 자신의 부족이나 마을의 특정 여성에 대한 책임감은 가졌을 것이다. 아프리카 남성이 자신을 모든 흑인 여성의 "주인"으로 보거나 그들을 자신들이 지켜야 할 재산으로 보는 관점은 오랜 노예제 기간 후에 생겨났다. 같은 부족이거나 언어를 함께 쓰기 때문에 연대하기보다는 같은 피부색이기 때문에 연대한 결과 생겨난 관점이다. 백인들의 미국에서 흑인 남성들도 여성에 대한 성차별적 태도를 습득했고, 그 이전에는 노예 아프리카 남성이 모든 노예 아프리카 여성에게 책임감을 느낄 이유가 없었다. 물론 흑인 여성이 당한 성 착취는 흑인 노예 남성의 정신에 영향은 미쳤을 것이다. 그래도 흑인 남성의 사기가 꺾이고 인간성이 말살된 이유가 "자신의" 여성이 강간을 당했기 때문이라고 보기는 어렵다. 흑인 남성들은 (자신들의 권위에 큰 위협이 되지 않는) 흑인 여성들과 소녀들을 마음껏 학대하고 핍박하는 백인 남성들의 잔인한 행태를 보고 이들이 흑인 남성을 완전히 전멸시키는 데도 거리낌이 없을 거라 생각해 두려워했을 것이다. 대부분의 흑인 남성 노예들은 백인 주인들이 흑인 여성에 대해 성적인 폭력을 휘두르고 동물처럼 취급할 때 조용히 그 옆에 서 있었다. 물론 자기보호본능 때문이었다. 린다 브렌트는 노예 생활 기록에서 독자들에게 흑인 남성 노예들은 하나의 집단으로서 자신들을 흑인 노예 여성의 보호자로 여기지는 않았다고 말한다.

일부 남성은 자신의 아내와 아이들을 주인의 모욕으로부터 보호하려고 노력했다. 하지만 그러한 감정을 갖고 행동할 수 있는 흑인 남성은 대체로 일반적인 노예들보다 높은 위치에 있거나 한 가지라도 내세울 것이 있는 사람이었다. 어떤 남자들은 잔인한 채찍질을 당한 날 밤에 집을 빠져나와서 주인에게 아내와 딸들에게 얼마든지 손을 대도 된다고 간청하기도 했다.

노예제 시대 내내 흑인 남성은 개인적으로 중요한 흑인 여성만 지켰다. 이 여자들을 위한 행동은 자신이 모든 흑인 여성의 보호자라는 의식에서 비롯된 것이 아니었다.

역사학자 유진 제노비스Eugene Genovese는 《굴러라, 조던, 굴러 Roll, Jordan, Roll》에서 흑인 여성이 당한 성적 착취에 대해 논하면서 다음과 같이 주장한다.

성폭행이란 그 정의에 따르면 백인 여성에 대한 성폭행을 의미했고 흑인 여성에 대한 성폭행에는 강간죄가 적용되지 않았다. 흑인 남성이 흑인 여성에

1장_ 성차별과 흑인 여성 노예의 경험

게 성폭력을 저질러도 주인에게만 처벌을 받을 뿐이었다. 흑인 여성 강간죄로 남성을 법정에 세우거나 체포할 수 있는 방법은 존재하지 않았다.

흑인 남성 노예에 의한 흑인 여성 강간이 많이 일어났다는 사실은 흑인 남성이 보호자의 역할을 했다기보다는 백인 주인의 행동을 모방했다는 사실을 나타낸다. 제노비스는 이렇게 결론 낸다.

어떤 운전사들은 주인과 감독관이 한 것과 똑같은 방식으로 노예 여성을 강제로 범했다. 힘이 있는 백인이나 흑인 남성 중에 누가 더 많이 흑인 여성을 범했는지에 대해서는 지금까지도 알 수가 없다. 운전사가 각각의 노예에게 하루의 일을 지정해주는 시스템이었기 때문에 여자가 운전사를 거절하면 그 여자의 운명은 더욱 비참해질 수 있었다. 폭력과 강압은 점점 더 만연해 졌고, 운전사들은 채찍질할 권력이 있다면(사실 많은 이들에게 있었다) 뒷감당 걱정 없이 다른 노예들에게 채찍질을 할 수도 있었다. 운전사들은 자기 뜻에 따라 여러 방식으로 상을 주거나 벌을 줄 수 있었다.

노예 생활의 야만적인 속성을 고려할 때 흑인 노예 여성이 힘 있는 흑인 남성과 동맹하여 다른 노예들의 원치 않는 성적 접근을 차단하는 방법도 충분히 있을 수 있었다. 질투나 경쟁의식은 흑인 남성 노예들 사이에 일어나는 몸싸움의 가장 큰 이유였다.

흑인 노예 여성은 백인이건 흑인이건 성적인 착취에서 자신을 보호해줄 집단을 찾을 수가 없었다. 가끔은 너무 절실한 나머지 백인 여주인에게 도움을 호소해보기도 했지만 이러한 시도는 대부분 실패했다. 어떤 여주인들은 불만을 호소하는 여성 노예들을 오히려 처형하거나 고문했다. 일부 여주인들은 흑인 여성을 성적인 대상으로 이용하라고 부추기기도 했는데 그래야 자신이 원치 않는 성적 접근에서 벗어날 수 있어서였다. 흔치 않은 경우지만 자신의 아들들이 결혼해서 집을 떠나는 것을 원치 않았던 백인 여주인들은 흑인 여자 하녀를 사서 아들의 성적 노리개로 던져 주기도 했다. 흑인 여성이 당하는 성 착취를 반대하고 개탄하는 백인 여성도 없지는 않았다. 그래도 이들의 고초를 줄여주기 위해 나서지는 못했는데, 그러다가 가정 안에서 자신의 입지가 위험해질 가능성도 있었기 때문이다. 대부분의 백인 여성은 남편의 성폭력의 대상이 된 흑인 여성에게 적의와 분노를 품고 있었다. 여자가 요부이고 유혹자라는 종교 교리를 배우며 자란 백인 여주인들은 흑인 노예가 죄의 원흉이고 남편은 희생자라 믿을 때도 많았다. 다양한 흑인들의 기록에서 자료를 모아 노예제의 실상에 대해 기록한 스탠리 펠드스타인Stanley Feldstein의 《한때는 노예였다Once A Slave》에서 저자는 백인 여주인이 외출에서 돌아와 옷방 문을 열었을 때 남편이 열세 살 노예 소녀를 겁탈하고 있는 장면을 목격했던 사건을 서술한다. 여주인은 그 장면을 보자마자 노예 소녀를 때리고 훈연실에 가두어버린다. 소녀는 몇 주 동안 매일 매질을 당했다. 나이 많은 노예들이 나서 아이의 잘못이 아니라고 호소하며 백인 남주인의 잘못이라고 말하자 여주인은 이렇게 대답했다. "앞으로 잘 처신하라고 하는 거야. 내가 이렇게까지 혼쭐을 냈으니 앞으로 무지하다는 이유로 이런 일을 저지르진 않겠지." 백인 여성은 성폭행의 책임이 흑인 여성 노예에게 있다고 믿었는데 19세기 성 윤리관에서 남자를 유혹하는 주체는 여자였고, 백인 여성도 어린 시절부터 이렇게 배워왔기 때문이다. 동일한 성 윤리관이 노예들에게도 주입되었다. 노예들은 성적으로 착취당하는 동료 여자들을 불쌍히 여기기는 했지만 그들을 잘못이 하나도 없는 불쌍한 희생자라고만 생각하지도 않았다. 한 여성 노예해방론자는 강조한다.

이 끔찍한 제도가 가하는 공격으로 풀이 죽고 시들어가는 모든 사람들 중에서 가장 고통받는 사람은 스스로를 방어할 힘이 없는 여성이다. 대부분의 남자 노예들은 아무리 잔인한 처사를 당한다 해도 의지할 것이 있었다. 하지만 여성 노예에게는 그 어떤 보호도 동정도 없었다.

강간만이 흑인 여성을 공포에 떨게 하고 인격을 말살하는 유일한 방법도 아니었다. 여성 노예의 존엄을 앗아가는 또 하나의 대표적인 방법은 옷을 모두 벗긴 다음 태형을 가하는 것이었다. 빅토리아 시대 백인 여성은 자기 몸의 모든 부분을 거의 종교적으로 가리고 다녔다. 반면 흑인 여성은 매일같이 옷이 벗겨지고 사람들 앞에서 매질을 당했다. 노예주들은 이렇게 매질 담당 남자와 구경하는 남자들 앞에서 강제로 옷이 벗겨지면 여자들의 수치심과 수모가 극에 달한다는 것을 잘 인지하고 있었다. 켄터키주의 한 노예는 이렇게 회상한다.

여자들은 남자들만큼이나 가혹한 형벌을 받았다. 임신 중이라 해도 예외는 없었다. 그런 경우에는 말뚝에 묶어놓을 때도 바닥에 동그랗게 구멍을 파서 임신으로 인해 커진 몸에 맞게 해두기도 했다.

수전 보그스Susan Boggs는 이렇게 회상한다.

주인들은 노예가 마음에 들지 않는 행동을 하나라도 하면 바로 옷을 벗겨 매질을 했다. 이를테면 노예가 빵을 제대로 굽지 못했다면, 남주인이 집에 왔을 때 여주인이 고자질을 한다. 그러면 그 여자 노예는 바로 창고 같은 감 옥에 갇히고 옷이 벗겨진 채 매질당한다. 여자가, 아니 인간이 이런 방식으 로 노출되는 건 생각만 해도 끔찍한 일이다.

나체의 흑인 여성에게 잔인하게 태형을 가하는 일은 사회적 으로 용납이 되는 일이었다. 물론 인종차별적 학대였고 저항하 는 노예에 대한 처벌이기도 했지만 여성을 향한 증오와 경멸의 표현이기도 했기 때문이다. 이전에 노예였던 솔로몬 브래들리 Solomon Bradley는 기자에게 다음과 같이 말했다.

그렇습니다, 선생님. 내가 본 가장 충격적인 장면은 철로 옆에 위치했던 파 라비 씨의 농장에서 일어났습니다. 어느 날 아침 일을 하다 물을 마시기 위 해 주인 집에 갔는데 여자의 서러운 울음소리가 들렸습니다. 울타리로 가보 니 한 여성이 사지를 뻗고 얼굴은 바닥을 향한 채 팔과 다리는 태형대에 묶 여 있었습니다. 파라비 씨는 그 여자 옆에 서서 원래 마구의 일부였던 가죽

줄로 여자를 때리고 있었습니다. 그가 매질을 하면 여자의 등과 다리의 피부가 부풀어 오르고 위로 솟았습니다. 가끔 이 불쌍한 여자가 너무 큰 소리로 울부짖으면 파라비 씨는 발로 입을 걷어찼습니다. 채찍질을 하다가 지치면 집으로 들어가 봉랍과 양초를 가지고 나와 봉랍을 양초로 녹이면서 여자의 찢어진 등에 떨어뜨렸습니다. 그런 다음 마차의 채찍을 들고 여자 옆에 서서 채찍을 이용해 딱딱해진 왁스를 떼어냈습니다. 파라비 씨의 다 큰 딸들은 집 안에서 창문 커튼을 걷고 그 장면을 지켜보고 있었습니다. 이 벌이 너무도 끔찍해 나는 이 여자가 무슨 잘못을 저질렀길래 이렇게 잔혹한 벌을 받는지 물었더니 같이 일하는 하인들이 말하길, 이 여자의 유일한 잘못은 주인이 아침으로 먹을 와플의 끝을 살짝 태운 거라고 했습니다.

흑인 여성이 당하는 핍박과 고문을 특권층 백인 여성이 수동적으로 바라보고만 있는 이 장면의 중요성을 이해하기 위해서 많은 상상력이 필요하진 않다. 백인 여성에게 남편이나 부친, 형제들의 잔인성은 여자가 순종적이고 수동적인 태도를 유지하지 않을 때 자신들의 운명에 어떤 일이 일어날지에 대한 경고로 기능한다. 백인 여성은 그 가정에 남자들의 반여성적 분노와 공격성을 쏟을 가장 만만한 대상인 흑인 여성이 없다면 아마 자기들이 그 남자들의 희생자가 될 수도 있다고 생각했을 것이다. 대부분의 노예 소유 가정에서 백인 여성은 흑인 여성에 대한 신체적 학대에 백인 남성만큼이나 적극적으로 가담하기도 했다. 백인 여자가 흑인 남자를 육체적으로 학대하고 폭행하는 경우는 드물었지만 흑인 여자를 고문하고 처형하는 일은 흔했다. 인종차별주의라는 공통점으로 백인 남성과 연합한 그들은 흑인 여성을 학대하는 동기에 반여성적 충동이 있다는 것을 알아도 무시할 수 있었다.

번식breeding, 즉 재생산은 흑인 여성이 당하는 성 착취의 또 하나의 방법으로 이는 사회적으로도 법적으로도 승인된 일이었다. 앞서 언급했듯이 식민지 시대 미국의 백인 남성에게 여성의 주요 기능은 노동력 생산이었다. 근래의 학자들은 노예 여성의 강제 출산 문제에 대해서는 크게 주목하지 않았는데, 연구할 가치가 있을 만큼 만연한 사회현상이 아니라고 생각해서였다. 하지만 노예 번식이 존재했을 뿐 아니라 상당히 광범위하게 일반적으로 퍼져 있던 실태였음을 증명하는 증거들은 너무나 많다. 1819년 버지니아주 노예 거래를 기록한 프랜시스 코빈Frances Corbin은 이렇게 썼다. "우리의 수익은 노예의 숫자를 늘리는 데 달려 있다." 노예제 초기에 아프리카 여성에게 출산을 시키는 것은 쉽지 않았다. 전통적인 아프리카 지역사회에서 엄마들은 신생아에게 반드시 젖을 먹이고 최소 2년이 지나야 모유를 끊는다. 이 기간 동안 아프리카 여자들은 삽입 섹스를 하지 않고 그 덕분에 터울을 조절할 수 있다. 또한 그 기간에 여성은 다음 임신 전까지 육체적으로 회복하기도 한다. 백인 노예주들은 왜 노예 여자들이 연달아 임신을 하지 않는지 이해할 수가 없었다. 이 상황에 대한 그들의 반응은 당연히 폭력으로 위협해 노예 여성의 재생산을 강요하는 것이었다. 흑인 출산을 관찰했던 남부의 백인 프레더릭 올름스태드Frederick Olmstead는 이렇게 언급했다.

메릴랜드, 버지니아, 노스캐롤라이나, 켄터키, 테네시 주에서는 말과 당나귀의 번식만큼 니그로의 번식과 성장에 주목했다. 더 남부로 내려가면 흑인들을 사용이나 판매 목적으로 낳아 기르게 했다. 농장주들은 자기 소유의 소녀들과 여자들에게(결혼 유무에 상관없이) 아이를 가지라고 명령했다. 아이를 갖지 못해 팔려 나간 소녀들도 많았다. 가임기 여자는 아기를 낳지 못하는 여자들보다 네 배나 여섯 배의 가치가 매겨지기도 했다.

신문 광고란에는 "번식 가능 노예", "임신부", "가임기", "나이 많아 임신 불가" 등의 용어를 사용하여 흑인 여성 노예들을 분류해 판매하기도 했다. 버지니아주 노예소유주의 아들인 몬큐어 콘웨이Moncure Conway는 이렇게 기억한다.

일반적으로 남부 주에서 금전상 가장 이익이 되는 자원은 출산 노예였다. 높은 가격이 책정되는 데는 이유가 있었으므로 주인들은 노예 증식을 목적으로 노예들 사이의 관계를 강요하거나 조장했다. 임신 나이가 빨라졌고 니그로 임신부들의 평균 연령이 자유 신분 인종의 평균 연령보다 대략 3년이 어리다는 것은 여자들 사이에 잘 알려져 있었다.

노예 여성이 남자를 선택해 짝을 맺기를 거부하면 감독관이나 주인이 강제로 범해 임신을 시켰다. 어떤 노예소유주들은 흑인 여자와 백인 남자 사이의 아이를 선호하기도 했는데 물라토들이 일반적으로 시장에서 더 높은 가격을 받거나 팔기 쉬워서였다. 버지니아주의 한 감리교 목사는 1835년 3월 13일에 쓴 한

편지에서 이렇게 관찰했다.

물라토는 순수 니그로보다 확실히 더 높은 가격을 받는다. 농장주들은 백인 남자나 소년이 모든 여성과 자유롭게 성관계하는 것을 반대하지 않았다. 때로는 백인 감독관들은 주인에게 되도록 많은 여성들과 관계하여 임신을 시키라는 말을 들었고 그 일로 돈을 받기도 했다.

이 강제 번식 시스템 아래에서는 불임 흑인 여성이 가장 고통받았다. 1840년 6월 런던에서 열린 세계노예제반대대회World Anti-Slavery Convention에서는 불임 노예 여성은 육체적, 심리적 학대의 대상이 되었다는 진술이 나왔다. 다음과 같은 기록이 있다.

여자의 다산을 가장 훌륭한 미덕으로 보는 곳에서 불임은 그저 단순히 불운이 아니라 범죄로 취급된다. 불임 당사자는 궁핍에 시달리고 온갖 종류의 공격을 당하는 처지에 놓인다. 노예 자신의 의지와 상관없는 이 약점이 말 못 할 고난의 원인이 되는 것이다.

같은 보고서에서 노스캐롤라이나주의 시민은 캐롤라이나의 한 농장에서 일어난 노예 번식 이야기를 듣고 전한다.

어느 날 주인이 여자들을 헛간에 모이라고 했다. 그는 채찍을 들고 여자들 사이를 지나가면서 이제부터 죽을 때까지 매질을 할 거라고 말했다. 그 말을 듣자 모두 비명을 질렀다. "주인님, 저희가 뭘 잘못했나요? 무슨 죄를 지었죠?" 그는 대답한다. "망할 것들. 무슨 잘못을 저질렀는지 말해주마. 너희들은 아기를 낳지 않잖아. 몇 달 동안 너희들 중에서 어린 것을 하나도 얻지 못했어."

어떤 노예소유주들은 아기를 낳는 여성에게 보상을 해주는 시스템을 만들기도 했다. 하지만 그런 보상이라고 해봤자 강제 출산에 상응하는 것이었을 리 없다. 일부 농장에서는 노예가 아이 하나를 낳을 때마다 작은 돼지 한 마리를 받을 수 있었다. 아기를 낳으면 새 옷 한 벌이나 새 신발을 받을 수 있다는 약속을 하기도 했다. 네 번째나 다섯 번째 아이를 낳은 노예 여성에게는 1달러에서 5달러 사이의 적은 현금이 지급되기도 했다. 다산을 한 흑인 여성에게 자유를 약속하는 소수의 노예소유주도 있었다. 1761년 버지니아주 법원에서는 제니Jenny라는 흑인 노예에게 열 명의 아이를 낳으면 자유를 주겠다는 내용이 포함된 유언장과 관련한 재판이 열리기도 했다. 어떤 노예 여성은 스스로 임신을 원했는데, 그것이 그나마 개인적으로 얼마간의 이익을 얻을 수 있는 유일한 수단이었기 때문이다. 가장 먼저 임신으로 무거운 노동의 짐을 덜 수가 있었다. 《조지아 농장에서의 일기 1838~1839Journal of a Residence on a Georgian Plantation in 1838-1839》에서 프랜시스 켐블Frances Kemble은 다음과 같이 추측한다.

노예 여자가 아기를 낳으면 그 가족에게 옷이나 추가 식량이 배급되었다. 이 물질적 보상은 적어 보이지만 출산을 자기 뜻대로 자제하거나 선택할 수 없는 존재들에게는 상당히 큰 보상으로 다가왔다. 귀족이건 서민이건 일반 사람들에게는 부모가 되는 것이 선택할 수 있는 문제였지만 그들에게는 아니었다. 게다가 그들은 자신의 재산 가치를 뚜렷하게 알고 있었다. 여자는 새로운 노예를 이 세상에 내놓아 주인의 재산을 늘릴수록 조금이나마 더 나은 대접을 받을 가능성이 높다는 걸 알고 있었다.

번식에 가까운 강제 출산은 모든 가임기 노예 여성에게 탄압이자 폭력이었다. 영양결핍 상태로 과로하는 임신부에게 안전하게 아기를 낳을 수 있는 물리적 조건이 갖춰질 리 없었다. 기본적인 돌봄과 진료 없이 반복되는 임신은 결국 유산과 사산으로 이어졌다. 프랜시스 켐블은 남편의 농장에서 일하는 흑인 여성들에 대해 다음과 같은 기록을 남겼다. 이들은 이웃 농장의 흑인들과 비교하면 형편이 그나마 나은 여성들이었다.

패니 Fanny는 여섯 아이를 낳았지만 모두 죽고 하나만 남았다. 그녀는 조금이라도 편한 일을 하게 해달라고 빌었다.
내니 Nanny는 아이 셋을 낳았고 그중 둘이 죽었다. 분만하고 3주 뒤부터 바로 농장에서 일을 해야 한다는 규칙을 바꿔달라고 부탁했다.
리아 Leah는 세자르 Caesar의 아내로 여섯을 낳았고 셋이 죽었다.
루이스 Lewis의 아내인 소피 Sophy는 간곡한 부탁을 했다. 지금 매우 두렵고 지친 상태라고 했다. 아이 열을 낳았는데 다섯이 죽었다. 고기 한 덩이를 부탁했고 나는 주었다.
샐리 Sally는 스키피오 Scipio의 아내로 두 번 유산하고 아이 셋을 낳았고 하나가 죽었다. 아프지 않은 곳이 없는데 특히 허리 통증이 심하다고 했다. 이 여자는 소피Sophy라는 노예와 이 농장을 방문했던 워커Walker라는 백인 남자 사이의 물라토 딸이다.

샬럿Charlotte은 렌티Renty의 아내로 두 번 유산을 했고 다시 아이를 가졌다. 류머티즘 때문에 발을 절었고 퉁퉁 부은 무릎을 보여주어 내 마음이 아팠다. 그녀에게 플란넬 바지를 주겠다고 약속했고 바로 만들기 시작해야 할 것 같다.

세라Sarah는 스티븐Stephen의 아내로 이 여자도 다른 이들과 마찬가지로 아픔과 고통이 크다. 네 번 유산했고 일곱 아이를 세상에 내놓았으나 그중 다섯이 죽었고 또 다시 임신을 한 상태다. 그녀는 허리 통증이 너무 심각하고 밭에서 일하면 몸 안에 혹이 점점 커진다고 호소했다. (…) 나는 계속된 임신과 과한 노동이 아마도 (…) 일시적인 정신병을 일으킨 것 같다고도 생각했다. 내가 이들에게 아이가 몇인지 질문한 이유는 이들이 낳은 아이와 기른 아이의 숫자가 이렇게나 차이 나는 건 분명 시스템의 문제이고, 그것은 결국 아이들에게도 영향을 미칠 거라 짐작했기 때문이다. 이들의 병에 대해서 내가 앞으로 자세히 기술하겠지만 이들 누구도 병원에 입원할 수는 없었고 다들 온종일 밭에서 일한 다음 나를 찾아온 것이었다.

켐블은 가혹한 운명을 견뎌내는 흑인 여성의 고통을 이해하고 이들의 인내심을 존경했지만 이들의 조용한 수용에 가려진 "근원적 절망"은 인식하지 못했다.

흑인 여성의 집단적 성 착취는 식민지 시대 가부장제 미국의 반여성적 성 정치의 직접적인 결과였다. 흑인 여성은 법에서도 여론에서도 보호받지 못했기 때문에 가장 쉬운 목표물이었다. 물론 흑인들을 법적, 제도적으로 노예화한 인종차별주의가 가장 큰 사회악이긴 했지만 많은 흑인 여성의 삶을 더 고되게 하고 흑인 남성 노예보다 더 참혹하게 만든 것은 성차별이었다. 성차별을 자행하는 이들이 오직 백인 남성뿐인 것은 아니었다. 노예 소유주가 흑인 여성과 흑인 남성의 성관계를 권장하면서 흑인들의 인구가 늘고 이들 사이에서 서서히 문화가 형성되었다. 이 흑인 노예들의 하위문화에서는 기존 사회와 비슷한 성 정치가 나타났다. 처음에는 주인이 무차별적으로 노예들을 짝지어주었다. 자신이 선호하는 남자 노예에게 원하는 소녀나 여자를 골라 결혼할 수 있는 특권을 주기도 했다. 물론 여성의 의지는 상관없었다. 그러나 이런 방법은 결국 성공하지 못했다. 강제 결혼은 반란까지 야기했고 대부분의 주인들은 흑인 노예들이 알아서 파트너를 선택하게 하는 편이 낫다는 것을 알았다. 이렇게 이루어진 흑인 커플은 빈 헛간이나 오두막에서 따로 살면서 주변 사람들에게 인정받는 핵가족을 구성하게 되었다. 고향을 떠나 낯선 땅에서 정착해야 했던 아프리카인들은 자신들의 새로운 터전인 미국의 가치를 흡수했고 남주인과 여주인처럼 기독교적 민간 의식을 치르고 싶어 했다. 그래서 자신들의 결합을 주변 사람들이 정식으로 인정해주길 소망했다. 노예 커플은 법적인 부부로 인정되지는 않았지만 이들도 백인 주인들의 결혼 예식을 따르고 싶어 했다. 어떤 농장에서는 아프리카 전통 결혼식을 하기도 했다(이때 신부는 약간의 지참금도 가져가야 했다). 많은 백인 농장주들은 흑인들에게 약혼한 커플이 손을 잡고 빗자루 위를 뛰어오르게 하는 의식을 소개했는데 이는 초창기 미국 백인 정착민들 사이에서 유행한 의식이었다. 일부 농장의 주인은 정식 목사가 주례로 서는 결혼식도 허락했지만 이러한 결혼식에도 법적인 의미는 없었다. 대부분의 노예들은 목사가 결혼식 주례로 서주길 바랐는데 그것이 당대의 지배적인 문화가 인정하는 정상적인 모습이었기 때문이다. 노예들 사이에서도 연애와 결혼은 매우 중요한 일로 자리 잡았으며 그러한 잠깐의 행복감만이 노예 생활의 고된 현실을 조금이라도 견딜 수 있도록 해주었을 것이다. 토머스 존스Thomas Jones는 노예 생활 일기에서 다음과 같이 기록한다.

노예란 무엇인가. 감정이라고는 없는 잔인한 인종에게 경멸당하고 짓밟히다가 가장 좋은 나이에 비참한 삶을 마감하고 마는 생이다. 그가 마음에서 우러나온 사랑과 연민이 넘치는 따스한 집에서 위안을 찾을 수 없다면, 그리하여 이 신성한 가정을 향한 진심 어린 애정과 다정함이 없다면 더욱 그랬을 것이다.

흑인 노예 하위문화에서 성역할은 백인 가부장제 미국의 모습을 그대로 반영했다. 흑인 노예 하위문화 안에서 가족을 위해 요리하고 오두막이나 헛간을 청소하고 병자를 돌보고 세탁하고 옷을 수선하고 아이들을 양육하는 사람은 당연히 여자였다. 흑인 노예 남자는 요리, 바느질, 돌봄, 자잘한 농장 노동은 모두 여자 몫으로 넘겼다. 남부 백인 여성에 대해 쓴 앤 스콧Anne Scott의

《남부 레이디The Southern Lady》에는 흑인 남자가 남자의 권위를 훼손한다면서 집안일을 거절한 사례가 나온다.

한 농장에서 아내와 아이들이 모두 아파 꼼짝 못 하는 상황에서, 니그로 남편은 소의 젖을 짜야 한다는 말을 듣고 매우 당황했다. 세상 모든 사람이 그 일은 여자의 일이라는 걸 알기 때문에 자신은 도저히 할 수 없다고 말했다.

흑인 남자 노예는 가부장제 남자의 권력, 즉 여자를 완전히 지배할 권리를 온전히 받아들일 위치를 점하진 못했다. 그러나 흑인 여성 노예들은 기존의 성역할에 순응하며 남자들에게 여자들보다 더 높은 지위를 부여했다. (앞서 나온 프랜시스 켐블의 딸인) 프랜시스 버틀러 리Frances Butler Leigh는 조지아주 시 제도Sea Islands에 사는 노예들 사이에 "생활의 모든 면에서 남자의 뜻에 여자가 복종하는 전통적인 관습법이 유효했다"고 말한다. 남자의 우월성은 노예들이 다니는 교회 설교에서 특별히 더 강조한 내용이었다. 기독교 신앙을 가진 노예 여성은 '여자는 남자를 섬겨야 한다'고 믿었다. 미시시피주 론데스 카운티의 농장주인 윌리엄 어빈William Ervin은 가부장제에 의해 확립된 성역할 패턴을 기반으로 자신의 노예를 다스렸다. 한 가지 원칙은 다음과 같다.

모든 가족은 자기 가정에서 산다. 남편은 땔감을 제공하고 그 일을 마치면 아내가 남편의 시중을 든다. 아내는 남편과 아이들을 위해 요리하고 세탁하고 옷을 수선한다. 이 역할에서 실패할 시에 처음에는 말로 교정하고 교정이 되지 않을 시 매질을 허가한다.

남주인과 여주인이 노예 여성을 남편의 이름을 붙여서 부른 것만으로도(스키피오의 제인Scipio's Jane 혹은 존의 수John's Sue) 백인들이 흑인 남성의 위치를 여성 노예보다는 더 높이 지정했다는 사실을 알 수 있다. 역사학자 유진 제노비스는 결론 낸다.

실리적인 주인들은 노예들의 성별에 따라 노동을 분리했고 흑인 가정에서 남자의 힘을 강화하는 것이 자신들에게 더 이득임을 알아봤다.

인종만을 기반으로 한 위계에서는 흑인 여자와 흑인 남자의 사회적 지위가 동일했지만 성차별로 인해 남자와 여자는 확실히 구별되었다. 노동의 영역에서만 성평등이 존재했고 다른 영역에서는 전혀 그렇지 못했다. 흑인 여성과 흑인 남성은 농장에서는 정확히 같은 임무를 수행했으나 그 영역에서도 흑인 여성은 관리자로 진급하지 못했다. 노동 이외의 영역인 일상생활에서 여자 노예는 남자 노예와 다른 취급을 받았고 어떤 경우 남성 노예의 하급자 역할을 했다.

노예제가 흑인의 성역할 패턴에 어떤 영향을 미쳤는지 설명하기 위해서 많은 학자들은 흑인 여자가 가정에서는 남자보다 더 주도적인 역할을 했고, 그 결과 흑인의 남성성이 강하게 발현되지 못했다고 주장한다. 또 한 번 흑인의 "남성성"에 대한 지나친 강조가 드러나는데, 사회학자와 역사학자들은 인종차별의 해악에 대해 설명할 때 늘 이 남성성 이야기부터 언급하는 경향이 있다. 이런 잘못된 정보가 퍼지는 이유는 학자들이 책임을 노예제도와 백인들이 아닌 흑인에게 돌리려 하기 때문이다. 노예제가 흑인 가정에 미친 부정적인 영향력을 논하며 백인들의 인종차별에 책임을 묻거나 백인을 비난하지 않으려면 흑인 남녀의 성 정치의 틀에서 문제를 이해해야 한다. 그들은 노예 가정 안에서 흑인 여성의 역할이 더 중요했기 때문에 남성성이 약화되었고 그 결과 흑인 가족구조가 해체되었다고 주장한다. 그들이 고심한 후 지목한 범인은 가정에서 권력을 휘두르는 흑인 여성이다. 인종차별적 식민주의자들은 흑인 남성의 남성성 약화에 대해서만 자꾸 논하려 하며 현실을 왜곡한다. 실제로 19세기 미국의 노예 여자가 가정에서 주도적인 역할을 한 것은 특별히 유별난 일이 아니었다. 사실 그들은 백인 여주인의 행동을 모방했을 뿐이었다. 19세기 백인 가정에서도 아내들이 주도적 역할을 했지만 학자들은 이 현상을 분석해 백인 남성성의 무력함을 이론화하지는 않는다. 오히려 그 반대 현상이 일어난다. 보통 19세기는 미국 역사에서 백인 가부장제가 미국 가정의 핵심이라고 여겨진 시대다. 하지만 강력한 백인 가부장제 안에서도 19세기 백인 여성은 가정에서 주도적인 역할을 했다. 《여성의 유대The Bonds of Womanhood》의 저자 낸시 콧Nancy Cott은 남자가 가정의 우두머리라는 가부장제의 이상과 19세기의 일상 사이의 괴리를 설명했다.

법적으로 그리고 경제적으로 남편 또는 아버지가 가정을 지배해야 하지만 가정생활의 주체인 여성은 자기만의 영역을 만들어 그 안에서 지배하고 영향을 미친다. 엄마됨은 여성이 자신과 세상과의 다리를 놓는 중심 지렛대이고 실질적으로 여성이 가정 내 권력을 높일 수 있는 최고의 기회가 된다. "가정교육"에 관한 책의 저자들은 가정 내 최종 권위가 (법적, 관습적으로는) 가부장에게 있다 해도 자녀들은 아버지보다 어머니와 보내는 시간이 압도적으로 많다고 말한다.

19세기 백인 여성도 가정에서 주도적인 역할을 했고, 이것이 백인 남성성의 무력화로 이어지지 않았다면 노예 가정에서도 마찬가지여야 한다. 흑인 여성이 가정을 실질적으로 이끌었다 해도 이미 힘없는 흑인 남성에게 큰 위협이 되지는 않았을 것이다. 백인 노예소유주와 흑인 남성의 가정 내 역할에서 가장 두드러지는 차이가 있다면 흑인 남성은 부양자로서의 기회를 부정당했다는 것이다. 일부 학자들은 흑인 남성의 부양능력 결여와 흑인 가정 내 여성의 주도성이 결합되면서 남성성 무력화의 결과로 이어졌다고 주장한다. 그들은 두 가지 현실을 간과한다. 첫째, 19세기 미국의 전반적인 분위기상 이미 가정과 가족은 "여자의 영역"이었고 흑인 여자가 집안의 주인 역할을 한 것이 그다지 특이한 현상은 아니다. 특수한 현실은 흑인 남성도 능력이 있었고 열심히 일하는 노동자였지만 그 노동의 결실을 모두 백인이 수확했다는 점이다. 흑인 남성이 하루에 열두 시간에서 열여섯 시간 동안 진 빠지는 노동을 하고 집에 오는데도 자신의 부양자로서의 능력을 의심했을까? 아마도 흑인 노예 남성은 남성성을 잃었다는 느낌보다는 자기 노동의 열매를 자신이 거두지 못하는 이 인종차별 사회를 향한 분노와 울분이 더 컸을 것이다. 19세기 미국의 성 정치와 발을 맞추기 위해 많은 흑인 남성 또한 가정의 경제적 안녕을 위해 부양의 의무를 다해야 한다고 느꼈을 것이고 그 역할을 이행하지 못하게 되자 이 제도에 분노하고 억울해했을 것이다. 슬픔, 분노, 억울함은 남성성 무력화와 동의어는 아니다.

흑인 노예 남성은 남녀 성역할의 가부장적 정의를 받아들였다. 자신의 백인 주인이 그런 것처럼 여자란 집안에서 아이를 양육하고 남편의 뜻을 따르는 것이라고 믿었다. 앤 스콧은 19세기의 이상적인 여성상을 다음과 같이 묘사한다.

순종적인 아내라 묘사되는 인물은 놀라운 창조물이 아닐 수 없다. 그들의 존재 이유는 사랑하고 존경하고 복종하고 가끔씩 남편을 즐겁게 해주고 아이를 양육하고 가사를 관리하는 것이다. 육체적으로 연약하고 노동력을 필요로 하는 직업에는 적합지 않아서 남성의 보호에 의지해야 한다. 이 아내는 앞으로도 계속 보호받기 위해 자기 주변의 어떤 남성에게든 "마법의 주문"을 거는 능력을 생성해내야 한다. 그녀는 얌전하고 겸손하고 아름답고 우아하다. "가장 매혹적인 존재이며 (…) 그녀가 가는 모든 모임에서 빛과 매력을 내뿜는다."

그녀의 매력의 일부는 특유의 순수함에서 나온다. (…) 그녀는 인간관계를 예리하게 의식하고 있으며 요령과 재치와 안목과 동정심과 연민이 있다. 그녀의 자기부정은 본능과도 같아 고통스러울 때도 침묵하며, 이런 특징이 남성에게 특히 사랑스럽다. 조금은 덜 사랑스러울지 몰라도 타고난 성향은 여성의 경건함이다. 그녀는 "남성의 자연스러운 악행과 비도덕성을 자제시키는 성향"이 있다. 그녀는 열정을 억제하고 도덕성을 강화하는 기술에 가장 깊은 관심이 있다.

19세기에 등장한 "진정한 여성성의 신화"는 흑인 노예 여성의 사기를 극도로 저하시켰다. 그들은 남자들과 들판에서 같은 노동을 할 수 있는 자신들의 능력에 자부심을 느끼지도 않았고 자신들의 운명이 백인 여성의 운명과 비슷해지기만을 소망했다. 백인 남성 노예주와 감독관들은 노예 여자에게 새 드레스, 머리 리본, 양산 등 여성성을 강조하는 사소한 물건만 약속해도 쉽게 이용할 수 있다는 사실을 알아챘다. 여성스러워 보이고 숙녀처럼 보이고 싶다는 욕망이 너무도 강했기에 많은 이들이 들판에서 일할 때도 바지가 아니라 드레스를 입었다. 바지가 더 실용적인 걸 알지만 남자처럼 보이기 싫어서였다. 아프리카에서 건너온 1세대 여성은 들판과 농장에서 노동하는 여자들에 대해 어떤 낙인도 붙이지 않았지만 미국적 가치를 점차 흡수하면서 집 바깥에서 일하는 여자는 천하고 품위가 떨어진다는 개념을 받아들였다. 농장 노동자로 일하던 흑인 남성 노예는 자유인이 된 후에도 같은 노동을 하는 것을 큰 문제로 여기지 않았지만 흑인 여자는 여자가 밭에서 일하는 것은 숙녀답지 않고 존중받지도 못한다는 것을 잘 알고 있었다. 1865년 즈음 앨라배마주의 농장주였던 헨리 왓슨Henry Watson은 딸에게 자신의 농장에서 일하는 흑인 여자 노예에 대해 이렇게 불평한다.

여자들이 이제 더 이상 바깥에서 하는 일은 안 한다고 하는구나. 백인 남자들이 아내를 부양하는 것처럼 이제 남편들이 자기들을 먹여 살리면 된다고 한다.

흑인 여성 노예는 종종 노동자로서의 능력에 자부심을 느끼기도 했지만 그러면서도 무엇보다 여성으로서 배려와 존중을 받길 갈망하기도 했다. 그것이 가부장제 사회에서의 여성이 누릴 수 있는 특권이라 여긴 것이다. 왓슨은 이렇게 기록한다.

여자 일꾼들은 하나같이 게으르다. 이제 밭에 나가려고 하지 않고 여자 놀이를 하고 "백인 여자들처럼" 남편이 벌어다 주는 돈으로 살고 싶어 한다.

흑인 여성이 "남자"와 똑같이 노동할 수밖에 없고 남성의 보호를 받지 못하고 독립적으로 존재할 수밖에 없었던 현실이 페미니스트 의식 발달로 이어지지는 않는다. 이 여성들은 성평등을 지지하지 않았다. 그보다는 지배적인 문화에서 "여자"로 여겨지지 않는다는 사실, 그래서 백인 여성에게 주어지는 배려와 특권을 누릴 수 없다는 사실에 더 분노하고 실망했다. 겸손, 성적 순결, 순수함, 순종적인 태도는 여성성과 여자다움에 관련된 기질들로, 이들이 아무리 노력해도 얻기 힘들었지만 그럼에도 이들은 그러한 기질들을 간절히 얻고 싶어 했다. 자유가 찾아왔을 때 흑인 여성은 야외 노동을 이제 그만두기로 결심했다. 백인 농장주들은 노예제가 끝나자마자 대다수의 흑인 여성이 농장 일을 거부하는 모습을 보며 충격을 받았다. 1865년과 1866년의 농장 일기에서 시어도어 윌슨Theodore Wilson은 이렇게 기록한다. "가정에서 살림하고 아이를 키우고 싶어 하는 니그로 여성이 많아지면서 무수한 노동력이 빠져나갔다." 흑인 여성이 계속 일을 하는 농장에서도 주인들은 그들이 아침에 너무 늦게 나오고 오후에 너무 빨리 집에 간다고 불평하곤 했다. 백인 남부인들은 드디어 아내와 가족을 부양할 수 있게 된 흑인 남자들의 자부심을 보면서 즐거움을 표현했다. 어떤 경우 백인들은 여자 일꾼들을 잃고 너무 화가 나서에게 아내가 일을 하지 않는 흑인 남자에게 음식과 집에 대한 돈을 더 많이 청구하기도 했다. 가부장제가 정의하는 여성의 역할을 완전히 수용하면서 흑인 노예 여성은 억압적인 성차별적 사회질서를 포용하고 옹호했으며 (그들의 백인 자매들과 함께) 여성에게 자행된 범죄의 공범자가 되는 동시에 희생자가 되었다.

현재까지도 계속되는
흑인 여성됨 격하

많은 백인들이 애정을 담아 정성을 다해
유모 이미지를 그려냈다.
그녀는 이상적인 흑인 여성됨에 대한
성차별-인종차별적 버전의 궁극적이고 완벽한 예,
즉 백인들의 뜻에 완전히 복종하는
캐릭터이기 때문이다. 어떤 면에서 백인들은
그 유모 캐릭터로 식민지 지배자들이 착취하고 싶은
특징들만 완벽하게 구현한 흑인 여성을
창조했다고 할 수 있다.

노예제 시대 흑인 여성의 집단적 성 착취를 연구하는 학자들 중에서 노예제가 흑인 여성에게 미쳐온 정치적, 사회적 영향력에 대해 논하는 학자들은 거의 없다고 할 수 있다. 기념비적인 페미니즘 저서로 평가받는 《우리의 의지에 반하여Against Our Will》에서 수전 브라운밀러Susan Brownmiller는 강간의 역사와 의미를 총체적으로 다루지만 노예제 시대의 강간 문제에 대해선 깊이 고찰하지 않는다. 그녀는 이렇게 지적한다.

노예제 시대의 강간은 폭력의 도구 이상이었다. 그것은 제도화된 범죄였고 경제적, 심리적 이익을 얻기 위해 인간을 정복하고 지배하는 백인들의 행위의 본질이고 핵심이었다.

얼핏 보면 브라운밀러가 책에 이 부분을 삽입함으로써 노예제 시대 흑인 여성 강간에 대한 논의를 중요한 문제로 이야기하는 것 같지만, 한편으로 그녀는 이 일을 역사이자 과거이며 이제 지난 일이라고 강조하면서 효과적으로 일축해버리기도 한다. 이 부분이 들어간 챕터의 제목은 "미국 역사에 관한 두 가지 연구"이다. 이 챕터는 다음의 문장으로 시작한다.

> 남부 노예제는 미국 역사의 두 세기 동안 이어지는데, 이 시기는 강간을 복합적으로 연구하기에 완벽한 시기가 될 수 있다. 당시 노예제는 경제적 이익을 위해 유지되어야 했고, 흑인 여성의 성적인 명예는 고의적으로 짓밟혔다.

브라운밀러는 노예제 시대에 백인 남성이 흑인 여성을 성적으로 유린했다는 사실은 분명히 짚고 넘어간다. 그러나 그것을 노예제 시대의 "제도화된 범죄"라는 역사적 맥락으로 제한해버리면서 그것이 미국의 모든 흑인 여성에게 장기적으로 미친 영향력을 최소화한다. 흑인 여성 강간이 그저 경제적인 목적을 위해 성적 명예를 "고의적으로 짓밟"은 정도의 의미에서 그치지 않고, 미국인들의 정신세계에 흑인 여성 비하를 깊이 각인해 노예제가 종식된 이후에도 흑인 여성의 사회적 지위를 결정했다는 이야기를 저자는 하지 않는다. 하루 24시간씩 일주일 동안 미국의 텔레비전 프로그램을 보기만 해도 미국 사회에서 흑인 여성이 어떻게 인식되는지 바로 알아챌 수 있을 것이다. 흑인 여성의 이미지는 다음과 같이 거의 고정되어 있다. "망가진" 여자, 음탕한 여자, 걸레, 매춘부이다.

이 성차별−인종차별적 정신 길들이기는 일단 성공한 것으로 보인다. 대부분의 미국인들이 흑인 여성을 가치가 없거나 귀하지 않은 존재로 여긴다는 증거는 정치적으로 깨어 있다고 하는 백인 페미니스트들조차 흑인 여성의 성차별적 억압을 브라운밀러처럼 과소평가하는 모습에서 찾아볼 수 있다. 브라운밀러는 백인 남성이 노예제 종식 이후에도 오랜 기간 흑인 여성에 대한 강간을 절대로 끝내지 않았으며 그러한 강간이 사회적으로 용납됐다는 사실도 밝히지 않았다. 또한 흑인 여성 강간이 백인 여성 강간만큼 주목받지 못한 것은 백인 대중이 흑인 여성을 성적으로 문란하고 접근하기 쉬우며 흑인이든 백인이든 남성에게 성폭력을 당하기를 오히려 바라는 것처럼 그려왔기 때문이라는 점도 지적하지 않았다. 왜 모든 흑인 여성에게 음탕하고 비도덕적이고 성적으로 자유분방하다는 낙인이 찍혔을까? 그 낙인은 노예제에 뿌리를 내리고 있다. 백인 여성과 백인 남성은 흑인 여성이 당하는 성 착취를 정당화하기 위해 흑인 여성들이 남성과의 성관계를 먼저 원했다는 식으로 주장했다. 그러면서 흑인 여성은 성생활 면에서 미개하다는 고정관념이 형성되었다. 성적으로 미개하다는 말은 곧 인간이 아니라는 뜻이고 동물은 강간당할 수 없다. 브라운밀러가 이러한 현상에 무지했다고 믿기는 어렵다. 나는 그녀가 그저 이를 중요하지 않다고 여겼으리라 짐작한다.

노예제 시대에도 이미 백인들은 인종과 성별에 따른 사회적 위계를 완성했다. 가장 위에는 백인 남성이 있고 두 번째로 백인 여성이 있는데 가끔 이들은 세 번째인 흑인 남성과 동등하기도 하나 언제나 가장 바닥에는 흑인 여성이 있다. 강간을 성 정치학의 측면에서 보면 이 사회적 위계란 곧 백인 여자 한 명이 흑인 남자 한 명에게 강간을 당하는 것이 1000명의 흑인 여자가 한 명의 백인 남자에게 강간당하는 것보다 더 시급하고 중요한 일로 취급된다는 뜻이다. 흑인들을 포함해 대부분의 미국인들은 이런 위계질서를 승인하고 수용했다. 즉 의식적으로나 무의식적으로나 이 위계를 내면화했다. 따라서 미국 역사 내내 흑인 남성의 백인 여성 강간에는 백인이나 흑인 남성의 흑인 여성 강간과는 비교할 수 없을 정도로 큰 관심이 집중되었다. 브라운밀러는 이러한 믿음을 지속시켰다고 할 수 있는데 미국 역사에서 인종 간 성 착취의 가장 큰 위험은 흑인 남성에 의한 백인 여성 강간이라고 기술했기 때문이다. 그녀는 저서의 가장 긴 챕터에서 이 의제를 다룬다. 백인 남성에 의한 원주민 여성과 흑인 여성 강간을 논한 챕터의 제목은 "미국 역사에 관한 두 가지 연구"였지만 흑인 남성의 백인 여성 강간을 다룬 챕터의 제목을 "인종의 문제"로 붙인 것은 매우 의미심장하다고 할 수 있다. 이 챕터의 첫 문장은 다음과 같다. "인종주의와 성차별주의와 이 둘에 대항하는 싸움은 인종 간 강간으로 수렴된다. 이는 진정 미국만의 딜레마가 만들어낸 혼란스러운 갈림길이다." 왜 브라운밀러는 비백인 여성 강간을 다룰 때는 "인종 간 강간"이라든가 "성차별"이라는 용어를 사용하지 않았을까?

노예제 시대에 흑인 여성이 당한 성 착취의 직접적 결과인 흑인 여성됨 비하는 몇백 년이 흘렀어도 크게 변하지 않았다. 이전에 언급했듯이 많은 의식 있는 시민들은 노예제 시대와 그 이후의 흑인 여성에 대한 성 착취에 연민과 동정을 보내기도 했다. 그러나 가부장제 사회의 모든 강간 피해자들이 그렇듯이 흑인 여성들은 수치와 모멸을 견뎠으나 결국에는 인간으로서의 가치와 존엄을 잃었다. 노예제 시대 기록을 보면 흑인 여성 강간을 비판했던 노예해방론자들조차 흑인 여성을 희생자라기보다는 공모자로 보았다는 사실을 알 수 있다. 남부의 백인 여성 메리 보이킨 체스닛Mary Boykin Chesnut은 일기에 이렇게 기록했다.

1861년 3월 14일

노예제 시대 우리는 매춘부들에 둘러싸여 살았으나 방종한 여성은 괜찮은 가정에서 쫓겨났다. 우리가 이름을 부를 수도 없는 그런 존재가 된 니그로나 물라토 여성보다 더 나쁜 것이 뭐가 있을까? 주님, 제발 우리를 용서해주시길. 우리 노예제는 괴물 같은 제도이며 잘못되었고 부당하다! 그 옛날 시대 가부장들처럼 우리 시대 남자들은 한 집에서 아내들과 정부들과 같이 산다. 모든 가정에서 볼 수 있는 물라토는 그 집의 백인 아이들을 꼭 닮았다. 이 물라토 아이들의 아버지가 누구인지는 그 집의 아내 말고 누구라도 말할 수 있을 것이다. 그 아내는 아마도 이들이 하늘에서 떨어졌다고 생각할 것이다. 가끔은 분노와 역겨움이 끓어오른다. 하나님, 나의 조국의 여자들을 안쓰럽게 여기소서. 하지만 남자들은 어찌 여겨야 할까! 이들은 이 세상에 있는 다른 남자들과도 다르지 않을 것이다. 하지만 아내를 낮출수록 자신들도 낮아질지니.

2장 _ 현재까지도 계속되는 흑인 여성됨 격하

1861년 4월 20일

음란한 책들은 집 안의 보이는 곳에 있지 않고 자물쇠가 잠긴 서재에 감춰져 있으며 그 자물쇠의 열쇠는 주인의 주머니에 있을 것이다. 하지만 상스러운 여자들은 어떨까? 백인이 아닌 여자들, 하찮은 집안일을 하는 여자들은 방해받지 않고 마음대로 돌아다닌다. 있지만 없는 척하는 것이 기독교인다운 태도라고 한다. 이 여자들을 위험한 인간 군단이 아니라 카나리아 새처럼 보라고 한다.

1861년 8월 22일

나는 노예제를 증오한다. 런던에 비하면 농장에는 더럽혀진 여자들이 적다고 말하는 사람도 있을 것이다. 숫자가 아닌 비율로 보면 그럴 것이다. 하지만 그래도 무슨 소용인가? 끔찍한 흑인 첩 여럿을 거느린 제왕 같은 가장이 그 첩들과 그들에게서 낳은 것들과 사랑스러운 백인 아내와 아름답고 똑똑한 딸들과 같은 지붕 아래 살고 있다면?

일기를 보면 체스넛은 흑인 여성들이 그들의 운명에 책임이 있다고 생각한 것 같다. 그녀의 분노와 노여움은 백인 남성이 아니라 흑인 여성에게 향해 있다. 노예제 시대의 흑인 여성의 이미지는 모든 흑인 여자는 비도덕적이고 성적으로 타락했다는 신화에 바탕을 두고 있다. 하지만 19세기의 노예에 대한 기록이나 일기를 아무리 찾아봐도 흑인 여성이 백인 여성보다 성적으로 더 "자유분방"했다는 증거는 없다. 흑인 노예 여성 대다수도 그 시대에 지배적인 문화의 성도덕관을 받아들였고 그것을 자신이 처한 조건에도 적용시켰다. 흑인 노예 소녀들은 백인 소녀들과 마찬가지로 정숙함이 이상적인 여성의 본성이고 순결이 이상적인 육체적 상태라고 배웠다. 이러한 성도덕관을 배우고 받아들였지만 그들이 처한 현실에는 성 착취로부터 그들을 보호해줄 사회적 질서가 존재하지 않았다.

노예제가 종식됐을 때 흑인 여성과 흑인 남성은 새로 획득한 자유를 환영하면서 자신들의 섹슈얼리티를 표현했다. 초창기의 백인 식민지 정착민들과 마찬가지로 해방된 흑인들은 자신들의 성적 행위를 통제하고 자제시키는 사회적 질서가 없자 어느 정도는 불안함을 내려놓고 자유를 즐기기도 했다. 아마도 해방된 노예들에게 어느 날 갑자기 성적 파트너를 선택할 수 있는 자유, 원하는 대로 행동할 수 있는 자유가 생겼다는 것은 굉장히 좋은 기분을 가져다주었을 것이다. 해방된 흑인 여성 일부는 여러 흑인 남성과 자유롭게 성관계를 가지며 해방감을 느꼈다. 백인들은 이러한 해방된 일부 노예들의 성생활을 흑인 여성이 방종하고 선천적으로 도덕성이 타락했다는 주장을 지지할 근거로 받아들였다. 사실 대다수의 흑인 여성과 흑인 남성은 백인들의 가치에 따랐고 그들에게 인정받을 만한 행동을 했지만 백인들은 이런 시도들은 무시했다. 흑인 재건 시대인 1867년에서 1877년 사이에 흑인 여성은 백인에 의해 고정된 흑인 여성의 부정적인 이미지를 바꾸려고 부단히 노력했다. 이들은 모든 흑인 여성이 성적으로 문란하다는 신화를 떨쳐버리기 위해서 백인 여성의 행동거지와 태도를 모방했다. 하지만 해방된 흑인 여성과 흑인 남성이 흑인 여성의 섹슈얼리티에 대한 고정관념을 바꾸기 위해 아무리 노력해도 백인 사회는 그 노력을 거부했다. 흑인 여성은 거리든 상점이든 일터든 어딜 가나 위협당하고 외설적인 욕설을 들어야 했고 때로는 백인 남녀에게 신체적인 학대를 당하기도 했다. 가장 괴로워하던 이들은 "숙녀"의 표본처럼 행동하는 흑인 여성들이기도 했다. 깔끔한 옷을 단정하게 차려 입고 품위 있게 행동하려던 흑인 여성들은 백인 남성들에게 인신공격을 당하곤 했다. 백인들은 자기 계발을 위해 노력하는 이 여성들에게 조롱과 멸시를 일삼았다. 흑인 여성들은 자신이 아무리 노력해도 백인들의 눈에는 여전히 배려나 존중을 받을 가치가 없는 인종이라는 사실을 재확인할 수밖에 없었다.

주요 일간지와 유명 잡지의 백인 기자들은 이미지를 개선하기 위해 노력하는 흑인들을 비웃는 기사들을 썼다. 흑인들에 대한 부정적인 고정관념을 강조하며 낄낄거리는 일은 백인 독자들에게는 즐거운 오락거리였다. 레이퍼드 로건Rayford Logan은 《니그로의 배신The Betrayal of the Negro》이라는 책에서 1877년부터 1918년까지 어떤 일간지와 잡지에서 고의적으로 흑인에 대한 부정적인 신화와 고정관념을 퍼뜨리려 했는지 조사했다. 로건은 백인들이 합심하여 모든 흑인 여성은 성적으로 문란하고 비도덕적이라는 신화를 퍼뜨리기 위해 노력했음을 인정한다. 그는 이렇게 지적한다.

《애틀랜틱Atlantic》의 한 기사는 니그로 여성이 일반적으로 음란하다는 가정을 사실처럼 분석했다. 순결에 그리 집착하지 않는 성향 때문에 백인들이 그들의 몸을 자유롭게 이용했다는 것이다. 기자는 니그로 여성의 도덕적 해이가 백인 남성과 여성 사이의 도덕적 해이를 저지하는 효과를 낳았다고 덧붙이기도 했다.

이런 기사의 목적은 인종 간의 분리 유지다. 흑인(특히 흑인 여성)의 도덕적 해이와 접촉하면 도덕적 가치가 무너진다고 주장하면서 백인이 흑인과 사회적으로 같은 취급을 받기를 원치 않는다면 가능한 한 흑인을 멀리하라고 설득한다. 또한 백인들 사이에 흑인 여성은 문란하다는 여론을 형성해 백인 남성의 성폭력을 정당화하려고 시도하기도 한다.

흑인 여성에 대한 성 착취는 이제 자유인으로서 희망을 갖고 살아가려던 흑인들의 사기와 의욕을 꺾는 결과를 낳았다. 흑인 여성의 부정적인 이미지를 바꾸지 못하면 앞으로 이 인종 전체가 희망과 행복을 누리기 어려울 것처럼 보이기도 했다. 어린 흑인 소녀들은 백인 남성 강간범들의 타깃이 되었다. 흑인 부모들은 딸들에게 밤늦게 인적 없는 거리를 돌아다니지 말고 특히 백인 남성과의 접촉은 반드시 삼가야 한다고 당부했다. 이런 방법으로 성폭력이 감소했을 수는 있지만 완전히 사라질 수는 없었다. 대부분의 성폭력은 일터에서 일어났기 때문이다. 신혼이었던 젊은 흑인 여성은 백인 주부의 요리사로 채용되었다가 얼마 가지 않아 그 집 남편에게 성희롱을 당했다.

내가 해고됐던 처음이자 마지막 일자리를 기억한다. 일자리를 잃은 이유는 나에게 키스하려는 부인의 남편을 거부했기 때문이다. 그가 평소 하녀들과 부적절한 신체 접촉을 해왔을 수도 있고 어찌 보면 당연하다고 여겼을 수도 있는데 내가 요리사로 채용된 지 며칠 되지도 않아 어떤 수작도 걸지 않고 나에게 곧장 다가와 내 몸에 팔을 둘렀고 키스를 하려고 했다. 나는 지금 무슨 짓을 하시냐며 그를 밀어냈다. 나는 젊었고 신혼이었고 그 순간에는 그 사건이 내 마음과 심장에서 떠나지 않는 짐이 될 줄은 몰랐다. 이 나라, 특히 이 지역에서는 흑인 여성이 아무리 정숙해도 보호를 받을 수가 없다. 집에 오자마자 남편에게 사실을 알렸다. 남편이 나를 모욕한 남자에게 찾아가자 그 남자는 도리어 남편에게 욕설을 하고 폭행을 가했고, 남편을 고소하기까지 했다. 경찰은 남편에게 25달러의 벌금을 물렸다. 나는 재판에 참석해 증인 선서를 하고 내가 당한 모욕을 진술했다. 물론 백인 남자는 혐의를 부인했다. 나이 많은 판사는 나를 똑바로 보면서 말했다. "이 법정은 백인 남성의 말에 반하는 깜둥이의 말은 한 마디도 받아들이지 않습니다."

흑인 여성은 요구에 굴복하지 않으면 해고하겠다고 협박하는 백인 고용주와 반강제로 관계를 맺기도 했다. 한 흑인 여성은 이렇게 말한다.

거의 모든 백인 남성이 흑인 여자 하인을 취할 수 있거나 그 여자에게 쉽게 접근할 수 있다고 생각한다(그 집안의 아버지뿐 아니라 많은 경우 아들들도 그렇다). 그들의 접근을 거부하는 하인들은 그 집을 떠나거나, 떠나지 못한다면 고달픈 시간을 보내야만 한다. 때로는 부적절한 관계에 순응하면서 그에 따른 이익을 누리는 이들도 있었다. 용돈을 받거나 옷을 선물받기도 하고 적어도 일주일에 한 번, 때로는 더 자주 쉬는 날을 얻기도 했다. 이러한 도덕적 타락을 백인 아내가 몰랐을 리는 없다. 나는 자기 남편의 정부가 되어달라고 대놓고 조르거나 부탁한 백인 여성을 적어도 한 명 이상은 알고 있다. 이 백인 아내들은 남편이 흑인 여성과 만나 관계하지 않으면 필시 밖으로 나돌면서 다른 백인 여성과 외도를 벌일 수 있다고 생각한 것이다. 이 백인 여성들은 너무나도 속이 뻔히 들여다보이는 이유로 남편을 지키기 위해서는 흑인 여자를 붙여주는 편이 낫다고 믿었다.

노예제가 끝난 후에도 북부와 남부에서 흑인 여성에 대한 성폭행은 너무 빈번히 일어났고 이에 분노한 흑인 여성과 흑인 남성은 신문과 잡지에 흑인 여성을 폭행하는 흑인과 백인 강간범들에 대한 조치를 취해달라는 글을 보내기도 했다. 1912년 1월 《인디펜던트Independent》에는 제발 흑인 여성에 대한 성폭력을 멈춰달라고 호소하는 흑인 간호사의 입장문이 실렸다.

남부에 사는 우리 가난한 임금노동자 흑인 여성은 현재 이기기 힘든 전쟁을 치르는 중이다. (…) 한편으로는 백인들에게 성폭행을 당하고, 우리를 지켜줘야 할 것 같은 흑인 남성에게도 성폭행을 당한다. 식당 주방에서, 세탁실에서, 재봉틀 뒤에서, 아기 유모차 뒤에서, 다리미판에서 우리는 마치 짐말에 다를 것 없는, 짐승 같은, 노예 같은 취급을 받는다. 아주 먼 미래에, 어쩌면 몇백 년 후에 남부에도 '우리의 흑인 어머니들' 동상이나 기념물이 세워질지도 모르는 일이나 우리에게 필요한 것은 지금 이 순간의 도움이며 현재의 동정이고 더 나은 임금이고 더 나은 노동시간 보장이며 더 나은 보호이고 한 번만이라도 자유로운 여성으로 살아 있다고 느끼며 숨을 쉬는 것이다.

흑인들은 흑인 여성을 보호하는 것이 어려우니 도움이 되어 달라고 백인에게 요청해봤지만 쇠귀에 경 읽기였다. 백인들 사이에 모든 흑인 여성이 성적으로 문란하고 존중할 가치가 없다는 믿음이 너무 깊고 넓게 퍼져 있어서 흑인 여성의 성공과 성취는 쉽게 무시되곤 했다. 개개인의 흑인 여성이 변호사, 의사, 교사가 된다 해도 백인들의 눈에는 여전히 창녀이고 매춘부일 뿐이었다. 모든 흑인 여성은 아무리 환경이 천차만별로 달라도 누구나 쉽게 접근할 수 있는 성적 대상으로 묶였다. 1960년대까지도 이런 상황이 이어졌는데 흑인 여성 극작가인 로레인 핸스베리Lorraine Hansberry가 쓴 〈젊고, 재능 있고, 흑인인To Be Young, Gifted, and Black〉의 한 장면에서는 어떻게 흑인 여성이 백인들에게 (특히 백인 남성에게) 손쉬운 성적 대상, 나아가 매춘부로 여겨지는지 묘사된다. 이 연극에서 한 흑인 가정부는 말한다.

그래요, 이제 당신은 나에 대해 몰랐던 걸 알게 되었군요! 저기 저 거리에만 나가면 롱아일랜드나 웨스트체스터 출신의 백인 소년들이 나를 보고 차에서 몸을 내밀어 소리를 지릅니다. "어이, 거기 핫 초콜릿! 거기 이세벨! 당신 말이야. '100달러 짜리 오해one hundred dollar misunderstanding'〔1960년대에 나온 풍자소설로, 한 백인 남성은 열네 살짜리 흑인 소녀가 자신을 좋아해서 만난다고 생각했지만 만남의 대가로 돈을 받는다고 생각한 소녀는 남성에게서 100달러를 가져간다는 내 용)! 너 말야, 오늘 우리 어디서 좋은 시간 보낼까? (…)"

내가 거짓말한다고 생각하면 날 하루만 따라와봐요. 공장의 조립라인에서 여덟 시간씩 서서 일하거나 할시 여사의 주방에서 열네 시간 일하고 돌아오고 있었을 거예요. 아마 그날의 나는 300년 동안의 분노가 채워져 눈에는 불꽃이 일고 몸은 떨리고 있었겠죠. 그런데 거리에서 웬 백인 어린애들이 나를 보면서 섹스를 생각해요. 그들이 나를 보고서 할 수 있는 생각은 오직 그것뿐이에요. (…) 십자가를 지고 끌려가는 예수라도 피부가 갈색이면, 그들은 몸을 파는 줄로 알 뿐이에요.

핸스베리는 흑인 여성에 대한 이러한 태도가 계급을 초월해 나타난다는 사실을 보여준다. 이 연극의 후반부에 등장하는 중년의 세련된 전문직 흑인 여성의 대사다.

"어이, 거기, 핫 초콜릿! 거기 말야. 이세벨. 당신!" 거리의 백인 남자애들은 날 보고 섹스를 생각하죠. 날 보고 생각할 수 있는 건 오직 그것뿐이죠!

수전 브라운밀러와 마찬가지로 대부분의 사람들은 흑인 여성됨 비하가 노예제라는 특수한 맥락에서만 일어났다고 보는 경향이 있다. 실제적으로 흑인 여성에 대한 성 착취는 노예제가 끝나고 난 후에도 계속되었고 여러 가지 관행에 의해 일상화, 제도화되었다. 백인들의 입장에서는 의식적이고 고의적으로 흑인 여성됨을 비하해야만 했다. 그래야 점점 높아지는 흑인 여성의 자신감과 자존감을 깎아내릴 수 있어서였다. 《백인 미국에서의 흑인 여성: 역사 기록》에서 거다 러너는 백인 여성과 백인 남성이 "상호 지원하면서 신화를 조장하는 복잡한 시스템"을 통해 흑인 여성에 대한 성 착취를 부추겼고, 그렇게 흑인 여성의 사회적 지위가 상승하지 못하도록 막았다고 설명한다.

그 시스템 가운데 하나는 "몹쓸" 흑인 여자 신화다. 모든 흑인에게는 백인과는 다른 수준의 섹슈얼리티가 있다고 가정하며, 유난히 성욕이 강하다는 신화를 퍼뜨리고 흑인 여성을 성적 자유와 방종의 화신으로 만들어버린다. 이 신화 속에서 모든 흑인 여성은 성행위에 목마른 이들이고 그들이 스스로 원해서 "방탕하며", 그러므로 백인 여성이 받는 배려와 존중을 받을 자격이 없다. 인종차별적 신화에 따르면 모든 흑인 여성은 난잡한 여자의 정의와도 같다. 따라서 흑인 여성을 성적으로 착취하는 것은 비난받을 만한 일이 아니며 사회는 그러한 행동은 제재하려 하지 않는다. 이 신화를 강화하기 위해 수많은 관행이 생긴다. 흑인 여성에게는 "양Miss"이나 "여사Mrs."란 호칭을 붙이지 않는다. 인종이 자연스럽게 섞인 사교 활동을 금기시한다. 흑인 고객은 의류 매장에서 구입 전 착용을 거부당한다. 흑인 화장실은 남녀가 구분되어 있지 않다. 강간, 성추행이나 성범죄에 대해서 다른 기준을 적용해 백인이 당했는지 흑인이 당했는지에 따라 처벌의 경중이 다르다.

흑인 여성됨을 향한 구조적인 비하는 인종 증오의 직접적인 결과만이 아니다. 이것은 사회적 통제의 지능적이고 계산적인 방식이기도 하다. 재건 시대에 해방된 흑인들은 백인과 같은 기회를 부여받았을 때 거의 모든 분야에서 두각을 나타냈다. 흑인들의 성취는 피부색이 짙은 인종은 선천적으로 열등하다는 인종차별적 통념에 대한 직접적인 도전이었다. 그 영광의 시대에 흑인들은 미국 주류 문화에 빠르고도 성공적으로 동화되고 융합되었다. 백인들은 흑인들의 발전 속도에 당황하며 어떻게든 과거의 사회질서로 돌아가려는 시도를 했다. 백인 우월주의를 유지하기 위하여 아파르트헤이트[인종 분리 정책]를 기반으로 한 새로운 사회질서를 정립하려 했다. 미국 역사에서 이 시기는 흔히 짐크로Jim Crow 시기 혹은 "분리되었지만 평등한separate but equal" 시기라고 알려져 있다. 이 두 용어는 노예제 종식 후의 인종 분리가 백인 우월주의자들에 의한 고의적이고 정치적인 움직임이었다는 사실을 직시하지 못하게 하려는 속임수일 뿐이었다. 타 인종 간 출산은 백인의 인종적 결속에 가장 큰 위협이 되었으므로 인종 분리를 유지하기 위해 온갖 복잡한 법적, 사회적 금기가 실행되었다. 대부분의 주에서 타 인종 간 결혼을 금지하는 법이 발의되었다. 그러나 법이 흑인과 백인의 결합을 막지는 못했다. 특히 북부에서는 해방된 흑인 남성과 백인 여성의 결혼이 눈에 띄게 증가하기 시작했다. 또한 노예였던 여성과의 관계를 법적으로 인정받으려는 백인 남성도 적지 않았다. 뉴올리언스의 신문 《트리뷴Tribune》은 백인 남성과 흑인 여성의 결혼 증가를 보도하며 다음과 같은 제목을 달았다. "세상이 꿈틀댄다The World Moves." 이 기사에서 기자는 백인 남성에게 "법이 그들 사이의 자녀를 법적으로 인정하고 있으니 눈치를 채라"고 조언한다. 흑인 여성과 백인 남성의 인종 간 결혼은 백인 대중에게 공포와 분노를 자아냈다. 백인 남성과 흑인 여성의 법적 결합과 흑인 남성과 백인 여성의 법적 결합은 인종 분리의 근간을 흔드는 위협이었다. 인종 간 결혼 금지법이 있었지만 인종 간 결혼을 제지하는 데 충분하지 못했고 백인 남성들은 백인 우월주의의 이상을 견고하게 하기 위해 심리전을 펼치기 시작했다. 그들은 새롭게 해방된 흑인들이 자신들 사회에 진입하지 못하도록 모든 백인들에게 두 가지 신화를 퍼뜨려 세뇌했다. 난잡하고 "나쁜" 흑인 여자 신화와 흑인 남자 강간범 신화다. 이 두 신화 모두 사실적 근거는 없다.

20세기 초반 어느 시기에도 다수의 흑인 남성이 백인 여성을 강간하거나 백인 여성과 비합법적 관계를 맺은 적은 없다. 조지프 워싱턴 주니어Joseph Washington, Jr.의 인종 간 결혼에 대한 연구 《흑인과 백인의 결혼Marriage in Black and White》을 보면 백인 여성과 사귀던 흑인 남성은 결혼을 원했다는 사실이 기록되어 있다. 백인들은 재건 시대의 인종 간 강간 사건 증가에 대해서는 크게 반응하지 않았다. 그러나 인종 간 결혼만큼은 막고자 했다. 그들은 린치, 거세 등 잔인한 방법을 이용해 흑인 남성이 백인 여성과의 관계를 시작할 엄두도 내지 못하게 막았다. 모든 흑인 남성은 백인 여성을 강간하기 위해 혈안이 되어 있기에 백인 여성은 성폭행을 당하고 싶지 않다면 흑인 남성과는 친구로도 지내서는 안 된다는 신화를 퍼뜨렸다. 흑인 남성됨을 폭력적이고 잔혹하게 공격한 사례들이 워낙에 많았으므로 사료 기록가들이나 사회학자들은 백인들이 백인 여성과 흑인 남성 간의 결합을 가장 두려워했다고 생각했다. 그러나 사실상 어떤 성별이건 인종 간 결합을 법적으로 강력하게 제재했고 흑인 남성이 백인 여성과의 법적인 인정을 가장 원하는 집단이었기 때문에 백인 우월주의자들에게 가장 강력한 공격을 당한 것이다. 백인 우월주의자들은 흑인 남성이 야만인이고 짐승 같은 인간들이라고 교육시키는 방식으로 백인 여성에게 공포를 심어 백인 여성이 흑인 남성과는 가벼운 접촉도 하지 못하게 막았다.

흑인 여성과 백인 남성의 경우 인종 간 섹스는 결혼으로 이어지지 않는 한 권장되거나 용납되었다. 모든 흑인 여성은 정절을 지키지 않고 성적으로 문란하다는 신화를 지속시키는 방식으로 흑인 여성을 비하해 어떤 백인 남성도 흑인 여성과는 결혼하고 싶지 않게 만들기도 했다. 노예해방 후 흑인 여성을 존중하고 그들을 존중받는 백인 사회에 융합시키려 했던 백인 남성은 처형당하거나 배척당했다. 노예제 시대 중상류층 백인 남성이 흑인 여성을 정부로 두는 일은 흔한 일이었고 사회적으로 큰 반감 없이 동거하는 경우가 적지 않았다. 《굴러라, 조던, 굴러》에서 유진 제노비스는 지적한다.

일부 유명한 농장주들은 노예인 정부와 물라토 자녀들을 아무렇지 않게 데리고 다녔다. 조지아주의 데이비드 딕슨David Dickson은 남부 농업 개혁 운동에 앞장선 지역 인사로 일찍 아내를 잃고 정부와 살았고 정부와 그 사이의 아이들과 일반 가족처럼 살면서 사회적으로 질타를 받기도 했다. 루이지애나주의 베넷 H. 배로Bennett H. Barrow는 그렇게 살고 있는 자신의 이웃들을 보면서 분노를 쏟아내기도 한다. 그의 말에 따르면 웨스트펠리시아나 패리시의 동료 농장주들은 당연히 노예해방론자들의 적이었다. "하지만 이 지역 안에서 최악의 형태의 결합에 굴복하는 사람들이 있으니 문제다. 조시아스 그레이Josias Grey는 자신의 물라토 아이들을 아무렇지 않게 공공장소에 데리고 다니며 뉴올리언스에서 온 같은 부류들을 만나곤 한다. (…)" 멤피스의 초대 시장인 마커스 윈체스터Marcus Winchester는 미모의 쿼드룬[조부모들 가운데 한 명이 흑인이고 세 명이 백인인 혼혈] 여성을 사귀다 결혼해 루이지애나주로 이주할 때도 함께 갔다. 그의 후임자인 이케 롤린스Ike Rawlins 또한 노예 여성과 살았다. 그는 그 여성과 결혼하지는 않았지만 둘 사이의 자녀들은 친자식처럼 키웠다. 나체즈의 거만한 부호들도 그들만의 스캔들이 있었다. 다른 백인 관찰자들도 이런 관계에 대해 자주 기록하고 있으며, 자신들의 관계를 공개한 사람들은 주위의 수군거림과 약간의 사회적 외면을 당했지만 대체로는 받아들여졌다. 부유한 자유 신분 흑인들의 딸들은 존경받는 백인 남자들과 결혼하기도 했다.

노예제 시대에는 흑인 여성과 백인 남성의 결혼이 용인되곤 했는데 이는 그 숫자가 워낙 적었고 백인 우월주의 체제에 큰 위협이 되지 않아서였다. 그러나 해방 후에는 더 이상 용인되지 않았다. 켄터키주 대법원은 한때 자신이 소유했던 노예 여자와 결혼하기를 원하는 백인 남자를 재판대에 올리기도 했다. 노예제가 종식되자 백인들은 계급이나 피부색에 상관없이 흑인 여자에게는 절대로 "레이디"라는 호칭을 붙일 수 없다고 선언했다. 백인 남자가 흑인 정부를 두는 것이 더 이상 사회적으로 용납되지 않기도 했다. 사회 전반적으로 흑인 여성됨을 비하하기 시작하면서, 백인 남성들이 흑인 여성을 창녀나 매춘부로 여기도록 부추겼다. 백인 하층민 남성들은 노예제 시대에는 흑인 여성과 성적으로 접촉할 일이 거의 없었으나 이후에는 흑인 여성의 몸에 얼마든지 접근할 수 있는 특권을 부여받은 것처럼 행동했다. 특히 대도시에서 흑인 여성을 성적 대상으로 삼으려는 백인 남성들이 많아지면서 수많은 매춘 업소가 생겨 수요를 충족했다. 흑인 여성은 강한 성욕의 소유자라는 신화 또한 유지되면서 백인 남성의 성폭행과 성 착취가 증가했다. 이러한 신화는 백인들의 정신에 너무 깊이 박혀 있었기에 한 남부 백인 작가는 이렇게 쓰기도 한다.

나는 성행위가 무엇인지는 전부 다 알고 있었다. 그러나 열두 살이 되기까지 백인 여자와 쾌락을 위해 그 행위를 할 수 있다는 생각은 한 번도 못했다. 오직 니그로 여성만이 백인 남자들과 재미를 위한 성관계를 맺는 줄 알았는데, 그들만이 동물적 욕망을 가진 존재인 줄 알았기 때문이었다.

20세기 후반에 인종 통합이 이루어지면서 인종 간 결혼을 막는 여러 장벽들이 무너졌다. 그러나 사회학자들이 예상한 자유로운 인종 간 결합은 일어나지 않았다. 흑인 남성과 백인 여성의 결혼은 증가했지만 많은 백인 남성이 흑인 여성과는 결혼하지 않았다. 이러한 결과는 결코 우연이 아니다. 흑인 남성을 향한

113
·
2장 _ 현재까지도 계속되는 흑인 여성됨 격하

대중의 태도는 변했지만 흑인 여성에 대한 부정적인 이미지는 변하지 않은 것이다. 모든 흑인 남성이 강간범이라는 신화는 1970년대 즈음에는 미국인의 인식을 지배하지 않았다. 권력이 있는 백인들이 흑인 남성을 처형하고 고문하기 위해 이 신화가 이용되었다는 인식이 퍼졌기 때문이기도 하다. 이 신화가 절대적인 진실이 아니라는 사실이 밝혀지자 흑인 남자를 원하는 백인 여자는 흑인 남자와 자유로운 연애를 시도했고 백인 여자를 원하는 흑인 남자도 마찬가지였다.

당시 〈초대받지 않은 손님Guess Who's Coming to Dinner〉이나 〈위대한 백인의 희망The Great White Hope〉 같은 영화의 흥행 성공은 미국인들이 결혼까지 이어지는 흑인 남성과 백인 여성 커플에게는 거부감이 없었다는 사실을 보여준다. 이런 영화를 대중이 기꺼이 받아들인 것은 흑인 남성과 백인 여성의 결합에 대한 두려움은 상대적으로 적었기 때문이다. 이제 백인 대다수에게 모든 흑인 남성이 강간범이라는 신화는 더 이상 통하지 않았다. 그러나 모든 흑인 여성은 성적으로 문란하다는 신화는 계속해서 유지되었고 흑인 여성을 향한 제도적, 일상적 비하로 인해 백인 남성과 흑인 여성의 결혼은 자주 일어나지 않았다. 미국 백인들은 한때 인종 관계를 정의하던 인종 분리 정책은 포기할 수밖에 없었지만 그들 사이에서만 통하는 백인의 법칙은 포기할 수 없었다. 자본주의적 가부장제 미국에서 권력은 백인 남성의 손에 있었으므로 백인 결속에 대한 확실한 위협은 백인 남성과 비백인, 특히 흑인 여성의 인종 간 결혼이었다. 백인들이 관음증적이고 병적으로 백인 여성과 흑인 남성 사이의 성적인 관계에 관심을 가지면서, 백인 남성과 흑인 여성의 결혼에 대한 엄격한 사회적 금기는 종종 완전히 무시되곤 했다. 그럼에도 백인 남성과 흑인 여성의 관계에 금기가 더 심했던 이유는 이 관계가 흑인 남성과 백인 여성의 관계에 대한 금기보다 미국 사회에 더 큰 영향을 주기 때문이었다. 미국의 백인들은 〈초대받지 않은 손님〉처럼 흑인 남성과 백인 여성의 결혼을 다루는 영화가 텔레비전에서 방송되면 크게 관심을 보이지도 않고 무시하고 넘어갔지만 일일 드라마인 〈데이즈 오브 아워 라이브즈Days of Our Lives〉에서 존경받는 백인 남자가 흑인 여자와 사랑에 빠지는 내용이 나오자 다 같이 분개하고 거부했다.

백인 여성과 흑인 남성의 관계를 금하고 싶어 한 것은 백인 남성이었다. 이들은 백인 여성의 성적 자유를 제한하고자 했고 자신들의 "재산"이 흑인 남성에게 넘어가지 않기를 바랐다. 남성이 발명한 피임 기구들이 발전하고 여성의 순결 강조가 줄어들고 모든 남성이 여성의 몸에 더 쉽게 접근하게 되면서 백인 남성은 백인 여성의 성생활을 마음대로 할 수 없다는 것을 깨닫고 이에 관심을 잃기도 했다. 근래에 흑인 남성과 백인 여성의 결혼은 더 수월하게 받아들여지고 있으며 점점 큰 폭으로 증가하고 있다. 그런데 왜 흑인 여성과 백인 남성의 결혼보다 백인 여성과 흑인 남성의 결혼이 더 선뜻 받아들여졌을까? 그 이유는 가부장제의 성 정치학에서 찾아볼 수 있다. 백인 여성은 힘없는 집단을 대표하기에, 권력자 백인 남성과 연합하지 않고 흑인 남성과 결혼하면 기존의 백인 가부장제의 원칙에 큰 위협이 되지는 않는다. 가부장제 사회에서 부유한 백인 여성이 흑인 남성과 결혼하면 그녀는 법적으로 남편의 지위를 받아들이는 것이 된다. 마찬가지로 흑인 여성이 백인 남성과 결혼을 하면 백인의 지위를 따라가게 된다. 그의 성을 물려받고 그들 사이의 아이들은 그 남자의 자손이 된다. 그 결과 미국 사회에서 결정권을 가진 실체인 백인 남성의 대다수가 흑인 여성과 결혼을 하게 되면 백인 원칙의 근간까지 위협받게 되는 것이다.

부정적인 신화와 고정관념이 복잡하게 얽히면서 백인 남성의 머릿속에는 흑인 여성은 결혼에 적합하지 않은 파트너라는 생각이 자리 잡았다. 미국 역사에서 백인 여성과 결혼하길 원하는 흑인 남성의 수만큼 흑인 여성과 결혼하길 원하는 백인 남성이 있었던 적은 없다. 일부 학자들은 그 원인에 대해 백인이 언제나 흑인 여성의 몸을 "자유롭게" 이용했고, 무한한 접근이 가능했기 때문에 그들의 관계를 굳이 결혼이라는 제도로 묶을 필요가 없어서라고 분석하기도 한다. 이 주장은 결혼의 적합성을 결정하는 다양한 요소를 고려하지 못한다. 조지프 워싱턴은 다음과 같이 지적한다.

백인 남자와 흑인 여자의 관계, 흑인 남자와 백인 여자의 관계를 비교해보면 전자는 후자에 비해서 그 관계를 진지하게 여기지 않는다.

그는 이런 태도가 생겨난 이유가 백인 남성이 흑인 여성을

"동물적"이고 야만적이라고 인식해 결혼에 적합하지 않다고 생각하기 때문이라고 설명한다. 그러나 워싱턴은 백인들이 고의적으로 흑인 여성의 짐승 같은 성욕에 대한 신화를 퍼뜨려서 백인 남성이 흑인 여성을 바람직한 배우자로 여기지 않게 되었다는 사실은 지적하지 못한다. 백인들은 흑인 여성과 백인 남성의 관계를 섹스의 맥락에서만 용납했다. 대중매체, 특히 텔레비전은 우리 정신에 흑인 여성됨의 부정적인 이미지를 계속해서 심어주는 데 가장 열심이다. 평일 낮 드라마에서 젊은 백인 남성이 흑인 여성과 사랑에 빠진다. 그 흑인 여성 캐릭터는 부정적인 고정관념의 총체라 할 수 있다. 과한 메이크업으로 원래 얼굴을 알아볼 수 없을 지경인데다 립스틱을 덕지덕지 발라 실제 입술보다 훨씬 더 두꺼워 보이게 한다. 어울리지 않는 가발을 쓰고 뚱뚱해 보이는 드레스를 입는다. 실제 이 흑인 배우는 이 드라마 캐릭터를 전혀 닮지 않았으나, 드라마에서는 오직 이 배우만이 눈코입을 모두 과장하고 왜곡하여 완전히 다른 사람으로 만들어진다. 변장 수준의 화장을 하지 않을 때의 이 배우는 건강하고 매력적인 여성으로, 백인들 머릿속의 흑인 여성의 이미지와 전혀 닮지 않았다. 더 주목할 점은 그녀의 라이벌인 백인 여성의 얼굴은 촌스러운 옷이나 진한 화장으로 바꾸지 않았다는 점이다. 최근 텔레비전 프로그램 중에서 흑인 여성이 가장 괴상망측하게 그려진 프로는 시트콤 〈디텍티브 스쿨Detective School〉이다. 등장인물 중 한 명인 흑인 여성은 못난 외모와 나쁜 성격으로 모든 이들에게 놀림과 조롱의 대상이 된다. 백인 남자들은 수시로 이

2장 _ 현재까지도 계속되는 흑인 여성됨 격하

여자를 모욕하고 신체적으로 공격하기도 한다. 그녀와 대조를 이루는 백인 여성은 금발에 전형적으로 매력적이다. 이뿐만 아니라 다른 텔레비전 프로에서도 흑인 여성은 대체로 성적 대상, 매춘부, 창녀 등으로 등장하는 경우가 많다. 또 단골손님처럼 등장하는 캐릭터는 과체중에 잔소리 많은 타입이다. 때로는 어린 캐릭터들도 흑인 여자의 부정적인 고정관념에서 벗어나지 않는다. 시트콤 〈왓츠 해프닝What's Happening〉에서 어린 소녀는 미니어처 사파이어[공격적인 흑인 여성을 가리키는 말]로 그려진다. 계속해서 잔소리하고 닦달하고 오빠를 귀찮게 따라다니고 입을 쉬지 않는다. 영화도 크게 다르지 않다. 또 하나 자주 등장하는 흑인 여성 캐릭터가 담긴 영화는 〈리멤버 마이 네임Remember My Name〉으로 "해방"된 현대 백인 여성의 거침없는 자유를 찬양하는 영화다. 주목할 점은 이 백인 여자 주인공이 얼마나 터프한지를 보여주기 위해서, 이 주인공이 백인 남자 친구가 있는 흑인 여성을 때리는 장면이 등장한다는 것이다. 그나마 긍정적으로 그려지는 흑인 여성의 이미지가 있다면 모든 수난을 견디고, 신앙심이 깊으며, 모성애만이 전부인 것 같은 엄마 타입의 인물이다. 이들의 가장 사랑스러운 성격적 특징은 사랑하는 사람들을 위한 끝없는 자기 희생과 자기 부정이다.

텔레비전과 영화에서 반복적으로 등장하는 흑인 여성의 부정적인 이미지는 백인 남성의 정신에만 각인되는 것이 아니다. 모든 미국인들에게 광범위한 영향을 미친다. 전부터 많은 흑인 어머니들과 아버지들은 텔레비전이 흑인 소녀들의 자신감과 자존감을 낮춘다고 불평해왔다. 텔레비전 광고에서 흑인 여아는 잘 찾아볼 수가 없다. 성차별–인종차별적 미국인들은 흑인 남성이 흑인이라는 인종을 대표한다고 보기 때문이다. 잡지 광고는 한가운데에 백인 여성과 백인 남성을 배치하고 가끔 흑인을 대표하기 위해 흑인 남성을 끼워 넣는다. 모두 그것으로 충분하다고 느낀다. 보통 어떤 프로그램이든 흑인 남자 한 명, 흑인 여자 한 명이 따로따로 나올 순 있지만 흑인 남자와 여자가 동시에 나오는 경우는 드물다. 인기 프로그램 〈새터데이 나잇 라이브 Saturday Night Live〉에서도 이 예를 얼마든지 찾아볼 수 있다. 흑인 남자가 여자 옷을 입고 흑인 여자를 연기하는 장면은 쉽게 볼 수 있는데 보통은 비웃고 놀리기 위해서다. 언론과 방송을 휘어잡고 있는 백인은 흑인 여성이 친구나 성적인 파트너로 적합지 않음을 강조하기 위해 일부러 흑인 여성을 견실한 캐릭터로는 등장시키지 않는다. 이는 흑인 남성과 흑인 여성 사이에 분열을 초래하기도 한다. 백인들은 고도의 계략을 통해 흑인 남자는 받아들이되 흑인 여자는 받아주지 않겠다고 말하고 있다. 또한 이들은 흑인 여성을 기존의 인종–성별 위계에 위협이 된다는 이유로 받아들이지 않기도 한다.

흑인 여성의 부정적인 이미지는 백인 남성에게 흑인 여성은 배우자로서 부적합하다는 생각을 심어주었지만, 모든 백인 남성이 흑인 여성에게 갈망하는 것은 오로지 섹스라는 믿음은 흑인 여성 쪽에서 백인 남성과의 친밀한 관계를 먼저 꺼리게 만들었다. 백인들은 흑인들이 자신들과 관련해 어떤 신화와 고정관념을 키우는지에는 관심이 없다. 따라서 모든 백인 남성이 흑인 여성을 성적으로 범하고 싶어 할 뿐이라는 생각이 흑인 지역사회에 넓게 퍼져 있다는 사실에 대해서는 별다른 사회적 논의가 이루어지지 않았다. 물론 이러한 믿음이 널리 퍼진 이유는 실제로 수많은 세월 동안 수많은 백인 남성이 흑인 여성을 성적으로 착취해왔기 때문이었다. 더 이상은 그렇지 않다고 해도 흑인들은(특히 흑인 남성은) 백인들을 향한 그들의 태도를 바꾸지 않았는데 흑인들도 백인들만큼 인종적 결속을 원했고, 백인 남성과 흑인 여성 간의 법적 결합을 최대한 막는 것이 인종 결속력 유지에 도움이 된다고 믿었기 때문이다.

흑인 남성은 흑인 여성과 백인 남성의 결혼을 막는 기존의 장벽을 유지하고 싶어 했다. 일단은 경쟁자를 최대한 제거하고 싶어서였다. 성차별적인 백인들이 백인 여성의 성적 자유를 제한하기 위해 모든 흑인 남성은 강간범이라는 신화를 퍼뜨렸던 것처럼 흑인들도 흑인 여성의 성적 행동을 통제하기 위해 같은 전략을 사용했다. 오랜 기간 흑인들은 흑인 여성에게 백인 남자와 엮이지 말라고, 백인 남자는 결국 흑인 여자를 성적으로 착취하고 여성됨을 훼손할 뿐이라고 경고했다. 백인 남성이 흑인 여성을 착취한 것은 부정할 수 없는 역사이며 이 역사적 사실은 현대에 와서 흑인 여성의 자유를 제한하고 억압하는 심리적 무기로 사용된다. 백인 남자는 무조건 위험하고 공격적이라고 부모에게 어렸을 때부터 주입받은 흑인 여자들은 사회생활하면서 자연스럽게 만나게 되는 백인 남자 직원, 교사, 의사들과 잘 지내는 데도 어려움을 겪는다. 많은 흑인 여성은 과거 백인 여자가 흑인 남자를 보면 자동적으로 공포를 느낀 것처럼 백인 남성의 성욕에 대해 거의 병적인 두려움을 품는다. 병적인 두려움과 공포가 성적인 착취나 강간 같은 문제의 해결책은 아님을 알아야 한다. 이것은 하나의 증상이다. 물론 한 여성이 생존하기 위해서는 가부장제 안에 처벌받지 않고 여성을 성폭행할 수 있는 남성 권력이 있음을 의식하고 있어야 하지만 그보다 더 중요한 것은 자신이 공격을 방지할 수 있으며, 공격이 일어났을 때도 스스로를 보호할 수 있음을 깨닫는 것이다.

서던캘리포니아대학교에서 내가 맡은 〈흑인 여성 1〉 수업에 들어오는 흑인 여학생들은 자신들이 백인들을 얼마나 무서워하는지 털어놓곤 했다. 백인들이 직장에서, 식당에서, 복도에서 혹은 엘리베이터에서까지 자신들에게 접근해 성희롱을 하려고 했을 때 얼마나 분노했는지에 대해서도 할 말이 많았다. 수업에 들어오는 대부분의 여학생은 그러한 불쾌한 접촉을 피하려면 백인 남자들과는 아예 친구가 되지 않아야 하고 처음부터 무시하거나 적대적인 분위기를 풍겨야 한다고 했다. 이 여학생들은 백인들의 성적인 접근은 무조건 모욕적이고 부정적인 일로 인식하지만 흑인 남성이 똑같은 행동을 했을 때는 긍정적으로 보기도 한다는 사실도 인정했다. 백인의 성적인 접근은 인종차별적인 행동으로 인식했지만 이러한 행동을 유발하는 것은 성차별이기도 하며, 그것이 흑인 남성의 공격적인 성적 접근을 유발하는 성차별과 크게 다르지 않다는 사실을 이해하지 못했다.

흑인 공동체에서 백인 남성만이 성적인 착취자인 것처럼 말하다 보면 흑인 여성에 대한 흑인 남성의 성 착취에서 관심이 멀어지기도 한다. 많은 흑인 부모들이 백인 남자의 접근에 대해선 엄중하게 경고하지만 흑인 남성의 성 착취는 대수롭지 않게 보는 경향이 있다. 흑인 남성은 잠재적인 배우자로 여겨지기 때문에, 이들이 흑인 여성을 희롱하거나 유혹하는 것은 이후 착취적인 관계가 될 가능성이 있다 해도 일단 처음에는 자연스러운 행동으로 받아들여지는 것이다. 흑인 부모들은 백인 남자의 접근에 절대 넘어가서는 안 된다고 딸들을 단속하지만 흑인 남자의 비슷한 접근에 대해서는 별일 아니라는 듯 넘어간다. 인종차별에 대한 흑인들의 강력한 두려움 때문에 이 사회에 만연한 성차별의 현실은 편리하게 무시되는 것이다. 백인 남성이 흑인 여성을 타깃으로 삼은 건 인종차별 때문이지만 언어적, 신체적으로 여성에게 성적 공격을 가하고도 처벌 없이 빠져나갈 수 있다고 모든 남자들이 생각하게 하는 것은 이 사회의 성차별이라는 사실을 흑인들은 인정하지 않으려 한다. 백인 남성의 흑인 여성 착취 사례를 면밀히 분석해 보면, 이러한 공격을 유발하는 것은 성차별이며, 그 행동을 하는 남성의 인종적 배경만 중요한 것이 아님을 파악할 수 있다. 1960년대 흑인민권운동에서 흑인 남성은 백인 남성의 흑인 여성 착취를 유독 강조했다. 이는 흑인 남성이 그 두 집단 사이의 인종 간 관계를 왜 반대하는지 설명하기 위해서이기도 했다. 가끔은 이 역사를 강조한 이유가 그저 흑인 여성을 성적으로 통제하고 싶어서이기도 했다. 자칭 흑인 민족주의자 남성 리더들은 백인 여성 동료와 친하게 지낸다고 해서 그것이 자신의 정치적 관점과 모순된다고는 생각하지 않았다. (결국 그들은 가정생활에서 가부장의 권리를 누린 것처럼 가부장제 사회에서 "남성"으로서 얼마든지 마음대로 할 권리가 있음을 보여주고 있었던 것이다.) 그러면서 백인 남성을 동료로 받아들이는 흑인 여성을 보면 누구보다 분개하고 비판했다. 물론 백인 남성 동료를 유난히 선호하는 흑인 여성 정치지도자는 없었지만 그런 관계가 있었다면 흑인들에게 쉽게 받아들여지지 않았을 것이다.

　때로 순수하게 흑인 여자와 친구가 되거나 결혼을 하고 싶어 한 백인 남자들도 있었으나 이들은 말만 붙이려 해도 차단당하거나 무시당했다. 흑인이건 백인이건 인종 간 결혼의 형태에 대해 연구한 남성 학자들은 흑인 여성의 거부와 저항 때문에 백인 남성과 흑인 여성의 결혼이 덜 이루어졌던 점은 언급하지 않는다(예를 들어 〈흑인과 백인의 결혼Marriage in Black and White〉, 〈성차별적 인종주의Sexual Racism〉, 〈미국의 성과 인종주의Sex and Racism in America〉와 같은 연구). 백인 남성과 연애하거나 결혼한 흑인 여성은 흑인과 백인 모두에게 해코지와 박해를 당하게 된다는 것을 알게 되었다. 때로는 자신은 백인 여자와 어울리거나 연애하면서도 같은 선택을 하려는 흑인 여자를 경멸하는 흑인 남자도 있었다. 그들은 백인 여성 또한 이 사회의 피해자이기 때문에 자신의 행동은 용납이 되지만 백인 남성은 가해자이기에 안 된다고 생각했다. 그들의 눈에 백인들과 엮이는 흑인 여성은 인종차별주의자인 압제자와 한편이 되는 것이나 마찬가지였다. 하지만 백인 여성은 무조건

123

순진무구하며 인종차별주의자가 아니라고 보는 경향 또한 여성에 대한 성차별적인 이상주의를 수용했음을 보여준다. 백인 여성 또한 백인 남성만큼이나 인종차별의 가해자가 될 수 있음은 역사가 충분히 증명했다. 흑인 남성이 자신들은 백인 여성과 관계를 맺으면서도 흑인 여성과 백인 남성 간 관계를 경멸하는 것을 정당화하기 위해 사용한 또 하나의 방법은 백인 남성이 흑인 여성을 착취한 것처럼 자신들도 백인 여성을 착취하겠다는 생각이었다. 이런 방식으로 자신들이 당한 인종차별에 복수할 수 있다는 믿음을 가졌지만 이 안에는 백인 여성에 대한 성차별과 착취 심리, 아니 모든 여성에 대한 성차별이 숨어 있다. 이렇게 백인과 흑인 모두가 힘을 합쳐 노력해 백인 남성과 흑인 여성의 결혼을 반대하고 흑인 여성과 백인 남성의 자연스러운 우정까지 차단하면서 백인 가부장제 규칙은 유지되고 흑인 여성됨 비하는 계속 이어지는 결과를 낳았다.

이렇게 사회 전체가 흑인 여성됨을 비하하면서 흑인 여성이 하는 어떤 행동이나 활동도 깎아내리려는 분위기가 형성되었다. 많은 흑인 여성은 자신들을 향하는 성적인 관심을 어떻게든 피하고 싶었기 때문에 자신들이 어머니로서 얼마나 헌신적인지를 강조하기 시작했다. 또한 20세기 초반 미국 사회에서 절정의 인기를 누렸던 "여자다운 여자의 신화"에 적극적으로 참가하고자 했던 흑인 여성은 자신들의 삶이 가족에 단단히 뿌리내리고 있다는 사실을 통해 가치와 존재감을 증명하려 노력했다. 이들은 서비스 업종에서 일하며 아이들을 부양하고 지치지 않는 희생과 헌신으로 사랑을 표현했다. 이들의 노력은 미국 사회에서 인정받기는 했지만 백인들은 이 안에서도 부정적인 면을 들춰내려 했다. 몸이 부서져라 일하고 자기를 완전히 희생하면서 가족에게 사랑과 지원이 넘치는 환경을 만들어주는 데만 집중하는 흑인 여성에게 백인들은 제미마 아줌마, 사파이어, 아마존이라는 별명을 붙였다. 모두 여성됨에 관한 기존의 성차별적 고정관념에 기초한 부정적인 이미지들이다. 최근에는 흑인 가모장이라는 개념도 등장했는데 이는 백인 권력 구조가 흑인 여성의 긍정적 기여를 부정적 관점으로 몰아가는 또 하나의 시도라 할 수 있다. 흑인 여성을 설명하고 정의하기 위해 사용된 모든 부정적인 고정관념은 항상 반여성적이었다. 성차별적 이데올로기는 흑인들에게도 받아들여졌기 때문에 이러한 부정적인 신화와 고정관념은 계급과 인종의 경계를 초월해 효과적으로 전파되었고 흑인 여성이 같은 인종에게 인식되는 방식은 물론 스스로를 보는 관점에까지 깊은 영향을 미쳤다.

흑인 여성에 대한 부정적인 고정관념의 대부분은 노예제 시대에 기원을 둔다. 사회학자들이 흑인 모계사회가 존재한다는 이론을 창조해 강화하기 전부터도 백인 남성 노예주들은 흑인 여성의 기여를 최대한 깎아내리기 위해 여러 가지 신화들을 창조해냈다. 그런 신화 중 하나가 흑인 여성 모두가 남자의 성질을 지닌 인간 이하의 생물이라는 것이었다. 흑인 여성 노예는 소위 "남자들"의 노동을 훌륭히 소화해내고 고초, 고통, 궁핍을 굳건히 견뎌내면서도 청소, 요리, 육아 등 소위 "여자들"의 일도 척

척 해냈다. 성차별적으로 정의된 "남성"의 역할에 무리 없이 적응해나가는 이들의 능력은 '여성은 선천적으로나 심리적으로 남성보다 열등하다'는 가부장제 신화를 위협했다. 백인 남성 가부장들은 흑인 여자 노예들에게 흑인 남자 노예들이 하는 것과 똑같은 일을 시키면서 '여성은 신체적 강건함과 정신력이 부족하기 때문에 열등하다'는 가부장제의 성차별적 질서에 모순되는 행동을 했다. 가부장제에서 여성은 수행하지 못한다고 알려져 있던 임무를 흑인 여성은 무리 없이 수행할 수 있는 이유를 설명하기 위해서는 근거가 필요했다. 흑인 여성이 남자의 원조 없이 살아남을 수 있는 능력, 문화적으로 "남자"의 일이라고 정의된 일을 수행하는 능력을 설명하기 위해 백인 남성은 흑인 여성이 "진짜" 여성이 아니고 남성화된 인간 이하의 생명이라고 주장하기 시작한 것이다. 흑인 여성 노예들이 남자들만큼이나 효율적으로 노동력을 제공하는 데 성공하는 것을 혹시라도 백인 여성이 목격하고 흑인 여성과 정치적 결속을 도모할까 봐 두려워했을 가능성도 없지 않다. 이유가 무엇이건 흑인 여성은 기존의 가부장제에 커다란 위협이 되었고 백인 남성은 흑인 여성이 일반 여성에게서는 흔치 않은 비정상적인 남성적 특징들을 지닌다는 가정을 퍼뜨렸다. 이 점을 증명하기 위해 백인 남자들은 일부러 흑인 남자들에게는 주변에 서서 게으름을 피우게 하고 흑인 여자들에게만 까다롭거나 고된 노동을 시키기도 했다.

현대의 학자들은 어떤 영역에서나 성별 간 사회적 평등으로 가는 긍정적 변화의 한 단계로서 흑인 여성 중심의 가족구조가 존재했었다는 이론을 받아들이지 않으려 한다. 남성 사회과학자들은 흑인 가족구조 내에서 여성이 맡은 독립적이고 의사 주도적인 역할에 대해 비정상적인 설명을 제공하기 위해 가모장이라는 이론을 주조해낸다. 인종차별적 학자들은 그들의 노예소유주 조상들처럼 흑인 여성이 어머니이자 경제적 부양자로서의 역할을 충실히 이행하는 것이 마치 너무나 전례 없이 특이한 행동이라서 새로운 정의가 필요한 것처럼 행동하지만 사실 가난하거나 남편이 없는 백인 여성 또한 두 가지 역할을 맡아 수행하는 경우가 흔했다. 그러나 인종차별적 학자들은 흑인 여성에게만 모계사회 가모장이라고 이름을 붙였다. 이는 미국 흑인 여성의 사회적 지위를 묘사하는 정확한 명칭이 절대로 아니다. 미국 역사에서는 그 어떤 모계사회도 존재한 적이 없다.

사회학자들이 흑인 가족구조에 모계사회 질서가 존재한다고 주장하던 바로 그 시점에 흑인 여성은 미국 내에서 사회적으로나 경제적으로 가장 빈곤한 집단을 대표했다. 이들의 지위는 어떤 면에서 보나 모계사회의 가모장과 전혀 닮지 않았다. 정치활동가 앤절라 데이비스는 백인들이 붙인 모계사회 가모장 이름표에 대해 이렇게 쓴다.

흑인 여성에게 가모장이라는 명칭을 붙이는 것은 잔인할 정도로 부적절하다. 이것은 흑인 여성이 포식자 같은 자들의 경제적 이익을 위해 출산을 하고 아이를 내어줄 때부터 경험한 어마어마한 트라우마를 무시하는 행위다.

가모장이라는 용어 자체가 여성이 사회적, 정치적 지배권을 갖는 사회질서가 존재했다는 것을 뜻하나 이는 흑인 여성의 조건은 물론 미국 사회 내 어떤 여성의 조건과도 전혀 부합하지 않는다. 흑인 여성이 자신들만의 방식으로 살기로 한 결정은 모두 그들이 아니라 타인들, 보통 백인 남성에 의해 이루어진 결정이다. 사회학자들이 별생각 없이 흑인 여성에게 가모장이라는 호칭을 붙인다면 소꿉놀이에서 엄마 역할을 하는 어린이들도 가모장이라 불러야 할 것이다. 이 두 경우에 해당 여성에게 자신의 운명을 통제할 수 있는 실질적 권력은 존재하지 않는다.

〈흑인 남자는 거세되었나Is the Black Male Castrated〉라는 칼럼에서 진 본드Jean Bond와 폴린 페리Pauline Perry는 이 모권제 신화에 대해 쓴다.

> 사회학적 논문과 저서에서 흑인 여성의 이런 이미지를 만들어 덧씌운 것은 지속적인 인종차별주의이며, 이 안에는 명백한 논리도 있다. 소위 흑인 가모장은 반만 진실인, 흑인 여성이 비자발적으로 처한 상태에 대해 백인들이 멋대로 지어낸 동화 속 캐릭터라고 할 수 있다.

가모장이라는 용어가 잘못 사용되면서 많은 사람들이 남자가 없는 가정을 홀로 지키는 여성을 가모장이라고 부르는 일이 일어났다. 인류학자들 사이에서는 모계사회의 존재 여부에 대해서도 의견이 분분하며, 그나마 남아 있는 정보와 역사적 사실을 모두 끌어모아 가모장의 사회적 위치를 대략적으로 예상해본다 해도 그 모계사회 가모장의 사회적 위치는 미국의 흑인 여성과 비슷한 부분이 거의 없다. 모계사회의 가모장 여성이라면 경제적으로 안정돼 있어야 한다. 미국 흑인 여성의 경제적 상황은 단 한 번도 안정된 적이 없다. 최근에 들어서야 흑인 남성의 평균 임금이 백인 여성의 평균 임금을 뛰어넘었으나 흑인 여성의 평균 임금은 백인 여성과 흑인 남성 모두에게 한참이나 뒤처진다. 모계사회 가모장이란 대개 재산의 소유자를 의미한다. 흑인 여성은 평균보다 낮거나 평균과 비슷한 수준의 임금을 받으며 소수만이 안정적인 재산을 보유한다. 가모장은 여성이 중심인 사회에서 정부와 가정 내의 권위적인 역할을 맡아야 한다. 인류학자인 헬렌 다이너_{Helen Diner}는 모계사회에 대해 연구한 결과 모계사회에서 여성의 위치는 가부장제에서 남성의 위치와 같다는 것을 발견했다. 다이너는 가모장의 역할에 대해 다음과 같이 말한다. "만약 그 사회에서 여자가 힘겨운 노동을 하고 남자는 집에서 빈둥거리거나 어슬렁거리고 있다면, 그것은 그 남자가 중요한 일을 수행하거나 결정하도록 허락받지 못해서이다."

백인 사회학자들은 모든 미국인들이 흑인 여성을 "집안의 남자"라고 믿게 만들고 싶어 했지만 이는 대부분 사실이 아니다. 한부모 가정에서도 흑인 어머니들은 보통 큰아들을 "집안의 남자"로 위임했다. 아들이 없는 한부모 가정에서는 집안의 남성 친구나 남성 애인이 의사 결정을 하는 것이 당연하게 여겨지기도 했다. 아들이나 남성 친구 등의 남자가 전혀 없는 가정에서도 여성이 자신을 "집안의 남자"로 받아들이지는 않았다. 미국 정치에서도 의사 결정권을 행사하는 흑인 여성은 거의 보이지 않는다. 물론 이전에 비해서는 많은 수의 흑인 여성이 정계에 진출하지만 그 비율을 따지면 아직 미미한 수준이다. 워싱턴 DC의 조인트정치학센터는 정계에 흑인 여성 숫자가 적은 이유가 성차별 때문인지 인종차별 때문인지 조사해 연구 결과를 발표했다.

미국에서 1969년 이후 4년 동안 선출직 공직자 중 흑인 여성의 수는 두 배 이상 증가했다. 그러나 오늘날까지도 이들의 비율은 선출직 흑인 공직자의 12퍼센트 정도로 전국의 선출직 공무원의 "극소수"라 할 수 있다. 이 보고서에 따르면 이 나라에는 흑인 여성 유권자가 700만 명에 달하지만 52만 명의 선출 공직자 중 오직 336명만이 흑인 여성이라고 한다. 그나마도 지난 4년 동안 흑인 여성 공직자의 수가 160퍼센트 증가한 결과이다.

인류학자들이 주장하는 모계사회 구조의 특권과 권리는 페미니스트들이 획득하기 위해 싸워온 특권과 권리와 흡사하다. 모계사회의 특징 중 하나는 여성이 자신의 몸에 대해 완전한 통제권을 갖는 것이다. 다이너는 주장한다. "무엇보다 여성은 자신의 몸을 자유롭게 사용할 수 있는 권리가 있고 원할 때는 임신에 개입하거나 임신을 예방할 수 있다." 현대 사회에서 여성이 임신, 출산과 관련해 자신의 몸에 결정권을 갖는 문제는 여성해방운동을 이끈 추동력이었다. 하층계급 여성, 다시 말하면 대다수의 흑인 여성이 몸에 대한 결정권을 가장 적게 갖고 있었다. 돈을 충분히 소유한 여성(말하자면 중상류층 백인 여성)이라면 대부분의 주에서 원치 않는 임신은 중지할 수 있었다. 흑인과 백인에 상관없이 재생산권에 대한 통제력이 가장 적은 사람들은 가난한 여성이었다. 다이너는 모계사회에서 발견할 수 있는 일반적인 특성들과 흑인 여성들의 일반적인 행동 패턴 사이에는 유사점이 없다고 지적한다. 다이너는 모계사회에서 선호하는 성별에 대해서도 조사했다. "모계사회는 아들보다 딸을 선호한다. 딸은 집안의 대를 이을 수 있으나 아들은 그 일을 하지 못하기 때문이다." 흑인 여성은 가부장제 사회의 여성 대부분과 마찬가지로 남아를 선호한다. 아들은 귀하게 여기고 딸은 무시하는 이 사회의 남아 선호 사상과 크게 다르지 않다. 여성이 주도권을 가진 사회에서 가사 노동은 어떻게 여겨질까? 남성 지배 사회에서 가사 노동이 남성의 존엄과 품위를 깎는다고 여겨진 것처럼 여성 지배 사회에서 그것은 여자의 가치를 하락시키는 일이다. 흑인 여성은 가정에서 대부분의 집안일을 감당하고 다른 집에 가서도 가사 노동을 한다. 또한 결혼은 가부장제 사회에서 남성에게 선사한 것과 동일한 특권을 여성에게 제공한다. 다이너는 이렇게 주장한다.

결혼 후 부부 관계에서 남편은 아내에게 순종해야 했다. 이는 고대이집트의 결혼 계약에서 구체적으로 찾아볼 수 있다. 남편은 정절을 지켜야 했지만 아내는 방해를 받지 않는다. 이혼할 권리와 이혼을 거절할 권리를 갖는 사람도 아내다.

흑인 여성은 가부장제 사회의 대부분의 여성과 마찬가지로 이 부분에서 제한을 받아왔다.

이렇게 피상적인 비교만으로도 가모장과 흑인 여성의 공통점은 거의 없다는 사실을 확인할 수 있다. 흑인 모계사회가 존재한다는 이론을 반박하는 여러 에세이와 기사가 나왔지만 이 용어는 여전히 흑인 여성의 지위를 묘사하기 위해 폭넓게 사용되곤 한다. 특히 흑인 여성의 부정적인 이미지를 지속시키길 원한 백인들은 수시로 이 단어를 끌어오려고 했다. 모계사회 신화는 처음 등장할 때부터 흑인 여성과 흑인 남성 모두의 지위를 떨어뜨리기 위한 의도가 다분했다. 흑인 여성은 집 바깥에서 일하고 가족들을 경제적으로 부양하면서 여성성의 굴레를 벗어나려 했고, 그렇게 하면서 흑인 남성을 무력하게 만들었다는 것이다. 흑인 남성은 나약하고, 유약해졌으며, 점점 더 남자다움을 잃어갔다. 왜냐하면 "그들의" 여자들이 그들 대신 노동을 하고 있어서다.

백인 가족구조와의 유사점을 기준으로 흑인 가정을 연구하려던 백인 남성 학자들은 통계상으로 분명 흑인 가정 내에서는 여성이 의사 결정권을 더 많이 갖고 있고, 이런 여성에 관련해서 자신들의 개인적 편견이 작용하지 않았다고 확신했다. 하지만 이 백인 남자들이 엘리트 제도권 사회에서 교육받았으며 그 엘리트 제도권 사회란 흑인 여성과 흑인 남성을 배제하는, 인종차별적이며 성차별적인 사회라는 사실을 반드시 기억해야 한다. 따라서 이들의 시각에서는 흑인 여자의 남다른 독립성, 의지력, 추진력 등이 흑인 남자의 남성성에 대한 공격으로 보이는 것이다. 흑인 여성이 육아에서 주체적인 역할을 맡는 것이 흑인 남녀 모두에게 긍정적일 수 있지만 성차별의 안대를 쓰면 장점이 보이지 않는다. 백인 남성 학자들은 흑인 여성이 양육자로서나 경제적 주체로서나 가정에서 적극적인 활약을 하면서 흑인 남성에게서 가부장의 지위를 박탈했다고 주장하는 데만 더 열을 올린다. 또한 이러한 가부장 지위의 박탈 때문에 여성이 주도하는 흑인 가정이 많고, 흑인 남성이 부모의 역할을 제대로 하지 못하는 이유는 집안에서 군림하는 흑인 여성 때문이라고 설명한다. 흑인 남성이 제대로 된 직업을 구하지 못하자 여성이 그 집안의 부양자가 되면서 권리까지 얻게 됐다는 것이다.

남자라면 당연히 가정경제를 책임지고 싶어 하고, 그러므로 실업이나 낮은 임금으로 가족을 제대로 부양하지 못하면 남성성을 상실한 것처럼 느낀다는 믿음은 사실 완전히 틀린 가정이라 할 수 있다. 남자들이 자신들이 제공하는 노동만큼 보상을 받을 수 있는 사회에서는 그렇게 교육받았겠지만 사실은 근거가 희박한 이론이다. 가부장제 사회의 결혼 구조는 상호 교환 시스템을 기반으로 한다. 전통적으로 남편에게는 아내와 자녀를 경제적으로 부양할 의무가 있고 여성은 남편에게 성적 서비스를 제공하고 가사 노동과 육아를 책임진다. 부양자라는 가부장제의 가장 역할을 맡을 수가 없어서 흑인 남성이 남성성을 잃었다는 주장은 흑인 남자들이 가정에서 경제적 책임을 반드시 져야 한다고 느끼고 그렇지 못했을 때 남자답지 못하다거나 죄책감을 느낀다는 추정에 기반한다. 그러나 이러한 추정은 실제 사실에 기반을 두지 않은 것으로 보인다. 많은 흑인 가정에서 흑인 남편이 돈을 벌어 오고 있다 해도 아내와 자녀들에게 월급 전부를 주지도 않으며 오히려 힘들게 번 얼마 안 되는 돈을 나누어야 한다는 사실에 억울해하는 경우도 많다. 물론 미국 자본주의의 경제적 구조로 인해 많은 흑인 남성이 무직 상태이기도 하지만 일부 흑인 남성은 어떻게든 입에 풀칠만 할 수 있다면 끝없이 들볶이고 쥐꼬리 같은 돈을 받는 "거지 같은" 직업은 갖지 않는 편이 낫다고 생각한다. 이런 남자들이라고 해서 특별히 자신의 남성성을 의심하지는 않는다. 어쩌면 실업 상태보다 저임금의 하찮은 일자리에서 당하는 굴욕이 남성성에 더 상처를 줄 수 있는 것이다. 가족을 부양하기 위해 노력한 미국 흑인 남성이 많지 않았다고 말하고자 하는 것이 아니다. 하지만 부양의 욕구가 남성의 타고난 본능은 아니라는 사실을 기억할 필요가 있다. 모든 인종과 계급을 막론하고 이혼한 전남편에게 양육비를 받아내려 했던 여자라면 남자들이 부양자의 역할을 어떻게든 피하려 한다는 증거들을 한 보따리 내밀 수 있을 것이다. 아마도 남성성의 사회적 정의와 기준을 받아들인 중하류층이나 중산층 흑인 남성이라면 가족을 경제적으로 책임지는 것이 중요하다고 생각하고 그렇지 못할 때 좌절감을 느끼거나 마치 남성성을 상실한 것처럼 느낄 수도 있다. 하지만 가모장의 신화가 사회학 이론으로 등장할 무렵 미국 흑인 남성의 대다수는 노동자 계급이었다. 노동자 계급 남성은 대체로 저임금노동자이고 이들이 가정 경제를 온전히 책임지는 것은 언제나 버거운 일이었기에 남성성이나 남성적 지위의 성취가 단순히 경제적 능력 하나만으로 결정되지는 않았다.

아마 이러한 배경지식 없이 흑인 가모장 이론을 처음 들은 사람들은 흑인 여성은 어떻게든 직업을 가질 수 있고, 그 직업으로 집안을 먹여 살렸기 때문에 가정 내 지위가 남자보다 더 높고 자신감도 있을 것이라 짐작할 수도 있겠지만 실제로 그런 사례는 거의 없다. 흑인 여성이 고용되는 서비스 직종은 대부분 이들을 부려먹고 무시하는 인종주의자 백인들과 일상적으로 접촉해야 하는 일이다. 이 서비스 직종에 종사하는 여성은 매일같이 굴욕감과 수모를 느꼈을 것이며 아마 하루 종일 거리에서 빈둥대는 흑인 남성보다 자존감을 잃는 순간이 더 많았을 것이다. 어쩔 수 없이 저임금 직업을 전전하는 것이 반드시 긍정적인 자아감을 갖게 해주지는 않는다. 직업 특성상 무조건 고개를 숙여야 하는 서비스 직종에 종사하는 흑인 여성보다는 오히려 무직인 흑인 남성이 개인적인 존엄성을 지킬 수 있었다고 말해도 무방할 것이다. 어린 시절 우리 동네에 살던 가난한 흑인 아저씨들은 자존심 상하는 일을 하느니 일을 하지 않고 집에서 노는 편이 낫다는 말을 하곤 했다. 반면 흑인 여성은 생존이 달려 있을 때는 자신의 존엄성 따위는 희생할 수도 있다고 믿는 편이었다. 때로 야망이 있어 자신이 집에서 빨래하고 애 키우거나 서비스 직종에 종사하기에는 "너무 똑똑하다"고 생각하는 흑인 여성은 거만하고 건방지다는 비난을 받았다. 하지만 흑인 남성 실업자가 자신은 자존심 때문에 자기 위에서 이래라 저래라 하는 "인간the man"은 참아줄 수 없다고 말하면 누구나 동정하고 공감했다. 성차별적인 사고로 인해 가족과 자녀를 부양할 수 없을지언정 하찮은 직업은 거부하겠다고 주장하는 남자들도 용인된 것이다. 아내와 자녀를 버린 흑인 남자들이 심한 사회적 지탄을 받지도 않았다. 물론 흑인 여자가 그런 행동을 했다가는 구제받을 길이 없었다.

흑인 가모장 이론은 백인들이 창조한 이미지임에도 불구하고 흑인 지역사회에도 깊이 침투했다. 흑인 여성성을 특징짓는 여러 부정적인 고정관념과 신화들 중에서도 이 가모장 개념이 흑인들의 의식에 가장 광범위한 영향을 남겼다고 할 수 있다. 어쩔 수 없는 사정에 의해 직장과 가정에서 두 가지 역할을 할 수밖에 없었던 독립적인 여성에게는 숙녀답지 않다는 꼬리표가 따라다녔다. 물론 미국 사회는 일하는 여성에게 부정적인 태도를 보여왔고 흑인 남성은 흑인 여성 노동자를 탐탁지 않게 대한 유일한 사람들도 아니었다. 로버트 스머츠Robert Smuts는 (대체로 백인 여성을 중심으로 진행된) 여성 노동자에 대한 연구《미국의 여성과 일Women and Work in America》에서 한때 미국 사회에서 일하는 여성에 대한 태도가 어땠는지 논한다.

수십 년 전, 20세기 초에는 여성 노동자 고용이 가장 중요한 사회 문제로 대두되었다. 위스콘신주 대법원의 판사들처럼 일반적인 미국인들은 일을 하고 싶어 하는 여자를 반역죄에 가까운 죄라도 저지른 듯이 보았다. 이러한 입장과 주장의 근거는 여성이라는 성별의 특성과 여성의 본분에 대한 사회적 인식이었다. 육체적으로나 성격적으로나 정신적으로나 여성은 어머니와 가정의 수호자라는 기능에 특화되어 있다. 다른 방식으로 여성을 고용하면 그 여성의 본질이라 할 수 있는 여성적 기질이 손상될 뿐만 아니라 정신을 온전히 유지하기 어렵고, 건강은 물론 생명까지 위험해질 수 있다. 이러한 여성관은 당시의 남성관과 상호 보완적이라 할 수 있다. 남성에게는 이상적인 여성의 특징인 "자상함, 애정, (…) 아름다움, 우아함과 조화"가 결여되어 있으며 이것은 가정을 이루는 핵심이라 할 수 있다. 하지만 남성은 사업, 정치, 전쟁에 필요한 기질인 "에너지, 야망, 대담성, 강제적 소유"를 충분히 갖추고 있다.

저자인 스머츠가 이제 갓 사회에 진입하기 시작한 여성 노동력으로 논한 대상은 백인 여성으로, 이 논문 또한 인종차별적 연구의 완벽한 예로 보이긴 하지만 직업을 가진 여성에 대한 부정적인 이미지를 정확하게 그려주기도 한다.

직업을 갖고자 하는 백인 여성을 남성의 지위와 남성성에 대한 위협으로 본 백인 남성처럼 흑인 남성도 직업을 가진 흑인 여성을 비슷한 의심의 눈길로 대했다. 가모장 이론은 흑인 남성에게 일하는 흑인 여성을 비하할 수 있는 틀을 제공해주었다. 많은 흑인 남성이 개인적으로 남성성을 박탈당했다고 느끼지는 않았지만 성차별적 이데올로기는 받아들여 임금노동을 하는 흑인 여성을 경멸의 시선으로 보기 시작했다. 이러한 남성들은 여자가 우두머리인 가정은 흑인 여성의 가모장적인 성향이 낳은 직접적인 결과이며 "진짜" 사나이라면 혼자 대장 노릇을 할 수 없는 가정에는 머물 수 없다고 주장하기도 했다. 이러한 성차별적 논리를 통해 보면 흑인 남성을 소외시킨 가정에서 흑인 여성은 절대 큰 권력을 가질 수 없었으며, 권력을 하나도 갖지 않았다고도 짐작할 수 있다. 남성 학자들은 일주일에 40시간을 노예처럼 일하며 식비, 집세 및 온갖 지출을 감당하고 재정적으로 독립적이었던 여성을 굳이 가정부로 칭했고, 이것은 이 여성들에게 매우 부당하다고 할 수 있다. 성차별적 사회에서 대부분의 남성에게는 보스가 된다는 것이 절대적인 권력을 갖는다는 뜻이다. 따라서 가부장제 가정에서 남편은 아내가 옆집 아기를 봐주며 식료품 살 돈 몇 푼을 벌어도 위협을 느낄 수가 있다. 흑인 남성은 이 가모장 신화를 심리적 무기로 이용해 흑인 여성이 바깥에서 아무리 열심히 일해 돈을 벌어도 가정에서는 수동적이고 부차적인 역할을 하도록 요구했고, 이 요구를 얼마든지 정당화할 수도 있었다.

흑인 여성 가모장이라는 신화를 받아들인 남성은 흑인 여성이 자신의 힘을 위협한다고 생각했다. 흑인 남성만 이렇게 생각한 것은 아니다. 가부장제 사회에서 대부분의 남성은 전통적이고 수동적인 역할을 약간이라도 거부하려는 여성에게 두려움과 반감을 느낀다. 흑인 남성의 실업 문제를 흑인 여성의 책임으로 돌려 자신들은 그 책임에서 빠져나가려는 백인들은 성차별이라는 공통점으로 흑인 남성과 연대를 이룰 수 있었다. 백인 남성은 흑인 남성의 정신에 성차별적 생각을 주입했고 성차별적으로 사회화된 흑인 남성은 다른 여성보다 특히 흑인 여성이 남성성의 적이라 생각하게 되었다. 앞서 언급했듯이 흑인 역사를 연구한 역사학자들은 흑인 여성이 당한 핍박을 최소화하고 흑인 남성의 고초에 집중하는 경향이 있다. 흑인 여성은 성차별적, 인종차별적 억압과 폭력의 희생자였음에도 미국 역사에서는 이들이 흑인 남성보다 더 나은 대우를 받은 것으로 묘사되지만, 이를 입증할 역사적 증거는 전무하다. 가모장 신화 역시 또 한 번 흑인 남성에게는 부정된 특권이 흑인 여성에게만 부여된 것처럼 보이게 한다. 사실 백인은 서비스 직종인 하인이나 세탁부로 흑인 남성을 채용할 준비가 얼마든지 되어 있었다. 다만 흑인 남성이 그러한 직업을 남성의 자존심에 대한 공격으로 받아들이며 거부한 경우도 많았다. 백인 사회학자들은 가모장 신화를 가져와 흑인 여성은 가정 내 "권력"을 가졌으나 흑인 남성은 그렇지 못하다는 식으로 설명했고, 이는 오직 경제적 위치에서의 자료에만 기초했을 뿐 다른 면을 보지 못했지만 그럼에도 이것이 흑인 남녀 사이에 불화를 일으키는 불씨가 되기도 했다.

　일부 흑인 여성은 흑인 남성과 함께 가모장 신화를 기꺼이 받아들였다. 때로는 자신을 가모장으로 열렬히 정체화하기도 했는데, 그래야 자신의 기여가 인정받는 것처럼 느껴졌기 때문이다. 아프리카 역사를 공부한 젊은 세대 흑인 여성들은 미국에 모계사회가 존재할 수도 있다는 사실에 매력을 느꼈다. 그들의 고향인 아프리카에 여성이 통치하는 사회가 존재한다는 사실을 배웠기에 모계사회는 아프리카의 문화에서 유래한다고 주장하기도 한다. 전반적으로 가모장이라는 호칭을 자랑스러워하는 흑인 여성도 많다. 그래도 이전에 흑인 여성됨을 특징짓던 다른 이름들보다는 긍정적인 함의가 담긴 편이기 때문이다. 유모, 쌍년,

창녀보다는 한결 낫지 않은가. 우리가 가모장이라면 그와 어울리는 명예와 자부심도 따라올 것이다. 그러나 미국 흑인 여성의 사회적 지위는 가모장과는 거리가 멀기 때문에 백인과 흑인이 왜 지속적으로 흑인 여성을 가모장으로 몰아가려고 하는지에 대해서는 의심을 해보아야 할 것이다. 백인이 흑인 여성의 가치를 폄하하기 위해서 모든 흑인 여성이 성적으로 문란하다는 신화를 이용했던 것처럼, 이번에는 가모장 신화를 이용해 모든 미국인들에게 흑인 여성은 남성화된, 남성을 무력화하는 위협적인 여성이라는 인상을 열심히 심어주는 것이다.

그러나 흑인 여성은 이 가모장 이름표를 끌어안았다. 그래도 스스로 특권이 있다고 여길 수 있어서였다. 식민지 지배자들은 식민지 원주민들의 현실을 효과적으로 왜곡하여 원주민들이 자신들에게 득보다 실이 되는 개념들을 받아들이게 했었고, 이 또한 그러한 예가 될 수 있다. 백인 노예소유주가 노예들의 반란과 봉기를 막은 방법은 자유인으로 사는 것보다 노예로 살며 관리를 받는 편이 더 좋다고 노예를 세뇌하는 것이었다. 비슷한 방법이 흑인 여성을 세뇌하는 데도 사용되었다. 백인 식민주의자들은 성차별과 인종차별로 인해 경제적으로 박탈당하고 희생되는 흑인 여성들에게 스스로를 자랑스러운 가모장이라 믿으라고, 사회적으로나 정치적으로나 자기 삶을 주도적으로 이끌어 가고 있다고 믿으라고 말한다.

흑인 여성이 실제로 갖지 못한 힘을 소유했다는 말에 속거나 그렇다고 상상하게 되면 하나의 집단으로서 서로 힘을 모아 성차별—인종차별적 억압에 대항해 싸울 가능성이 줄어든다. 언젠가 사무직으로 일하며 빈곤선에 가깝게 살고 있는 한 흑인 여성을 인터뷰한 적이 있다. 그녀는 흑인 여성이 가모장이며 힘이 있는 존재이기에 자기 인생을 책임진다고 강조했다. 사실 그녀는 하루 벌어 하루 먹고 살기도 빠듯한 형편에 신경쇠약에 걸리기 직전이었다. 흑인 여성을 가모장이라고 부르는 사회학자들은 실제 가모장이 무엇이고 어떤 위치에 있는지는 논하지 않는다. 그렇다고 해도 흑인들이 그것이 흑인 여성의 운명과는 전혀 닮지 않았다는 사실을 바로 알아챌 리는 없다. 흑인 여성들은 허울뿐인 가짜 권력과 자부심을 강요당하면서 우리를 성차별로부터 해방해줄 여성운동 같은 사회운동은 필요하지 않다고 생각하게 된다. 가장 슬픈 아이러니는 성차별에 가장 크게 희생된 당사자인 흑인 여성이 성차별을 자신의 삶을 짓누르는 거대한 힘으로는 인식하지 않으려 한다는 점이다.

흑인 가모장 신화는 흑인 여성이 남성적이고 지배적인 아마존 전사 같은 존재라는 이미지를 더욱 강화했다. 백인이 흑인 여성을 아마존으로 묘사한 이유 중에 하나는 어떤 "레이디"도 감당할 수 없을 것만 같은 고난을 흑인 여성이 이겨내는 모습을 직접 목격했고 그것을 곧 흑인 여성들은 동물에 가까운, 인간이 아닌 힘을 소유한 존재라는 의미로 해석했기 때문이다. 이러한 믿음은 19세기에 등장한 흑인 여성됨의 성격에 대한 개념과 완벽하게 일치한다. 가모장의 신화와 마찬가지로 흑인 여성이 아마존이라는 믿음은 대체로 신화와 판타지에 기반한다. 전통적인 아마존은 여자가 지배하는 정부를 설립하고자 했던 여성들이다. 가모장과는 다르게 아마존은 소수의 남성만 존재하는 사회의 건설에 관심이 있었다. 다이너는 아마존 여성에 대해 이렇게 쓴다.

> 아마존은 남자를 부정하고 남자 자손을 죽였으며 그들의 원칙에 어긋나는 존재를 인정하지 않았고 그들 안에서 중성적인 특징을 발전시켰다. (…) 호메로스Homeros가 아마존에 대해 "안티아네라antianeira", 즉 "남자를 싫어하는" 혹은 "남자 같은"이라는 뜻으로 부른 것은 맞다고 할 수 있다.

이 책을 위해 인터뷰한 대다수의 여성은 단 1초의 고민도 없이 여성의 삶에 가장 중요한 감정이 남성과의 관계에서 느끼는 열정이라 말하곤 했다. 《에센스》 잡지만 훑어봐도 흑인 여성이 남녀 관계에 얼마나 집착하는지가 드러난다.

많은 흑인 여성은 일반적인 가부장제 사회가 여성에게 기대하는 모습으로, 즉 남자에게 기생하듯이 의존하며 살 기회도 갖지 못했다. 노예제 아래 흑인 여성은 남성에게 의존할 기회도 갖지 못했고 개인의 생존을 위해 스스로 노력해야 했다. 노예제 아래 노동의 영역에서만큼은 흑인의 성역할이 평등했고 흑인 여성이 수동적일 수 있는 환경 자체가 만들어질 수 없었다. 여성은 육체적으로나 정신적으로 나약하다는 성차별적 신화에도 불구하고 흑인 여성은 노동 현장에서는 강한 존재감을 드러내야 했고 어떤 식으로든 독립적인 기질을 보여주어야 했다. 일을 할 것인지 말 것인지 선택할 수 있는 흑인 여성은 거의 없었다고 할 수 있다. 그러나 흑인 여성이 직업을 갖고 일을 열심히 한다고 해서 저절로 페미니스트 의식이 형성된 것은 아니었다. 많은 흑인 여성이 서비스 직종, 농장, 공장에서 일하거나 비서직 또는 사무직에 채용되기도 했지만 그들 중 대부분은 남성에게 경제적으로 의존할 수 없다는 사실에 더없이 억울해했다. 최근에 들어서야 일하는 여성에 대한 태도가 극적으로 달라졌다고 할 수 있다. 많은 여성이 스스로 일을 하고 싶어 하거나 수지를 맞추기 위해서 노동자가 되어야만 하는 현실을 직시한다. 일하는 중산층 백인 여성의 비율이 유례없이 증가하면서 일하는 여성에 대한 태도 또한 변화했다. 흑인이건 백인이건 많은 여성이 자본주의 노동 인구로 받아들여지기 전까지는 많은 흑인 여성이 생존을 위해 일해야만 하는 자신의 환경과 운명을 원망했다. 수많은 백인 여성이 미국의 노동시장으로 쏟아져 들어갔던 초기에는 그들도 비난당하고 박해당했으나 초반의 공격이 끝나자 거의 저항이 없었다는 점은 흥미롭다. 또한 백인 여성이 전통적으로 남성이 하던 일을 수행했다고 해서 그들의 남성화에 관한 논의가 이루어진 적은 없다.

오늘날 백인 여성의 노동시장 진입은 긍정적인 과정이자 독립을 쟁취해나가기 위한 단계로 비춰지지만 노동자가 된 흑인 여성은 자신이 흑인 남성들의 일을 빼앗고 그들을 무력하게 했다고 느끼게 된다. 많은 흑인 여성 대학생들은 흑인 남성의 자신감을 훼손하지 않기 위해 자신들의 직업적 야망을 억눌러야 한다고 믿는다. 흑인 여성은 주어진 상황 때문에 적극적이고 주도적이어야 할 때가 많지만 내가 이 책을 준비하며 이야기해본 대다수의 흑인 여성은 남성이 더 우월한 존재이니 남성의 권력에 어느 정도 순종하는 것이 여성에게 필요한 미덕이라 믿었다. 강하고 능력 있는 흑인 여성의 고정적인 이미지는 미국인의 의식을 완전히 지배하고 있어 실제 주변에서 만나는 흑인 여성 중에 여성성과 수동성에 대한 성차별적 개념에 순응하는 이들이 많은데도 불구하고 흑인 여자를 무조건 주도적이고 지배적이며 독립적인 성격의 소유자로 여기기도 한다. 백인이 흑인 여성 안에 있다고 본 불굴의 아마존 전사의 기질은 사실 그들에게 아무런 힘이 없기에 바꿀 수 없었던 상황을 묵묵히 참으며 인내한 결과에 불과하다.

가모장 신화와 흑인 아마존 신화가 적극적이고 강한 이미지의 흑인 여성을 강조한 반면 또 하나의 고정관념이 탄생했으니, 바로 수동적으로 고난을 감내하면서 항상 너그럽고 헌신적인 여성의 이미지인 제미마 아줌마다. 역사학자 허버트 거트먼Herbert Gutman은 다음과 같은 생각을 뒷받침하는 증거는 전혀 없다고 말한다.

전형적인 남부 가정의 하녀는 나이가 많은 유모로, 남북전쟁을 지나고도 많은 집에 남아 있었으며 이는 그들의 충성심 때문이거나 백인들이 그들에게 특별 대우를 해주었기 때문이다.

거트먼에 따르면 백인 가정의 흑인 여자 유모들은 보통 젊은

144

흑인 여성이며 백인 가정에 애착을 가질 이유가 없었다. 거트먼은 흑인 유모 캐릭터의 유래에 대해서는 서술하지 않지만 이 나이 지긋한 유모 또한 백인들의 상상의 산물이라 할 수 있다. 실제로 흑인 유모 아주머니라는 고정관념과 닮은 흑인 여자가 있었을 수는 있으나 그 점은 중요하지 않다. 주목해야 할 점은 백인들이 흑인 여성 대다수와는 절대로 닮지 않았으나 자신들이 그나마 참아줄 수 있는 흑인 여성의 이미지를 제멋대로 창조했다는 사실이다. 거트먼이 주장한 것처럼 남북전쟁 전의 전형적인 "유모"들이 젊고 백인 가정에 애착 같은 것은 없었다면, 백인들이 이와는 완전히 반대되는 이미지를 만들기 위해 얼마나 노심초사했는지 짐작할 수 있다. 백인들이 흑인 유모 캐릭터를 어떻게 창조하게 되었는지 상상하는 것은 전혀 어렵지 않다. 흑인 여성의 몸에 대한 백인 남성의 욕망을 고려해보면 백인 여성은 가정에 젊은 흑인 여성 하인을 들였다가 남편과 부적절한 관계로 발전할까 봐 두려워했을 것이고, 그러면서 이상적인 흑인 유모 이미지를 고안해낸 것이다. 그 여성은 무엇보다도 무성적이어야 하고 그렇기 위해서는 뚱뚱해야 하며(약간 비만이면 더 좋다) 너무 깔끔하거나 단정한 느낌을 주지 않고 기름때가 묻은 더러운 두건을 두르고 있어야 한다. 커다란 발이 너무 작은 신발 밖으로 삐져나와 있어 암소의 발 같은 느낌을 줘야 한다. 뭐니 뭐니 해도 그녀의 가장 큰 덕목은 백인들에 대한 순수하고 일방적인 사랑이다. 많은 백인들이 애정을 담아 정성을 다해 유모 이미지를 그려냈다. 그녀는 이상적인 흑인 여성됨에 대한 성차별─인종차별적 버전의 궁극적이고 완벽한 예, 즉 백인들의 뜻에 완전히 복종하는 캐릭터이기 때문이다. 어떤 면에서 백인들은 그 유모 캐릭터로 식민지 지배자들이 착취하고 싶은 특징들만 완벽하게 구현한 흑인 여성을 창조했다고 할 수 있다. 받으려는 마음 없이 주기만 하는 수동적인 양육자이자 희생적인 어머니 같은 인물로 흑인 여성을 형상화한 것이다. 이들은 백인들에 비해 자신이 열등하다는 사실을 인정하면서 무조건적으로 그들을 사랑한다. 백인들이 그려낸 유모는 인종주의 체제에 완전히 순응하기 때문에 기존의 백인 가부장제 사회질서에 아무런 위협이 되지 않는다. 현대 텔레비전 드라마에서도 백인들이 받아들일 수 있는 흑인 여성됨의 전형으로 흑인 유모를 제시한다.

제미마 아주머니와 정확히 반대되는 이미지로는 사파이어 이미지가 있다. 사파이어라 불리는 흑인 여성은 악의적이고 위험하며 영악한 데다 고집 세고 혐오스럽다. 즉 유모 캐릭터가 아닌 모든 것이다. 사파이어 이미지는 인류 역사상 가장 오래된 부정적인 여성의 전형에 그 뿌리를 둔다. 바로 타고난 악녀의 이미지다. 기독교 신화에서 여성은 죄악의 근원이다. 여기에 성차별–인종차별적 신화를 더해 사악하고 죄 많은 여성의 완벽한 본보기로 흑인 여성을 지목하기로 한 것이다. 백인 남성은 흑인 여성을 향한 인격 말살과 성적 착취를 정당화하기 위해 흑인 여성이 선천적으로 사악하고 교활한 면을 지닌다고 주장하기 시작했다. 이에 넘어간 흑인 남성은 흑인 여자들이 너무 못돼먹고 남자를 무시해서 어울릴 수 없다고 말할 수 있었다. 또한 백인 여성은 사악하고 부도덕한 흑인 여성의 이미지를 이용해 자신들의 순수함과 순결함을 강조할 수 있었다. 성경 속 이브처럼 흑인 여성은 여성혐오주의자 남성과 인종차별주의자 여성, 즉 일부 여성 집단을 악의 화신으로 보아야 했던 사람들에게 편리한 희생양이 되었다. 《흑인 여성The Black Woman》의 한 에세이에서 페리와 본드는 사파이어가 어떤 인물이고 미국 문화에서 어떻게 묘사되었는지 설명한다.

> 1930년대와 1940년대의 영화와 라디오 프로에서는 흑인 여자 사파이어 이미지가 빠짐없이 등장했다. 그녀는 의지가 강하고 고집이 세며 능력 있고 흑인 남성에 대한 경멸과 증오를 숨기지 않는다. 흑인 남자들은 바보같이 히죽거리기나 하는 능력 없고 한심한 어린애들이다. 당연히 우리들은 그 안에서 군림하는 흑인 여성을 만난다(물론 백인 여성들도 만난다). 이 여자들은 팔자가 세서 인생이 불운하고 자신들의 지나친 자기만족적 성격에 실망하면서도 그 안에서 씁쓸한 안식처를 찾는다.

사파이어 이미지는 라디오와 텔레비전 프로그램인 〈아모스 엔 앤디Amos n Andy〉에서 유명해졌다. 여기서 사파이어는 잔소리 많고 성깔이 더러운 킹피시의 아내다. 제목에서 알 수 있듯이 이 프로의 주인공은 남자들이다. 사파이어의 심술궂은 성격은 시청자들에게 흑인 남성의 운명에 대해 동정심을 심어주기 위한 주요 장치로 사용된다. 사파이어 정체성은 자신의 운명에 억울함, 분노, 화를 지나치게 표현하는 여성을 직접 겨냥한다. 그 결과 많은 흑인 여성은 심술궂은 사파이어로 비치지 않기 위해 자신의 감정을 억눌렀다. 혹은 사파이어 정체성을 흑인 여성을 향한 이 사회의 가혹한 처사에 대한 적절한 반응으로 받아들여 적극 끌어안기도 했다. 흑인 여성의 "사악함"은 자칫 나약해 보이면 바로 착취당하는 이 성차별-인종차별적 세계에서 살아남기 위해 흑인 여성들이 만들어낸 겉모습이라 할 수도 있다.

흑인 여성됨을 특징짓는 이 모든 신화와 고정관념은 부정적인 반여성 신화에 뿌리를 둔다. 그러나 이것들은 흑인 여성의 경험을 판단하는 데 큰 장벽이 되기도 한다. 많은 사람들은 흑인 여성을 있는 모습 그대로 알아보지 못하게 되었는데 부정적인 고정관념에 기반한 부정적인 이미지가 너무 깊게 각인되어버린 탓이다. 흑인 여성됨 비하를 지속시키기 위한 광범위한 노력은 흑인 여성이 스스로 긍정적인 자기 개념을 발전시키는 것을 극단적으로 어렵게 하거나 때로는 불가능하게 한다. 우리는 매일 부정적인 이미지들의 폭탄을 맞고 있다. 어쩌면 우리를 짓누르는 가장 큰 힘은 이러한 부정적인 고정관념과 우리가 그 고정관념을 받아들이고 롤 모델로 삼아 그 길을 따라가게 되었다는 안타까운 사실일지도 모른다.

제국주의적
가부장제

성차별은 계급이나 권력 면에서
백인 남자들과 맞붙었지만 그 경쟁에서
패자가 될 수밖에 없다고 생각한 흑인 남자들이
마지막으로 보여줄 수 있는 비장의 카드와도 같았다.
그는 "자기" 여자를 다스릴 수 있기 때문에
"진짜" 남자다.

페미니즘운동이 활발하게 이루어지기 시작한 때 흑인 여성의 사회적 지위에 성차별이 미친 영향에 대한 논의는 거의 이루어지지 않았다. 여성운동의 기수로 앞장선 중상류층 백인 여성은 가부장제 권력, 즉 남성이 여성을 지배하기 위해 사용하는 권력이 중상류층 백인 남성의 특권만이 아니라 계급과 인종에 상관없이 우리 사회 모든 남성의 특권이라는 점을 강조하려 하지는 않았다. 백인 페미니스트들은 성차별의 부정적 결과를 제시하기 위해 백인 남성과 백인 여성의 경제적 불평등에 주로 집중했고 가난한 하층계급 남성들도 미국 사회의 다른 어떤 집단의 남성만큼이나 여성을 억압하고 괴롭힐 수 있다는 사실은 간과했다. 페미니스트들은 남성이 경제적인 권력을 소유해야만 지배자가 될 수 있을 것이라 믿고 백인 남성만 적으로 고정했다. 백인 남성 가부장제에 "쇼비니스트 피그[남성 우월주의자]"라는 명칭을 붙이면서 흑인 남성 성차별주의자들을 위한 편리한 희생양을 제공해주기도 했다. 흑인 남성은 백인 여성, 흑인 여성과 연합해 백인 남성의 차별과 폭력에 저항하면서 자신들의 성차별과 가부장제 지지와 성 착취로부터 대중의 관심을 돌릴 수 있었다. 남성이건 여성이건 흑인 지도자들은 흑인 남성 또한 흑인 여성을 성차별적으로 억압하는 가해자라는 사실을 인정하기를 꺼렸다. 인종주의만이 우리 삶의 유일한 탄압이 아니라는 사실을 받아들이고 싶지 않아서다. 흑인 남성이 인종주의의 희생자가 될 수 있는 동시에 흑인 여성을 성차별하는 가해자도 될 수 있다는 사실을 인정하면 인종차별 철폐를 위한 노력을 복잡하게 만든다고 생각했다. 그 결과 흑인 남녀 관계 안에서의 성차별은 진지한 문제로 다루어지지 않았고 인정되지도 않았다. 인종주의가 흑인 남성에게 미친 영향력만을 반복적으로 강조하면서 무력하고 무능력하며, 그래서 안타깝고 불쌍한 흑인 남자의 이미지만 소환되곤 했다. 이런 이미지가 미국인들의 사고에 너무 깊이 박힌 나머지, 인종차별이 흑인 남성을 망가뜨린 것은 맞다 해도 이 남자들 또한 여전히 성차별의 가해자가 된다는 사실, 인종차별을 당했다는 것이 성차별에 대한 핑계도 정당화도 될 수 없다는 사실은 이해하지 못했다.

흑인 남성에 의한 성차별은 미국 노예제 이전부터 존재해왔다. 백인 지배하의 식민제국 미국의 성차별적 정치는 원래 흑인들의 정신에 뿌리 깊이 박혀 있던 남존여비의 믿음을 더욱 강화했다. 앞서 언급한 노예의 하위문화에서도 볼 수 있듯이 가부장제 사회구조로 인해 노예 남성은 노예 여성보다 지위가 더 높았다. 역사학자들은 흑인 하위문화에서 흑인 남성이 분명 더 높은 위치에 있었다는 점, 성별을 기반으로 한 차별 때문에 백인 주인들이 흑인 남성에게 더 나은 일자리를 주었고 이는 남성에게 유리했다는 점은 언급하지 않으려 한다(예를 들어 흑인 여자는 "남자"와 동등한 일을 했지만 흑인 남자는 "여자" 일은 하지 않았다. 여자는 농장에서 일해도 남자는 아이를 보지 않았다). 현대에 들어와 보호자나 부양자로서의 남성의 역할에 주목하면서 학자들은 노예제가 흑인들에게 남긴 가장 큰 상처란 흑인 남자가 전통적인 남성 역할을 하지 못하게 된 것이라는 이론을 퍼뜨렸다. 흑인 남자가 보호자나 부양자가 되지 못했다고 해서 가부장제 사회에서 남성이 자동적으로 여성보다는 더 나은 자리에 있다는 현실이 바뀌지는 않았다. 그들은 그 지위를 노력해 얻어낸 것이 아니다. 노예 남성은 자기 자신이나 다른 사람의 보호자나 부양자가 될 수 있는 기회는 빼앗겼을지 몰라도 남자라는 이유만으로 흑인 여자보다는 지위가 높았다. 물론 사회적 지위가 여자보다 높다 해서 대단한 특혜를 받지는 못했지만 성역할 차별로 인해 그들의 지위는 언제나 안정적으로 유지되었다.

19세기 미국에서는 노동 분야에서나 고등교육 분야에서나 모든 여성에 대한 성차별이 존재했었기에 노예제 시대나 해방의 시기에 지도자의 역할을 원하는 흑인 중에서는 흑인 남성이 가장 먼저 리더가 되었다. 리더의 자리에 앉게 된 흑인 남성들은 초기 흑인해방운동의 성격과 방향을 형성했고, 따라서 그 운동도 가부장제의 고정관념을 반영했다. 소저너 트루스나 해리엇

터브먼Harriet Tubman 같은 용감한 흑인 여성 지도자는 매우 드문 경우로 일반적인 현상을 대표하지 않는다. 그들은 극히 예외적이고 특별한 위인들로 자유를 쟁취하기 위한 싸움에서 으레 남자가 앞장서는 관습에 도전한 인물들이었다. 대외 행사에서, 집회에서, 오찬에서, 저녁 모임에서 남성 리더들은 가부장제의 원칙을 지지하는 발언들을 서슴없이 했다. 이들의 성차별은 가끔 여자를 단상에 올려 칭송하는 남자들의 낭만적인 비전에 가려져 있었다. 거침없는 연설가였던 흑인 민족주의자 리더 마틴 딜레이니Martin Delaney는 1852년에 출간된 정치학 연구인 《미국 유색인들의 조건, 상승, 이주, 운명The Condition, Elevation, Emigration, and Destiny of the Colored People of the United States》에서 흑인 여성과 흑인 남성의 성역할은 분리돼야 한다고 주장한다.

우리 젊은 청춘 남녀들은 장차 이 사회에서 유용한 일을 해야 한다. 젊은 남자들은 상업, 무역 등의 사회를 이끄는 중요한 분야에 진입하고 젊은 여자들은 교사가 되거나 그렇지 못해도 쓰임이 있는 사람이 되어야 한다. (…) 우리 여자들 또한 능력과 자질을 갖추어야 하는데, 우리 소중한 자녀들의 어머니가 될 이들이기 때문이다. 어머니는 아이에게 최초의 양육자이자 교사이다. 어린이는 어머니를 통해 이 세상에 대한 첫 인상을 받고, 이 인상은 장기간 이어지기에 올바른 어머니이자 여성이 되는 것은 무척 중요하다. 이제 어머니들도 낮은 자리를 박차고 일어나고, 그와 함께 자녀들도 훌륭하게 성장해야 한다. 또한 우리 젊은 남자들이 빈 공책에 요리법을 적는 모습보단 사업 청구서를 보내거나 상품을 제작하는 모습을 보기를 열망한다.

프레더릭 더글러스는 미국 사회의 인종적 딜레마란 백인 남성과 흑인 남성 사이에만 존재하는 것처럼 말하곤 했다. 1865년 〈흑인 남성은 무엇을 원하는가What the Black Man Wants〉라는 제목의 에세이에서 여성에게 투표권이 부여되지 못하는 것은 안타깝지만 그래도 흑인 남성부터 투표권을 얻어야 한다고 주장한다.

지금 이 순간에 니그로의 선거권 박탈을 우리 중 일부가 그 특권에서 배제되었다는 이유로 당연하게 여겨야 할까? 물론 나는 남성뿐만 아니라 여성도 투표권을 마땅히 가져야 한다고 믿으며 나의 진심과 목소리를 여성의 참정권 운동에 보탤 것이다. 문제는 누구의 권리가 먼저인지가 아니라 일단 우리의 권리를 주장하는 것이 아닐까? 우리는 이런 질문을 받을 것이다. 왜 원하는가? 우리가 왜 원하는지 말해주겠다. 무엇보다 우리의 권리이기 때문에 원한다. 어떤 계급의 남자도 본성을 모욕하지 않고서는 자신의 권리를 빼앗기고도 만족할 수는 없다.

이 선언문에서 더글러스에게 "니그로"는 흑인 남성과 동의어인 것으로 보인다. 그는 비록 여성의 참정권을 지지한다고 밝히고 있지만 분명 남자가 투표권을 받는 것이 더 우선이고 더 적절한 일이라 믿고 있다. 남성이 투표할 권리가 여성이 투표할 권리보다 더 중요하다고 강조하는 더글러스를 비롯한 남성 흑인인권 운동가들은 성차별을 공유한다는 점에서 백인 남성과 동맹을 맺었다고도 할 수 있다.

사생활 면에서도 흑인 남성 사회운동가들과 정치지도자들은 내조하는 역할을 아내가 당연히 맡아주길 기대했다. 흑인 여성 페미니스트인 메리 처치 테럴의 일기를 보면 인권운동가이자 변호사인 남편에게 정치에 나서지 말라는 말을 들었다는 대목이 나온다. 남편이 자신을 곧 깨질 듯한 유리 인형처럼 여기며 보호하려 든다고 불평하기도 한다. 테럴의 남편은 가부장적인 권위를 이용해 아내의 정치 활동을 방해했다. 테럴의 남편은 집 바깥의 세상과 너무 많이 접촉하면 아내의 여성성이 "손상"될까 봐 겁냈다. 부커 T. 워싱턴Booker T. Washington과 그의 세 번째 아내인 마거릿 머리Margaret Murray에게도 비슷한 갈등이 있었다. 마거릿은 흑인 민권 단체 안에서 조금 더 적극적으로 활동하고 싶어 했지만 가정에 더 전념하라는 이야기를 들었다. 아이다 B. 웰스Ida B. Wells의 남편은 아내의 정치 활동을 응원하긴 했지만 자녀 양육을 도와주진 않았고 웰스는 수많은 행사에 어린 아이들을 직접 데리고 다녀야 했다. 1894년 캘빈 체이스Calvin Chase는 잡지 《비Bee》에 쓴 〈우리의 여자들Our Women〉이란 칼럼에서 흑인 남자는 흑인 여자의 보호자 역할을 맡아야 한다고 주장했다. 체이스는 이렇게 권고했다. "우리의 여자들을 지키는 것이 우리의 의무다. 우리 여인들뿐 아니라 모든 인종의 발전과 진보에 필요한 시스템을 구축해야 한다." 제임스 포텐James Forten, 찰스 레먼드Charles Remond, 마틴 딜레이니, 프레더릭 더글러스는 여성도 정치적 권리를 가져야 한다는 생각은 지지했지만 성평등은 지지하지 않았다. 사실 그들은 가부장제 원칙에 대한 믿음이 누구보다 확고했다. 19세기 남성 진보주의자들처럼 흑인 남성 지도자들은 여자들이 정치적 권리를 갖는 것을 막지는 않았다. 다만 남자가 더 우월한 존재로서 권위를 인정받는 한에서만 그러했다. 남부의 일상생활 내 여성에 대한 태도를 논하는 글에서 한 백인 작가는 이렇게 적었다. "남부 인종주의자와 흑인 활동가의 여성관은 매우 비슷하다. 둘 다 여성을 제한된 권리만 지닌 제2의 성으로 본다."

　19세기 흑인 대중은 차별로 인해 분리된 그들만의 문화권 안에서도 진심을 다해 열렬히 가부장제 사회질서를 확립하고 유지했다. 흑인 여성은 사랑하는 남편에게 지지받고 보호받고 존중받는 "여자다운" 안주인이 되고 싶어 했다. 그러나 문제가 하나 있었다. 미국 사회에는 흑인 남성이 종사할 수 있는 직업이 많지 않았던 것이다. 인종주의자 백인은 흑인 남성 직원을 거부했고 흑인 여성은 보통 가사 노동이나 서비스 직종에서 일자리를 찾을 수 있었다. 백인과 흑인 모두 백인들이 흑인 남성을 위한 일자리는 내어주지 않으면서 가정에서는 흑인 여성을 고용하는 현상을 두고 그들이 흑인 남성보다 흑인 여성을 선호하기 때문이라는 식으로 해석했다. 하지만 가사 노동 분야(하인, 가정부, 세탁부)의 일자리는 "진짜" 직업이나 의미 있는 노동으로는 인식되지 않았다. 백인들은 서비스 직종에서 일하는 흑인 여성이 경제적으로 더 나은 보상을 받을 자격이 있는 중요한 일을 한다고 여기지는 않았다. 흑인 여성이 수행하는 가사 노동이나 서비스 노동들은 "당연히" 여자가 하는 일의 확장일 뿐이라고 생각하며 하찮게 여겼다. 백인 남성은 임금이 높은 일자리를 두고 흑인 남성과 경쟁하고 싶지 않았기 때문에 인종차별을 이용해 흑인 남성이 설 자리를 빼앗았고, 백인 여성은 귀찮은 집안일은 얼마든지 흑인 여성 고용인에게 맡기고 싶어 했다. 집안일은 대체로 미천한 일이자 무시받는 일이었고 백인 여성이 흑인 여성을 특별히 선호해서 이런 일을 맡겼을 리는 없다. 그보다는 그들이 생각하기에 흑인 여성은 자존감이 낮고 존엄성이 없어 험한 집안일을 맡아 해도 아무렇지 않을 것 같았기 때문이었다.

많은 흑인 여성이 집 밖에서 일을 하면서도 가부장제의 확고한 지지자였다. 그들은 자신을 임금노동에서 해방해주지 못하는 흑인 남성을 적대하고 미워하고 경멸했다. 남편이 직업이 있긴 하지만 집안을 온전히 책임질 정도의 수입은 벌어오지 못하면 아내는 괴로워하며 어쩔 수 없이 일을 구하러 나갔다. 흑인 부부 관계와 남녀 관계에서 일어나는 대부분의 갈등은 주로 여자가 남자에게 생계를 책임지는 가장이자 집안의 기둥 역할을 해야 한다는 부담을 주면서 시작되곤 했다. 그러나 대체로 흑인 남자는 흑인 여자가 원하는 것만큼 사회에서 성공하기가 쉽지 않았다. 자본주의 미국에서는 여성이 소비의 주체이기 때문에 남성에게 돈을 더 벌어 오라는 요구를 할 수밖에 없다. 일을 종교로 여기고 사도처럼 헌신하여 아내들의 물질적인 요구를 충족해줄 수 있는 많은 백인 남성과는 달리 많은 흑인 남성은 아내의 요구에 반감과 적대감만 키우는 경우가 많았다. 다른 경우로는 아내와 아이들의 물질적 필요를 채워주기 위해서 두 가지나 세 가지 일을 병행하는 흑인 가장들도 있었다.

1970년 L. J. 액셀슨L. J. Axelson은 〈일하는 아내: 니그로와 백인 남성 사이의 인식 차이The Working Wife: Difference in Perception Among Negro and White Males〉라는 논문에서 흑인 남성이 백인 남성보다 일하는 아내를 훨씬 지지하고 받아들인다는 조사 결과를 소개했다. 흑인 남성이 부양자로서의 역할을 하지 못했을 때 가장 분노하고 억울해하는 사람은 흑인 여성이었다. 1968년에 잡지《리버레이터Liberator》에 흑인 여성 작가 게일 스토크스Gail Stokes는 〈흑인 남자 대 흑인 여자Black Woman to Black Man〉라는 제목의 에세이를 실었다. 그녀는 부양자의 의무를 다하지 않고 회피하는 흑인 남성에 대한 분노와 적대감을 쏟아놓는다.

남자분들은 이렇게 말할 것이다. "집에 와보면 나를 반기지도 않고 집구석도 지저분한데 당신을 어떻게 사랑하지? 백인 여자는 남편이 퇴근할 때 반갑게 문을 열어주지 않나. 흑인 여자들은 왜 그렇게 하지 않지?"
하지만 무지한 남자들, 당신들은 모른다. 그 백인 여자들이 어떻게 그렇게 남편을 맞을 수 있을까? 나 같은 흑인 가정부가 집안일을 다 해주기 때문이다. 그 여자는 애들에게 소리 지르지도 않고 뜨거운 스토브 앞에 서 있지도 않는다. 다른 누군가가 전부 해준다. 그 집 남편이 아내를 사랑하건 그렇지 않건 적어도 그 남자는 돈을 벌어 온다. 생활비를 책임진다. 알겠는가, 깜둥이들? 돈을 벌어 온다고!

남자란 곧 외벌이로 경제적인 책임을 다할 능력이 있는 사람이어야 한다고 생각하는 흑인 여성들은 일을 하면서도 분노했고 가장으로서의 역할을 당당히 거부해버리는 흑인 남성들에게 배신당한 기분을 느꼈다. 흑인 여자들은 생계부양자의 의무를 다하지 않으려는 흑인 남자들을 이기적이고 게으르고 무책임한, 혹은 백인 사회학자의 용어대로라면 "거세당한emasculated" 남자들로 보았다. 그들이 흑인 남성을 나약하고 여자 같다고 인식하는 이유는 그들이 남성의 지배력을 부인해서는 아니었다. 그들의 입장에서는 가부장제를 진심으로 받아들였기 때문이고 그렇기 때문에 부양자 역할을 못하는 야망 없는 흑인 남자를 향한 경멸이 더욱 커진 것이다.

흑인 여성이 집 밖에서 일을 하기 때문에 흑인 남성이 무력해지고 거세된 느낌을 받는다는 생각은 남자라면 마땅히 직업을 통해 정체성을 찾으며 생계부양자로 살면서 개인적인 성취감을 느낀다는 가정을 기반으로 한다. 그러한 가정은 남성이 수행하는 직무의 대부분이 시간을 빼앗아가고 지루하고 에너지만 소모시키는 일이며, 개인적인 성취감은 주지 않는다는 사실을 고려하지 않는다. 《미국 남자: 남성성의 위기를 보는 예리한 시선The American Male: A Penetrating Look at the Masculinity Crisis》의 마이런 브렌턴Myron Brenton에 따르면 남자들은 일이 "남성의 힘"을 발휘하게 만든다고 느끼지 않는다. 대부분의 미국 남자들은 성차별적으로 사회화되어 일을 자신의 임무로 여기지만, 일이 자신의 남성적 힘의 표현이고 인생에서 가장 중요한 부분이 되어야 한다는 개념을 받아들인 남자들도 막상 일을 하면 대부분 실망한다. 브렌턴은 이렇게 지적한다. "미국 남자들은 부양자의 역할을 통해 남자다움을 증명할 수 있으리라 기대하지만 일 자체는 자존심을 해치는 일, 다시 말해 남자다움을 잃게 하는 경험들로 가득하다." 미국의 흑인 남성은 일을 낭만화한 적이 한 번도 없다. 대체로 이제까지 그다지 존중받지 못하는 궂은일들만 해왔기 때문이다. 이 사회가 천하다고 여기는 일을 하면서 상사와 감독관이 가하는 구타와 모멸감을 견뎠고 그런 일들은 보람과 성취감을 전혀 주지 않았다. 또한 흑인 남성들이 견뎌야만 했던 수치와 모욕을 보상해줄 만큼 금전적 보상이 크지도 않았다. 중산층 백인 가부장들의 가치를 받아들이고 나름대로 야망이 있었던 흑인 남성들은 이 무력화 이론을 열렬히 받아들였다. 이들은 흑인 남성이 권력에 접근할 수 없도록 막아온 미국 사회의 인종적 위계 때문에 가장 큰 손해를 입었다고 느끼는 이들이었다. 유명한 흑인 남성 연예인이나 경제적으로 성공한 흑인 남성이 "흑인 남자의 박탈감"을 호소하거나 미국 사회에서는 "진짜" 남자가 될 수 없다고 말하는 모습을 종종 볼 수 있다. 모든 흑인 남성들이 성공할 길이 없고 무능력하며 남성성이 박탈된 것은 아님을 본인들의 성공으로 증명하고 있지만 그 현실은 무시하기로 한 것이다. 실제로 그들이 하고자 하는 말은, 본인들이 가부장제를 끌어안았고 그 안의 다른 남성과 경쟁했으나 미국에서 백인 남성들이 자본주의 권력 구조를 지배하는 한 흑인 남성은 무력감과 박탈감을 느낄 수밖에 없다는 것이다.

백인 남성 권력 구조에 불만을 터뜨리는 많은 흑인 남성들은 실제로 권력을 얻을 방법을 찾아내려고 노력하기도 한다. 그러

161

3장_제국주의적 가부장제

다 분노하고 좌절하게 되는데, 이는 백인 가부장제 사회구조에 대한 근본적인 비판이라기보다는 파워 게임의 참가자가 되지 못하는 현실에 대한 반응이라 할 수 있다. 과거부터 이러한 흑인 남자들이 남성의 여성 지배를 가장 지지해왔다. 그들은 자신들이 가정에서라도 우두머리로 살고 있다는 점을 보여주며 대중에게 "남자다움"을 인정받고자 했다.

19세기 흑인 남성 지도자들은 모든 흑인 남성들이 여성들의 보호자나 부양자로 비춰지는 것이 매우 중요하다고 느꼈다. 그래야 백인들에게 흑인 남성들도 남성적 특권을 절대로 내려놓지 않을 것이라는 사실을 보여줄 수 있었다. 20세기 흑인 남성 지도자들 또한 같은 전략을 사용했다. 마커스 가비Marcus Garvey, 엘리자 무하마드Elijah Muhammad, 맬컴 엑스Malcolm X, 마틴 루터 킹Martin Luther King, 스토클리 카마이클Stokely Carmichael, 아미리 바라카Amiri Baraka 등 흑인 지도자들은 거리낌 없이 가부장제를 지지했다. 흑인 남성은 흑인 여성이 정치 영역이나 가정 영역 모두에서 조용히 내조하며 뒤로 물러나 있어야 한다고 주장했다. 아미리 바라카는 1970년 7월 호《블랙 월드Black World》에 발표한 에세이에서 흑인 가부장제를 설립하고 싶다는 뜻을 공공연하게 밝히기도 했다. 물론 그가 가부장제나 남성 우월주의라는 용어를 사용한 것은 아니다. 그보다는 흑인 남자가 주인이 되는 가정을 만드는 것이 중요하다고 논했는데, 이는 분명 반여성적인 입장일 수밖에 없는데도 마치 백인의 인종주의적 가치에 반하는, 흑인에게 이로운 계획처럼 말했다. 그의 이상적이고 낭만적인 수사는 흑인 남성 리더들이 애용하던 것으로 성차별적 메시지에 숨겨진 부정적인 의미를 교묘하게 덮는다. 바라카는 모든 흑인들에게 고한다.

우리는 흑인 여성과 흑인 남성이 마치 분리된 존재인 것처럼 이야기한다. 우리가 실제로 분리됐었기 때문이다. 우리의 손은 서로에게 뻗어져 있었다. 가까워지기 위해, 서로의 완성을 위해, 서로가 키워주는 의식의 확장을 위해서였다. 그러나 노예제의 과정에서 백인들의 행태에 의해 우리는 분리될 수밖에 없었다. 우리는 분리 과정을 내면화하고 우리 두뇌 안에 외딴 지도를 만들었고 우리의 정신은 방황하며 우리 서로를 그리워했으나 왜 서로를 그리워하는지도 이해하지 못했다. 내 손을 당신 손에 얹고 있어도 당신은 그곳에 없다. 그러면 나는 바깥으로, 악당과 매춘부들이 가득한 세상을 하염없이 떠돈다.

이 분리를 해결해야 우리의 자기 인식에 대한 욕구가 채워지고 궁극적인 치유가 이루어질 수 있다. 우리는 건강한 아프리카 정체성을 스스로에게 부여해 이 분리 상태를 끝내야 한다. 남녀의 분리를 모르는, 흑인 여자와 흑인 남자가 신성한 결합을 이룰 수 있는 가치체계를 만들어야 한다. 참고로 우리는 남성과 여성의 "평등"을 믿지 않는다. 사람들이 말하는 여성을 위한 평등이 얼마나 사악하고 나쁜 영향을 미치는지 이해하지 못하는가? 남녀는 결코 평등하지 않다. (…) 자연은 우리를 그렇게 창조하지 않았다. 형제는 말한다. "여인은 여인이 되게 하라. (…) 그리고 사내는 사내가 되게 하라."

바라카는 자신이 거부하는 백인들의 세계와는 완전히 다른 가치체계의 "새로운" 흑인 국가 건설을 꿈꾸었지만 그가 마음에 품은 사회구조는 백인 미국 사회의 가부장제와 거의 동일하다. 여성의 역할에 대한 그의 관점은 비슷한 시기 미국 역사 속 백인들의 감성과 그리 다르지 않다. 《미국 남자: 남성성의 위기를 보는 예리한 시선》에 실린 백인 남자들의 인터뷰를 보면 남자들은 직업을 얻고자 하는 백인 여성의 증가를 우려하면서 그 여자들이 자신들의 남성적 지위를 위협한다고 말했고, 성역할이 보다 명확하게 구분되었던 그때 그 시절에 대한 그리움을 사뭇 감상적으로 표현하곤 했다. 그들도 바라카처럼 말한다.

그때 그 시절이여. 남자는 남자였고 여자는 여자였으며 각자가 그것이 무엇을 의미하는지 알았다. 아버지는 진정 그 가정의 우두머리였고 어머니는 남편을 존경하고 그에게서 자신에게 필요하고 자신이 원하는 모든 만족과 기쁨을 얻으며 맡은 일을 충실히 했다. (…) 남자는 강하고 여자는 여자다웠다. 평등이니 뭐니 하는 소모적인 이야기는 거의 나오지 않았다.

백인 남자들이 자신의 남자다움과 남성의 역할에 대해서 의심과 불안을 느끼던 바로 그 시기에 흑인 남자들이 남성 우월주의를 공공연하게 주장한 것은 우연이라고 할 수 없다. 성차별은 계급이나 권력 면에서 백인 남자들과 맞붙었지만 그 경쟁에서 패자가 될 수밖에 없다고 생각한 흑인 남자들이 마지막으로 보여줄 수 있는 비장의 카드와도 같았다. 그는 "자기" 여자를 다스릴 수 있기 때문에 "진짜" 남자다. 때로는 바라카와 일부 흑인 남성들은 백인 남자들이 전혀 사내답지 못하다고, 계집 같다고 무시하기도 했다. 바라카의 또 다른 책《가정Home》에 실린〈미국 성별에 대하여: 흑인 남성American Sexual Reference: Black Man〉은 다음과 같은 동성애 혐오적인 발언으로 시작한다.

> 대부분의 미국 백인 남성은 동성애자fag로 자란 것만 같다. 얼굴에는 기운이 없고 표정도 없으며 얼굴은 매끈하니 상처 하나 없다. 그 홍조 띤 얼굴, 실크블루색 게이 눈동자. 잠시만이라도 평범한 중산층 백인 남성이 누군가를 공격할 수 있을 것이라 상상할 수 있을까? 현대의 기술이 없다면 아직도 그들이 세상을 지배할까? 백인 남성의 다정다감함은 곧 유약함이며 현실로부터의 유리일 뿐이라는 것을 당신은 이해하는가?

아이러니하게도 바라카와 일부 남성들이 찬양한 흑인 남성의 "힘"은 인종주의가 만들어낸 전형적인 고정관념이기도 하다. 그것은 원시적이고 힘세고 정력이 넘치는 흑인 남성의 이미지다. 인종주의자 백인들이 모든 흑인 남성은 강간범이라는 주장을 지지하기 위해 이런 이미지를 퍼뜨렸었지만 이제 흑인 남성들이 직접 나서 긍정적인 캐릭터로 낭만화하기 시작했다. 미국인들은 바라카처럼 흑인 남성됨의 부상을 선포하는 사람들에게 깊은 인상을 받았다. 백인들은 강인한 흑인 남성됨을 강조하는 흑인 무슬림에 두려움을 느끼는 한편 감탄하고 존경심을 품기도 했던 것이다.

1960년대 대부분의 흑인 정치활동가들의 글과 연설을 보면,

흑인해방운동을 통해 흑인 가부장제의 출현을 지지받고 싶어 했음을 알 수 있다. 간혹 흑인민권운동을 비판하는 이들이 흑인의 힘을 옹호하면서 백인 여성 동료와 사귀거나 어울리는 것은 그들의 가치관과 모순되는 것이 아니냐고 지적하면 그들은 "진짜" 사내라면 누구든 사귀고 싶은 사람과 사귈 수 있고, 그것이 힘이라고 말하곤 했다. 바라카는 과격파 흑인운동가들이 백인 여자를 만날 수 있는가 하는 물음에 이렇게 대답했다.

짐 브라운Jim Brown은 이 점을 확실히 했고 사실 상당히 옳았다. 그는 이 세상에는 흑인 남자와 백인 남자가 있고, 그리고 여자가 있다고 말한다. 그러니 과격파 흑인민권운동을 하면서도 여자는 얻을 수 있다. 그 여자가 흑인인지 백인인지는 더 이상 중요한 문제가 아닌데, 남자는 자신에게 중요한 여자를 택할 수가 있기 때문이다. 전쟁은 백인 남자와 흑인 남자 사이의 일이며 우리가 인정하건 그렇지 않건 작금의 전쟁터는 바로 그곳이다.

흑인 남성은 흑인권력운동black power movement[1960년대 중반 백인 권력의 찬탈을 목적으로 한 흑인들의 전투적인 사회운동]을 통해 어떻게든 권력을 쟁취하겠다고 선포했으며, 그렇게 하기 위해 때로는 미국 주류 사회를 파괴할 수도 있어야 하고 새로운 흑인 하위문화를 만들어야 한다고 주장했다. 백인 남성 가부장들은 과격파 흑인운동가들의 거센 주장에 경각심을 가질 수밖에 없었다. 이 거친 남자들은 분노하고 증오하고 복수할 정당한 이유가 있고 언제든 폭력적 저항을 할 수 있다는 사실을 알고 있었기 때문이다. 물론 흑인들이 폭력적으로 저항을 해온다면 자신들이 얼마든지 이길 수 있다는 것을 알면서도 백인 남성은 남자다움이라는 배지를 달고 다니는 흑인 남성의 모습에 깊은 인상을 받았다. 흑인권력운동은 미국 백인들의 정신세계에 큰 영향을 주었다. 조엘 코벨Joel Kovel은 《백인 인종주의: 역사심리학White Racism: A Psychohistory》에서 흑인권력운동은 흑인을 보는 백인들의 관점을 완전히 바꾸었다고 주장한다.

> 맬컴 엑스와 그를 잇는 급진파 지도자들의 공개적인 저항 운동을 통해 흑인들은 흑인됨의 정의에 대해 다시 쓸 수 있었다. 그동안 쌓였던 치욕을 털어버리고 흑인됨의 긍정적 개념을 바탕으로 한 상징적인 조직과 세계의 재건을 향해 효과적으로 나아갈 수 있었다. 존엄을 찾는 것은 가능했고 그것은 차별과 억압에 저항할 수 있는 인간의 힘을 시험하는 시험대가 되었으며 흑인과 백인이 동일할 수 있다는 위대한 희망의 증거이기도 했다. 물론 그런 사회를 분노와 파괴를 통해서만 이룰 수 있다는 점은 참담할 수 있으나 그것들은 서구의 조직과 세계를 파괴하기 위해서는 반드시 필요할 수도 있다. 서구 세계가 한때 자신들의 재산이었던 사람들에게 인간애를 발휘할 리 없다. 우리는 영웅적인 행동을 통해 우리의 조직과 세계를 이루는 파괴적인 변증법의 고리를 끊어야만 한다.

많은 백인 남성은 흑인권력운동가들이 흑인 남성의 잃었던 남성성 되찾기를 강조했다는 면에서 이들의 요구에 긍정적으로 반응하기도 했는데, 그들이 지닌 성차별주의로 인해 서로의 대의에 공감할 수 있었기 때문이다. 흑인 남성이 흑인 권력의 이름으로 주장하는 가부장적 특권은 성차별적이고 가부장적인 백인 남성이 마음속 깊이 공감하는 갈망이었다. 백인 남녀는 이제껏 자신들이 경제적 이익을 위해 착취한 흑인들이 배상을 요구한다는 점에는 공감하거나 동정할 수 없었지만 "남자다움"에 대한 흑인 남성의 욕망에는 쉽게 감정을 이입할 수 있었다. 미국인들은 원래 사회적 평등을 모든 인간이 소유한 천부적 권리라고 믿도록 교육받지 못했으나 남자로 태어났으면 권력과 특권을 욕망하고 그것을 쟁취하기 위해 노력하는 것이 마땅하다고 믿었다. 평가가 엇갈리는 미셸 월리스의 책《흑인 마초와 슈퍼우먼 신화》에서 저자는 흑인권력운동은 성과가 미미했다고 주장한다. 그리고 그 운동에서 흑인 남성이 가장 관심을 두었던 것은 백인 여성의 몸을 갖는 것이었다고 말한다. 저자는 1960년대 흑인민권운동이 분명 인종 간 관계를 막는 장벽을 무너뜨린 측면이 있고, 실제로 흑인들의 사회적, 경제적 이익을 도모했다는 점은 이해하지 못하고 있다. 그러나 흑인권력운동이 의미 있는 성과를 이루었다고 해서 흑인권력운동가들의 말과 태도에서 드러난 여성 비하의 부정적인 영향력을 정당화하거나 간과할 수는 없다.

1960년대 흑인권력운동은 인종차별에 대한 저항이기도 했지만 흑인 남성이 가부장제를 거리낌 없이 지지할 수 있도록 허가한 운동이기도 하다. 과격파 흑인 남성은 공개적으로 백인 남성 가부장들의 인종차별을 공격하면서도 가부장제에 대한 열렬한 옹호라는 공통적인 기반 아래 그들과 연대감을 갖기도 했다.

과격파 흑인 남성과 백인 남성 사이의 결정적이고 강력한 공통점이 있다면 이들이 공유한 성차별주의였다. 그들은 남존여비 사상을 믿었고 남성의 지배권을 지지했다. 이들 사이에 연대감이 생길 수 있었던 또 하나의 요소는 흑인 남성 또한 백인 남성처럼 권력을 쟁취하기 위한 주요 도구로 폭력을 적극 받아들였다는 점이다. 백인 남성은 흑인 남성의 거침없는 폭력 앞에서 남자들이 전쟁에 나갈 때 느끼는 흥분과 쾌감을 얻기도 했다. 이들은 과격파 흑인을 공격하면서도 그들이 내뿜는 에너지에 감탄했다. 1960년대 흑인권력운동 이후 백인 남성은 흑인 남성 경찰을 더 많이 선발하기 시작했고 군대의 고위직에 임명하기도 했다. 남자들이 성별을 기반으로 연대할 때 인종차별적 감정을 내려놓는 일은 언제나 전통처럼 존재해왔다. 가령 스포츠계에도 노골적인 인종차별이 존재하지만 흑인 남자 선수는 기량과 능력을 인정받으며 가장 먼저 인기와 명성을 누리는 등 긍정적인 반응을 얻는 경우가 많다. 인종차별이 흑인 남성과 백인 남성의 분열을 초래하는 힘이었다면 성차별은 이 두 집단을 하나로 뭉치게 하는 힘이었다.

모든 인종의 미국 남성은 가부장제가 이 사회에 합당한 하나뿐인 사회질서라는 공통의 믿음 앞에서 얼마든지 연대할 수 있었다. 이들이 취한 가부장제적 입장은 단순히 여성 차별적인 사회의 에티켓을 유지하는 것이 아니었다. 미국, 아니 전 세계에서 남성 지배 체제를 유지하겠다는 진지한 정치적 결심이었다. 존 스톨텐버그John Stoltenberg는 《젠더 정의를 향해Toward Gender Justice》에 실린 에세이 〈성차별에 반대하는 남성을 위해For Men Against Sexism〉에서 가부장제의 정치적 구조가 무엇인지 논한다. 그는 가부장제의 핵심적 특성들을 이렇게 설명한다.

가부장제에서 남성은 남성과 여성 정체성의 결정권자이다. 인간 정체성의 문화적 기준은 정의상 남성의 정체성, 즉 남성성이기 때문이다. 따라서 가부장제에서 남성 정체성의 문화적 기준은 남성이 권력, 위신, 특권, 특혜를 갖고 여성이라는 젠더 계층을 적대적으로 대하거나 여성을 위압하는 것이다. 그것이 바로 남성성이다. 다른 그 무엇도 아니다.

남성성의 기준을 옹호하려면 무엇보다 남성의 생물학적 성별을 가장 중요한 기준으로 삼아야 한다. 예를 들어 이 문화에서 남성이 권력을 갖는 이유는 인간 수컷에게는 성적인 공격성이 있으며 그 생물학적 성향의 자연스러운 표현이기 때문이라고 주장해야 한다. 하지만 나는 진실은 그 반대라고 생각한다. 남성 우월주의자의 성기 기능은 이 문화에서 남성 권력의 표현이라고 믿는다. 남성의 성적 공격성은 완전히 학습된 행동이며 남성이 통제하고 있는 문화가 이를 가르친다. 이는 가부장제가 고추 달고 태어난 사람들에게 무조건 권력, 위신, 특권, 특혜를 부여하면서 형성된 것이다. (자연이 아니라) 가부장제에 의해 고추가 어떻게 기능할지에 대한 프로그램이 입력된다.

스톨텐버그는 가부장제가 유지되는 결정적 이유는 성차별을 기반으로 한 남성 연대 때문이라고 강조한다.

고추 달고 태어난 남자들이 남성성을 얻어내고 유지하는 사회적 과정은 남성의 연대 안에서 일어난다. 남성 연대는 제도화되고 학습된 행동으로 남자들은 남성이라는 젠더 계층 안에서 서로가 정회원임을 인정하고 강화하며 그들이 여자로 태어나지 않았다는 사실을 서로에게 상기시킨다. 남성 연대는 정치적이며 일상 구석구석에 스며들어 있다. 남자 두 명이 만나는 모든 곳에서 생긴다고 할 수 있다. 남자만으로 이루어진 조직에서만 일어나는 것도 아니다. 보통은 두 남자가 만나는 모든 형태의 만남에서 형식과 내용이 정해진다. 소년들은 일찍부터 서로 힘을 합치는 것이 낫다는 것을 배운다. 힘을 합치기 위해 정교한 행동 관례, 즉 몸짓, 화법, 습관, 태도를 배우고 이 관례를 이용해 남자들의 사회에서 여자를 효과적으로 배제한다. 남성 연대는 남자들이 가부장제의 문화 안에서 권력을 지님을 서로에게 알려주는 방식이다. 남자들은 남성 연대로 권력을 얻기 때문에 남성끼리 연대하지 않는 것을 받아들이지 못하고 이에 대해 금기를 강요한다. 이 금기야말로 가부장제 사회의 근간이다.

백인 남성과 흑인 남성은 성차별을 공유했지만 인종차별이라는 큰 장벽으로 인해 완전한 연대를 이루기는 어려웠다. 하지만 그럼에도 가끔은 연대가 생겼다.

미국 사회에서 흑인 남성이 자신의 "남자다움"을 인정받고자 하는 욕망을 품을 수 있었던 이유는 그저 남자로 태어났다는 이유만으로 권력과 특권을 가질 권리가 있다는 신화를 내면화해왔기 때문이다. 인종차별 때문에 흑인이 사회적 평등을 달성하지 못할 때 흑인 남성은 자신이 흑인종의 유일한 대표이고, 그래서 인종차별의 유일한 피해자인 것처럼 반응했다. 그들은 흑인 여

3장 _ 제국주의적 가부장제

성이 아니라 자신들만이 자유를 부정당한 사람들이라고 보았다. 흑인 소설가 리처드 라이트Richard Wright가 쓴 모든 저항 문학에서는 흑인 남성만이 반인륜적 인종차별에 영향을 받은 것처럼 나타난다. 그의 글 어디에도 흑인 여성의 자리는 없다. 그의 단편 소설 〈롱 블랙 송Long Black Song〉의 남자 주인공 사일러스는 백인 남자를 죽이고 이렇게 울부짖는다.

백인 놈들은 나한테 기회를 안 줬어! 그놈들은 앞으로도 흑인들에게 기회를 안 줄 거야! 우리는 아무것도 가진 게 없는데 계속 못 갖게 하지. 그들은 우리 땅을 빼앗았어. 우리 자유를 빼앗았어! 우리 여자들을 빼앗았어! 우리 삶을 빼앗았어!

라이트는 여기서 여성을 소유물의 위치로 강등하고 있다. 그에게 여자란 그의 남성 자아를 확장시키고 완성시켜주는 하나의 도구일 뿐이다. 이런 태도는 가부장제의 남성이 여성을 대하는 전형적인 사고라 할 수 있다.

흑인 남성은 흑인 여성의 고난을 중요하지 않은 것으로 취급하고 무시했다. 성차별적 사회화로 인해 여자를 인간적 가치가 없는 대상으로 보도록 배웠기 때문이다. 이러한 반여성적 태도는 가부장제에 속속들이 퍼져 있는 고질병이라 할 수 있다. 에세이 〈모든 남성은 여성혐오자들이다All Men Are Misogynists〉에서 레너드 슈에인Leonard Schein은 가부장제가 남성들로 하여금 여자들을 미워하도록 가르친다고 말한다.

가부장제의 토대는 여성의 억압이다. 이 토대를 단단하게 만들기 위해서는 남성이 여성을 미워하는 것이 내면화되어야 한다.

남성으로서 우리가 어떻게 성장했는지를 돌아보면 여성혐오가 어떻게 시작되는지가 보인다. 어릴 때 우리의 첫 번째 애착 대상은 어머니, 즉 여성이다. 성장하면서 어머니에 대한 사랑은 아버지와의 동일시로 옮겨간다.

가부장제 핵가족은 모든 가족들이 남성(아버지 또는 남편)에게 의지하고 종속되게 만든다. 이러한 억압적 분위기 속에서 우리는 어렸을 때부터 권력의 위계에 극단적으로 민감해질 수밖에 없다. 우리는 어른들이 아는 것보다 더 많이 알고 있다. 아버지(그리고 사회에서 그 아버지의 이미지를 반영하는 경찰, 의사, 대통령)가 언제나 더 힘이 센 사람이라는 것을 알고 있고 그와 동시에 어머니에게는 힘이 없다는 것을 알고 있다. 어머니는 원하는 것을 얻기 위해서 연민과 감정을 이용하고 전략을 짜고 머리를 써야 한다.

인종주의로 인해 흑백이 분리되었다고 해도 흑인 남성이 백인 남성과 동일한 성차별적 교육을 받는 것을 막아주지는 못했다. 아주 어렸을 때부터 흑인 남자 어린이들은 자신들이 남자로 태어났기 때문에 이 세상에서 특권적인 위치를 부여받았다는 사실을 배우며 자란다. 이러한 초기 성차별적 사회화의 결과 그들은 백인 남성과 같은 성차별적 감성과 사고를 받아들이며 성장한다. 여자들은 알아서 종속적인 역할을 맡으면서 그들의 남성적 지위를 확인시켜주고 남자들은 순종하지 않는 여자를 향해 경멸과 적대를 표현한다. 그들은 그렇게 느끼도록 배웠다.

미국 역사 속에서 흑인 남성은 항상 성차별적이었지만 현대 사회에 들어서면서 이 성차별은 노골적인 여성혐오의 형태를 갖추기 시작했다. 여성에 대한 증오를 숨기지 않게 된 것이다. 여성의 섹슈얼리티를 향한 문화적 태도가 변하면서 남성이 여성을 대하는 태도에도 변화가 일어났다. 이전에 여성은 두 부류로 나뉘었고, 여성을 성관계 경험이 없는 "착한" 여자와 성적으로 자유분방한 "나쁜" 여자로 나누는 한 남자들은 겉으로는 여성을 아끼는 것처럼 보일 수 있었다. 그러나 피임약을 비롯해 여러 피임 기구들이 등장하며 남성들은 여성의 몸에 이전보다 쉽게 접근할 수 있었고 여성을 배려하고 존중할 필요를 느끼지 못하게 되었다. 이제 그들은 모든 여자를 "나쁜" 여자, 즉 "창녀"로 몰수 있고, 자신의 경멸과 증오를 공공연하게 드러낼 수도 있다. 한 집단으로서 백인 남성이 여성을 향한 증오를 드러내는 방식은 여성의 몸을 사고파는 상품으로 여기고 포르노와 강간을 옹호하는 것이다. 한편 흑인 남성이 여성을 향한 증오를 드러내는 방식은 증가하는 가정 폭력이다(물론 백인도 그렇다). 또한 흑인 여성을 향한 언어적 비난도 있다. 이 경우 여성을 가모장, 남자를 거세하는 여자들, 쌍년들로 부르며 증오를 표현한다. 흑인 남성은 점차 흑인 여성을 적으로 보기 시작했고, 이는 가부장제 구조 안에서는 완벽하게 논리적인 결과이다. 슈에인은 여성을 향한 남성의 증오에 대해 다음과 같이 쓴다.

심리적으로 우리는 우리가 미워하는 사람을 대상화하고 그들을 우리보다 열등하게 여긴다.

여성을 향한 우리의 증오를 키우고 악화시키고 확고하게 하는 두 번째 상황이 서서히 나타나기 시작한다. 우리는 점차 이 사회에서 남성으로 태어난 것이 얼마나 큰 특권인지 깨닫게 된다. 정통파 유대인은 매일 아침 신에게 기도를 드리며 자신이 아녀자로 태어나지 않은 것에 대해 "그"에게 감사를 표한다. 무의식적으로 우리는 이 특권은 여성이 "자기 자리"를 지켜야만 유지될 수 있음을 직감한다. 우리의 권력에 대한 위협이 어디에나 도사리고 있다는 것을 알기 때문에 (우리의 침대에서마저, 아니 특히 침대에서) 지속적인 두려움 가운데 놓인다. 우리의 권력이 언제라도 도전받을 수 있다는 것을 알기 때문에 "건방진 여자"에 대한 편집증적인 증오가 자라난다.

흑인 여성은 언제나 "너무 거만하고 건방진" 여자로 여겨졌다. 백인 남성들이 노예제 시대에 그렇게 결정해버렸다. 대니얼 모이니한Daniel Moynihan이 1965년에 흑인 남성 무력화 이론을 영속화한 흑인 가정에 관한 보고서를 발표했을 때 흑인 남성들은 초반에는 이 주장의 약점과 오류를 지적했다. 그들이 무력화되었다는 주장은 터무니없으며 전혀 사실이 아니라고 주장했던 것이다. 그러나 얼마 가지 않아 그들도 비슷한 불평을 하기 시작했다. 흑인 여성이 남성들을 거세하고 무력화했다는 이 개념을 공개적으로 지지하면서 그들은 숨겨왔던 여성혐오를 드러낼 수 있었다. 백인들의 흑인 가모장 신화를 받아들이면서도 그것을 이용해 흑인 여성에게 더 순종적이길 요구할 수 있었다. 그러면서도 자신들의 강력한 힘과 신체적 우위를 이용해 얼마든지 여자들을 복종시킬 수 있기 때문에 흑인 남성됨은 흑인 여성에게 위협받지 않는다는 메시지를 전달하기도 했다.

흑인 빈곤층 지역사회에서는 이전부터 경제적 능력만이 남자다움이나 가정 내 지위의 기준이 되지는 않았다. 한 흑인 남성은 이렇게 지적한다.

> 백인 사회에서 존중받는 사람은 대체로 사회적으로 정해져 있다. 판사나 교수나 기업의 수장은 모두가 존중한다. 게토[흔히 민족적, 문화적 공통점을 가진 사람들이 모여 사는 지역]에서는 존중의 대상이 사회적으로 지정되어 있지 않다. 남자는 자신의 개인적인 역량에 의해서 얼마든지 존경받을 수 있으며, 이 역량에는 자신을 육체적으로 방어할 수 있는 능력도 포함된다.

백인 남자들이 사회적으로 존중을 받는 것은 사실이나 그들이 가진 힘과 성공은 그들이 타인에게 폭력을 휘두를 수 있는 기술적인 능력이 있는가, 혹은 자본주의적인 목적을 위해 타인을 착취할 수 있는 능력이 있는가에 달려 있다. 이런 면에서 본다면, 백인들이 남성으로서 존중을 얻는 방식은 흑인 남성과 크게 다르지 않다고 할 수 있다. 백인 남자들이 일본인이나 베트남인 대학살을 기획하고 실행하면서 "남성적 힘"을 드러냈다면 흑인 남자들은 서로를 죽이면서, 혹은 흑인 여자를 죽이면서 그 힘을 드러냈다. 흑인 청년의 사망 이유 중 높은 순위에 있는 것이 바로 흑인에 의한 살인이다. 흑인 정신과 의사 앨빈 푸상Alvin Poussaint은 이렇게 사망하는 흑인 남성들이 "자기 혐오의 희생자들"이라는 의견을 피력한 바 있다. 물론 흑인 남자들이 자아에 대한 불안감 때문에 폭력적인 행동을 하기도 하지만, 남성의 폭력을 남성성의 긍정적 표현으로 용인하는 문화에서 상대에게 무력을 행사하는 능력(다시 말해 그들을 억압하는 능력)은 자기 혐오의 표현이라기보다는 자랑스러운 성취이기도 하다.

흑인 지역사회에서 자란 흑인 소년은 성년기에 가까워지면 동급생들에게 자신이 겁이 없다는 것을, 즉 폭력 행위를 두려워하지 않는다는 사실을 증명해야만 한다. 총을 갖고 다깜둥이나 언제라도 쏠 준비를 하는 것은 "남성적" 힘을 공개적으로 주장할 방법들이다. 미국이라는 제국주의적, 인종차별적 가부장제 사회는 언제나 폭력과 탄압을 지지하고 용인해왔고, 남자든 여자든 상대방을 억누르는 능력을 기준으로 가치를 평가하는 것이 그리 놀랄 일은 아니다. 최근 백인 남성 저널리스트가 캘리포니아의 주요 일간지에 한 사건을 보도하면서 충격과 경악을 표현한 적이 있다. 클리블랜드의 한 다세대 주택에서 연방수사국FBI 요원이 한 젊은 흑인 남성에게 살해되었고, 그의 시신이 건물에서 나올 때 흑인 청년들이 환호한 것이다. 하지만 모든 언론과 매체(텔레비전, 영화, 만화책)가 폭력을 숭배하는 문화를 만들어왔고 이 문화에서 젊은 남성과 여성이 폭력을 찬양하는 것은 충분히 이해할 수 있는 일이 아닌가. 특히 남성 흑인 청년의 경우는 언제나 방송과 언론에서 공격적인 백인 남성의 타깃이 되어왔다. 동료가 백인 법 집행자를 살해하는 것을 그들이 복수의 상징으로 보면서 만족감을 느끼는 것이 그렇게까지 경악할 일은 아니다. 결국 이들은 성차별을 내면화하면서 폭력적인 행동을 저지르지 않으면 "남자답지" 않다고 느껴야 한다는 말을 평생 들어왔던 이들이다.

흑인 남성이 흑인 여성에 의해 "무력화되었다"는 개념을 퍼뜨렸던 모이니한의 보고서가 흑인 남자들에게 군입대를 강력하게 추천했다는 사실은 간과되곤 한다. 모이니한은 전쟁을 "철저하게 남성적인 세계"라고 칭했고, 이 죽고 죽이는 세계에서 흑인 남자들이 개인적인 자신감과 자부심을 찾을 것이라고 상상했다. 그 또한 다른 백인 남성 가부장처럼 폭력을 남성적 힘의 긍정적 표현으로 지지한 것이다. 그는 이렇게 주장했다.

어머니가 중심이 된 가정의 혼란과 긴장을 고려할 때 성년이 된 니그로 청년들에게 군대는 극적인 변화가 될 것이고 이는 절실하게 필요하다고 할 수 있다. 이들은 여성과 멀어진 세계, 강한 남성의 의심할 수 없는 권위에 의해 돌아가는 세계를 경험해야 한다.

성차별은 여성을 향한 남성의 폭력을 조성하고, 용인하며, 지지할 뿐만 아니라 남성 사이의 폭력도 조장한다. 가부장제 사회에서 남성은 약자에게 분노와 공격성을 쏟아내도 된다는 신호를 받는다. 물론 약자는 여자들과 어린이들이다. 백인 남성과 흑인 남성 모두 똑같이 여성을 학대한다. 이 책이 중점적으로 다루는 대상이 흑인이기 때문에 흑인 남성의 여성혐오에 보다 집중하고 있지만 나는 흑인 남성이 우리 사회의 성차별적 폭력과 억압의 완벽한 본보기라고 말하려는 것이 아니다. 미국 역사에서 흑인 남성의 폭력적 행동이 유난히 강조되어왔던 이유는 그래야 백인 남성의 폭력에서 주의를 분산시킬 수 있어서였다. 지난 20년간 미국에서 남성에 의한 여성 대상 폭력은 점차 증가하는 추세였다. 안티 페미니스트들은 성역할의 패턴이 변하면서 위협을 느낀 남성들이 자신들의 분노를 가정 폭력으로 표출한다고 주장한다. 남성 우월주의자들은 사회가 성역할을 명확히 구분지었던 좋았던 그때 그 시절로 돌아갈 때까지는 여성 대상 폭력이 계속될 것이라 주장하기도 한다.

페미니스트들은 페미니즘운동이 여성 역할의 변화를 이끌었다고 믿고 싶어 하지만 사실 여성의 지위에 가장 큰 영향을 미친 것은 미국 자본주의경제의 변화였다. 미국의 노동 인구 가운데 여성의 비율이 역사상 그 어느 때보다 커진 것은 페미니즘 때문이 아니라 가정경제가 더 이상 아버지 가장의 수입에만 의존할 수 없었기 때문이다. 물론 그 과정에서 페미니즘이 심리적 기제로 작용해 사실은 따분하고 보람 없고 시간을 빼앗아가는 임금노동을 인간의 해방이라고 믿게 만들었다. 페미니즘이 존재하건 그렇지 않건 여성은 일을 해야 할 수밖에 없다. 노골적인 여성혐오는 페미니즘운동이 일어나기 전부터 이미 퍼지고 있었고, 오늘날 남성의 공격성과 잔인함에 의해 가장 큰 타격을 받은 대부분의 여성은 페미니스트들이 아니다. 이 문화에서 일어나는 여성 대상 폭력의 대부분은 자본주의적 가부장제 때문에 발생한다고 할 수 있다. 이 안에서 남성은 자신을 특권층으로 보지만 실제로는 매일 비인간적인 일터에서 존엄성을 잃고 있다. 그 결과 남성은 잃어버린 힘과 남성성을 되찾기 위한 하나의 방법으로 여성에게 폭력을 휘두른다. 언론과 방송 또한 남성이 여성을 복종시키기 위해서 폭력을 이용해도 좋다고 지속적으로 말한다. 그 결과 현대 가부장제는 하루가 다르게 바뀌는 자본주의의 요구에 맞추기 위해 구조를 조정하기로 했다. 과거 가부장제에는 곤경에 처한 여인을 보호하고 구원해주는 강인한 기사로서의 남자라는 로맨틱한 이미지가 존재했다. 그러나 현대 가부장제에서는 그 대신 자신의 욕구 충족을 위해 무력을 사용하는 남자들, 즉 강간범, 마초, 야수를 숭배하는 문화가 나타났다.

1960년대 흑인 남성들 또한 과거의 기사도와는 작별했다. 한때는 남자들에게 절대 여성에게 폭력을 써선 안 된다고 가르쳤던 흑인 남자들이 이제 여자를 착취하고 잔인하게 다루는 남자들을 숭배하기 시작했다. 아미리 바라카는 〈매드하트Madheart〉라는 희곡에서 여성을 굴복시키기 위한 방법으로 폭력을 수용한다. 흑인 여자가 흑인 남자에게 백인 여자를 버리고 자신에게 와달라고 애원하는 장면에서 흑인 남자 "주인공hero"은 그녀를 억누르기 위해 무력을 사용한다.

흑인 남자: 다시 돌아올게. 그래야 하는 상황이라면.

여자: (웃으며) 그렇게 될 거야, 자기야. 주변을 둘러봐. 당신은 나에게 돌아와

야 해. 당신한테 뭐가 좋은지 알잖아. 그러는 게 나을 거야.

흑인 남자: (여자를 정면으로 쏘아보더니 조금씩 다가간다.) 그게 나을 거라고? (살짝 웃는다.) 그래. 우리한테 중요한 건 현재뿐이야……. 지금 뿐이라고. (남자는 확 돌아서더니 여자의 뺨을 때린다. 얼굴의 양쪽 뺨을 차례로 때린다.)

여자: 왜? 왜 그래, 내 사랑. 제발. 나 때리지 마. (남자는 여자를 한 번 더 때린다.)

흑인 남자: 나는 너를 원하지, 여자로서. 그러니까 꿇어. (남자가 여자를 또 때린다.) 무릎 꿇으라고. 내 말에 복종해. 내 말대로 해. 여자는 애인에게, 남자에게는 그래야 해. 영원히.

여자: (고개를 양쪽으로 저으며 운다.) 제발 때리지 마, 제발. (허리를 굽힌다.) 당신 없이 지낸 시간이 너무 길어. 난 기다렸어. 오직 당신만 기다려왔잖아.

흑인 남자: 나도 기다렸지.

여자: 난 당신의 모든 굴욕적인 모습을 봤어. 흑인 남자로 살아가는 게 그런 거잖아. 개와 악마들을 위해 기어야 했잖아.

흑인 남자: 나는? 당신이 야만인과 짐승들에게 강간당하는 걸 봤지. 그 동물들의 허연 새끼들을 돌보는 걸 봤고.

여자: 당신이 허락했잖아……. 당신은 아무것도 할 수 없었잖아.

흑인 남자: 하지만 이제 할 수 있지. (남자는 여자를 때리고 자기에게 끌고 와서 입술에 진한 키스를 한다.) 이제 그 시절은 끝났어. 너는 내 거고. 이 세상은 내 거야.

바라카는 이러한 지독하게 폭력적인 장면을 혼자 쓰고 읽어본 것이 아니다. 그의 연극은 여성과 남성 관객 앞에서 상연되었고, 이 관객들은 위의 장면을 보면서 놀라지도 경악하지도 분노하지도 않았다. 1960년대 바라카가 남성에 의한 여성 폭력을 생생하게 보여주기 위해 연극의 한 장면을 이용했다면 1970년대에는 흑인 여성이 흑인 남성 극작가에게 실제로 무대에서 살해되기도 했다. 흑인 여성 시인 오드리 로드는 〈위대한 미국의 질병The Great American Disease〉이란 에세이에서 흑인 남성의 여성 증오에 대해 쓰면서 팻 카원Pat Cowan 사건을 언급한다.

> 그녀는 디트로이트에 사는 22세의 젊은 흑인 배우로 아이의 엄마이기도 했다. 그녀는 지난 봄 〈망치Hammer〉라는 연극의 오디션을 보러 갔다. 그녀는 극작가의 동생과 아들 앞에서 싸우는 장면을 연기하고 있었고, 뒤에서 흑인 남성 극작가가 다가와 큰 망치로 머리를 내려쳐 그녀를 죽여버렸다.

가부장제 사회에서 대부분의 남자들은 남성 우월주의를 열광적으로 지지하면서도 자신들이 여성을 폭력으로 억압하지는 않는다고 생각하고 싶어 한다. 그러나 아주 어렸을 때부터 남자 어린이들은 여자들을 적으로 대하도록, 자신들의 남성적 지위와 힘에 대한 위협으로 보도록 배운다. 물론 남자들이 자신의 힘으로 얼마든지 정복할 수 있는 위협이다. 이 아이들은 자라면서 남성의 권력을 빼앗길 수도 있다는 불안과 두려움이 여성을 공격하면 완화된다고 배우게 된다. 슈에인은 여성혐오에 관한 에세이에서 이런 결론에 도달한다.

> 우리는 나의 분노(그리고 증오)가 내 안에서 왔다는 것을 인정해야 한다. 여성

의 잘못이 아니다. 여성을 향한 우리의 증오는 가부장제가 우리에게 주입한 태도이다. 페미니즘의 현실 앞에서 우리의 권력과 특권이 마침내 위협당하자 우리는 진짜 분노를 숨기지 못하고 그 분노를 폭력으로 전환했다.

우리는 이 분노가 우리에게 속한 것이며 우리의 여성 증오에서 나온 것임을 인정해야 한다. 물론 자신들은 여자들을 미워하지 않는다고, 이 사회가 여자를 부당하게 대한 것은 맞다고 말하는 남자들도 있다("강간범은 나쁜 놈들이지만 나는 아니다"). 이것은 책임 회피이며 진실이 아니다. 모든 남자들은 여자들을 미워한다. 그리고 우리가 개인적인 증오에 대해 책임을 지지 않는 한 우리의 감정을 진지하게 돌아볼 수 없을 것이며 여성을 동등한 인간으로 대할 수도 없을 것이다.

흑인 여성은 미국 역사에서 가장 천대받아온 여성 집단이다. 그들은 남자들의 잔인한 학대를 고스란히 받아냈고, 이 학대와 잔인함에 한계라곤 없었다. 흑인 여성은 백인과 흑인 남성 모두에게 "나쁜" 여자로 낙인 찍혔기에 둘 중 한 집단의 남성과 동맹을 맺어 보호를 받을 수도 없었다. 두 집단 모두 흑인 여자가 보호받을 가치가 있다고 생각하지 않았다. 빈곤층 흑인의 남녀 관계를 다룬 사회학 연구는 대부분의 흑인 남성이 자신의 여성 동반자를 착취 대상으로만 본다는 것을 드러낸다. 이런 연구에서 대부분의 남자들은 흑인 여자들을 "그 못된 년" 혹은 "창녀"로 불렀다. 흑인 여성을 성적 대상으로만 여기는 그들의 인식은 흑인 여성에 대한 백인 남성의 인식과 크게 다르지 않았다. 흑인

183
·

지역사회에서는 여성에 대한 증오와 경멸을 노골적으로 드러내는 남성이 존경받기도 했다. 현대 사회에 들어서며 여성에 대한 남성의 폭력이 찬양되면서, 한때 지역사회에서 멸시받던 직업인 포주가 각광을 받아 어느새 영웅의 자리까지 올라가는 일도 일어났다. 여성혐오적으로 여성을 대하는 포주는 〈스위트 스위트백스 배다스 송Sweet Sweetback's Baadasssss Song〉, 〈쿨 월드Cool World〉 같은 영화나 아이스버그 슬림Iceberg Slim 같은 인물의 책에서 낭만적으로 그려지기도 했다. 맬컴 엑스는 자서전에서 한때 포주로서 살던 시절을 길고 정성스럽게 묘사한다. 그는 독자들에게 포주 생활이 무척 편안했다고 말하며 여성을 남성성의 적으로 보았고 착취를 통해 여성 위에 군림해야 한다는 생각을 숨기지 않았다. 무슬림이 된 후에 포주를 그만두었지만 그에게 포주로서의 경험은 자신의 "남자다움" 탐구의 왜곡된 표현일 뿐이었다.

1972년 크리스티나 밀너Christina Milner와 리처드 밀너Richard Milner 는 《블랙 플레이어스Black Players》라는 책에서 포주의 삶을 낭만화하고 동경한다. 이 책의 한 챕터의 제목은 "남성의 지배: 남자는 통제해야 한다"로 포주는 다른 사람 앞에서 여성을 복종시키면서 타인에게 자신의 힘을 과시한다는 내용이다. 밀너의 주장은 이러하다.

무엇보다 중요한 것은 포주가 자기가 거느리는 여자들에 대해 완전한 통제력을 갖는 것이다. 이 통제력은 여자들에 대한 그의 태도가 상징적으로 드러나는 여러 의식rituals을 통해 다른 사람들에게도 드러나야 한다. 다른 사람들 앞에서 여자는 남자를 진심으로 존중하고 완전히 공경해야 한다. 담배에 불을 붙여주고 기분을 맞춰주고 절대로 남자에게 말대꾸해서는 안 된다. 포주 여러 명이 모여 있을 때 누군가 먼저 묻지 않았다면 먼저 말을 걸어서도 안 된다.

포주가 여자들에게 기대하는 역할은 단순히 말하면 가부장이 아내와 딸들에게 바라는 역할을 모방한 것이다. 매춘부들에게 기대한 수동적, 순종적 태도는 가부장제 사회에서 모든 여성에게 요구된 행동과 크게 다르지 않다.

1960년대와 1970년대에 흑인 무슬림 단체에서 활동한 흑인 남성은 성차별적 역할 패턴에 집착하는 경향을 보였다. 1962년 E. U. 에시엔 우덤E. U. Essien-Udom이 흑인 무슬림 조직에서의 체험을 기록한 보고서《흑인 민족주의Black Nationalism》에서 그는 이 단체에서 활동한 흑인 남자들은 여성이란 "이상적인 여성성"에 부합해야 한다고 믿는 남자들이었다고 지적한다. 에시엔 우덤은 이렇게 관찰한다.

무슬림 여자들은 자기 조직 내 남자들을 "평등한 우리들 사이의 우월한 존재"로 받아들이는 듯했고 적어도 이론상으로는 남자를 집안의 가장이자 우두머리로 대했다. 무슬림 여성들은 이 단체의 남성들을 "선생님"이라고 부르기도 했다. 때로는 아내들도 남편을 비슷한 호칭으로 불렀다.

무슬림 단체 내의 남녀 관계에서 여자는 어떤 상황에서든 남자를 따라야 했다. 많은 여자들이 무슬림 단체에 들어가고 싶어 했는데 이는 흑인 남자들이 더 주도적인 역할을 맡아주길 원하기 때문이기도 했다. 다른 흑인해방 단체들과 마찬가지로 흑인 무슬림은 남성됨을 미화하는 동시에 여성의 지위를 강등시켰다.

맬컴 엑스는 흑인 무슬림 지도자였고 많은 사람들이 그를 흑인 남성됨의 모범으로 여기지만 그의 자서전을 읽어보면 그가 대부분의 생애 동안 여성을 낮잡아보고 경멸하기도 했음을 모르기가 어렵다. 자서전 중반 즈음에 맬컴은 자신이 결혼한 흑인 여성에 대해 이야기한다.

아마 이제는 베티Betty를 사랑한다고 말해도 될 것 같다. 베티만이 내가 사랑이라는 단어를 생각하게 한 유일한 여성이었다. 내가 진정 신뢰했던 단 네 명의 여성 중 한 명이기도 했다. 무엇보다 베티는 훌륭한 무슬림 여성이자 아내였다.

베티는 (…) 나를 이해했다. 나라는 사람과 내가 사는 방식을 참아줄 여자가 또 있으리라고는 상상할 수가 없다. 나는 세뇌당한 흑인 남자들을 각성시키고 이 오만하고 사악한 백인 남자들에게 그 자신들에 대한 진실을 알려야 했으며, 이 일이 내 시간을 모두 투자해야 하는 직업임을 베티는 받아들였다. 집에 있을 때도 얼마 없었고 그 시간에도 짬을 내어 일을 해야 했지만 베티는 내가 일할 수 있도록 혼자만의 시간을 마련해주곤 했다. 나는 일주일에 반은 집에 들어가지도 못했다. 때로는 5개월 동안 타지를 떠돌아야 했다. 아내가 남편과 함께 시간을 보내는 것을 무척 좋아하는 것을 알면서도 그녀를 데리고 다니지도 못했다. 아내는 보스턴, 샌프란시스코, 마이애미, 시애틀의 공항에서 오는 나의 전화에 익숙해졌다. 최근에는 카이로에서, 아크라에서, 성지인 메카에서 전보만 보내기도 했다.

맬컴이 아내의 미덕을 찬양하는 것처럼 보이지만 여성에 대한 그의 전반적인 태도는 굉장히 부정적이었다.

흑인 무슬림 운동의 중요한 특징은 많은 구성원들이 흑인들의 정화와 순결을 금욕주의적일 정도로 강조했다는 점으로, 특히 여성의 섹슈얼리티를 구속하고 단죄했다. 미국 가부장제에서 모든 여성은 성적인 죄를 상징했다. 성차별과 인종차별로 인해 흑인 여성은 여성을 비하하고 모멸할 필요가 있는 이 사회에서 가장 만만한 타깃이 되었다. 백인 여성은 상징적으로나마 높은 자리에 올려놓고 존중했지만 흑인 여성은 바닥에 내동댕이쳐진 여자, 망가진 여자였다. 흑인 지역사회에서 백인 여성에 가장 가까운 밝은 피부의 흑인 여성은 "레이디"로 여겨졌고 피부색이 짙은 여성은 못된 년이나 창녀로 여겨졌다. 흑인 남성도 미국 사회에서 언제나 용인되었던 대로 흑인 여성에 대해 강박적인 욕망과 경멸을 동시에 품었다. 백인 남성처럼 흑인 남성도 흑인 여성이 다른 인종의 여성보다 성욕이 강하고 도덕적으로 타락했다고 보았기 때문에 흑인 여성을 그 어떤 여성보다 경멸하고 폄하했다. 그러나 무슬림 운동은 약간은 달랐다. 흑인 여성을 소유물 정도로 취급했던 흑인 남자들이 어느 날 갑자기 여성을 참한 아내이자 존경스러운 어머니의 위치에 올려놓았는데, 그렇게 되

187
·

려면 먼저 그 여자가 머리에 천을 두르고 긴 치마와 드레스로 몸을 전부 가려야 했다.

에시엔 우덤은 흑인 여성이 무슬림 단체에 가입하고 싶어 했던 이유는 대체로 흑인 남성에게 존중을 받을 수 있을 것이라는 희망 때문이었다고 말한다. 그는 〈니그로 여성: 수치심으로부터의 여정〉이라는 챕터에서 이렇게 언급한다.

> 니그로 여성들이 흑인 이슬람 종교 단체 네이션오브이슬람에 가입하고 싶어 했던 동기는 흑인 문화 내의 여성의 위치에서 탈출하고 싶은 욕망이었다. (…) 네이션오브이슬람에서는 여성의 미덕이 존중받는다. 무슬림 남성이 니그로 여성을 대하는 태도와 대우는 여성을 무시하거나 무례하게 대하는 하층계급 니그로들의 태도와는 달랐다. 무하마드는 부분적으로는 종교적인 이유로 그의 지지자들이 흑인 여성을 존중해야 한다고 했고, 니그로 사회에서 모멸적인 대우를 견뎌야 했거나 성적으로 착취당했던 흑인 여성들에게 여성에 대한 이 집단의 관점은 무척 매력적으로 다가왔다. 네이션오브이슬람에서 흑인 여성들은 학대와 착취에서 벗어나 피난처를 찾고자 했다. 이들에게는 수치를 벗어나 존엄을 찾아가는 여정이었다.

네이션오브이슬람에 가입한 흑인 여성은 개종을 하기 전에 살았던 환경과는 다른 환경에서 훨씬 더 존중을 받았다. 그러나 무슬림 흑인 남성이 여성에 대한 부정적인 태도를 바꾸었기 때문에 이들에게 더 나은 대우를 해준 것은 아니었다. 그들의 남성 지도자인 엘리자 무하마드의 판단에 따르면, 단체 안에서 보호와 배려를 제공하는 대신 흑인 여성들을 순종하도록 하여 강한 가부장제의 기반을 다지는 것이 이 운동에 이익이 되기 때문이었다. 많은 경우, 흑인 무슬림 남성은 이 단체에 속한 여성에 대해서는 존중하면서 무슬림이 아닌 여성은 계속해서 학대하고 착취하기도 했다. 백인 남성이 한 일과 마찬가지로 어떤 그룹의 여성을 "나쁜" 여성으로 몰고 가기 위해서는 또 다른 집단의 여성을 "착한" 여성으로 만드는 것이 필요했다. 흑인 남성의 흑인 여성됨 이상화는 19세기 백인 남성의 백인 여성 이상화와 그 이유가 크게 다르지 않다. 백인 남성은 흑인 여성을 창녀와 계집으로 부르는 방식으로 백인 여성의 위상을 높였고, 20세기 흑인 무슬림 남성은 백인 여성을 악녀와 창녀 등으로 부르면서 흑인 여성의 위상을 높이려 했다. 두 경우 모두 이 두 집단의 남성이 여성은 타고나길 사악한 존재라는 믿음을 버린 것이 아니다. 여성에 대한 경멸적인 태도는 유지하면서 그 방향만 특정 대상 쪽으로 바꾼 것뿐이었다.

무슬림이 아닌 다수의 흑인 남성은 흑인 여성을 함부로 해도 되는 소유물 정도로 취급하고 동지로서는 백인 여성을 선호하기도 했다. 흑인 남성이 백인 여성됨을 이상화한 근본적 이유는 성차별적 여성 증오와 흑인 여성됨 비하다. 여성 이상화나 여성 비하 모두 여성의 대상화일 뿐이다. 이상화된 여성은 남성의 소유물, 상징, 장식이 된다. 그 여성은 근본적인 인간적 개성과 기질을 부정당한다. 비하당하는 여성은 다른 종류의 대상이 된다. 남자들이 여성에 대한 증오와 부정적인 감정을 마음대로 쏟아낼 수 있는 타구[침 뱉는 그릇]가 된다. 아메리칸드림이란 본질적으로 남성이 사회를 지배하고자 하는 꿈이며 타인을 희생시켜야 성공할 수 있다. 아메리칸 드림을 믿는 흑인 남성은 대체로 흑인 여성에 대해 부정적인 감정을 표출하고 백인 여성에 대해서는 긍정적인 감정을 갖는 경향이 있다. 백인 남성이 세워놓은 조건 안에서 자아를 찾거나 자신감을 갖고자 하는 흑인 남성이 백인 여성을 갈구하는 것은 그리 놀랍지 않은 일이다. 그들은 평생 동안 모든 순간 백인 남성과의 경쟁 속에서 살았고 이제 백인 남성이 "미스 아메리카"로 지정한 여성들을 두고 경쟁해야 한다.

흑인 남성이 백인 여성을 욕망하는 이유가 그 여자들이 흑인 여성보다 더 "여성스럽기" 때문이라는 것은 널리 퍼져 있는 생각이다. 그러나 이는 흑인 여성보다 백인 여성을 동반자로 얻고자 하는 흑인 남성의 욕망을 흑인 여성의 책임으로 돌리는 데 사용된다. 성차별적인 해석으로는, 흑인 남성이 흑인 여성을 거부하고 다른 동반자를 찾는다면 흑인 여성이 무언가 잘못한 것이 확실하다. 왜냐하면 남자는 언제나 옳기 때문이다. 진실은 이렇다. 성차별적 미국에서 여성은 남성의 자아의 대상화된 확장이며, 이들에게 흑인 여성은 햄버거이고 백인 여성은 스테이크이다. 이러한 인종-성별의 위계를 창조한 것은 백인 남성이지 흑인 남성이 아니다. 흑인 남성은 이를 당연한 듯이 받아들이고 지지했다. 만약 백인 남성이 보라색 피부의 여성을 차지하는 것이 남성적 지위와 성공의 상징이라고 결정했다면 백인 남성과 경쟁 관계인 흑인 남성은 아마 보라색 여자를 소유하기 위해 노력했

190

을 것이다. 물론 나 개인적으로는 다른 인종의 사람에게 성적으로 끌리는 것은 지극히 정상이라고 생각한다. 그러나 백인 여성을 사랑하고 흑인 여성을 싫어한다고 고백하는, 혹은 백인 여성을 싫어하고 흑인 여성을 좋아한다고 말하는 남성이 문화적, 사회적 편견에 상관없이 개인적인 취향만을 표현하는 것이라고는 생각하지 않는다.

흑인 남성은 인종차별로 인한 좌절을 극복하기 위한 시도로 백인 여성을 "소유"하고자 하는 욕망을 드러내왔다. 《미국의 성과 인종주의Sex and Racism in America》에서 캘빈 헌턴Calvin Hernton은 이렇게 주장한다.

미국에서 니그로는 약자인 언더독이고 백인 여자는 순수함과 순결함의 상징이자 백인들의 자랑이었다. 흑인 남성은 자신의 부족한 자존감을 채우기 위해 백인 여성을 차지하려 했다. 우리 문화의 가장 좋은 상품인 백인 여성을 갖는다는 것은 니그로의 존엄을 빼앗은 이 사회에 대항해 승리를 거둘 수 있는 방법 중 하나였다.

헌턴이 흑인 남성만을 가리키면서 계속해서 "니그로"라는 단어를 사용하는 데 주목하자. 흑인 남성은 자신들의 백인 여성 대상화는 미국 사회에서 받은 차별과 직접적인 상관관계가 있다고 주장하고 싶어 한다(그리고 설득에 성공하기도 했다). 백인 여성을 소유하고 싶은 욕망을 자극하는 것은 그들 안에 자리 잡고 있는 반여성적 감정이지만 이를 인종차별 논리로 감추려고 하는 것이다. 백인 여성과 연애하고 결혼하는 흑인 남성은 자기 자신에 대한 긍정적인 자아관을 갖고 있기도 하고 어느 정도 자본주의적 성공을 달성한 경우가 많다. 백인 동반자에 대한 욕망은 그들이 백인 인종주의에 얼마나 잔인하게 당했는지를 나타낸다기보다는 백인 가부장제 문화가 남성적 성취의 가장 좋은 포상으로 제공하는 대상화된 인간을 소유하지 않으면 그들에게 성공이 크게 의미 없다는 뜻을 나타낸다.

흑인 남성과 백인 여성의 관계에 대해 이야기하는 흑인 남자들 중에서 왜 흑인 남성이 백인 가부장제의 가치, 즉 백인 여성 대상화나 착취를 거부하지 않는지 논하는 사람은 거의 없다. 그 대신 그들은 흑인 남성이 "희생자"이기에 사회적 유혹을 거부하지 못했다고 말한다. 이 사회적 유혹이란 백인 여성은 이상화하면서 비인격화하고, 흑인 여성은 비하하면서 비인격화해온 것이다. 사실상 흑인 남성이 거부하지 못한 것은 백인 남성 위주의 광고주들과 광고사들의 노력이라 할 수 있다. 이들은 모든 여성 특히 백인 여성을 대상화하라고, 그렇게 하면 가부장제와 여성 억압에 도전할 수 있을 것이라고 가르쳤다. 백인 여성을 "소유" 하는 것이 인종주의에 대한 승리라는 흑인 남성의 주장은 틀렸다. 흑인 남성은 자본주의적 지위와 성공의 상징으로서 여자를 받아들였고 그 행동은 곧 가부장제를 지지하고 존중할 뿐이라는 사실을 가리고 있다. 백인 여성의 몸을 차지하려는 욕망 속에서 많은 흑인 남성들은 자신들이 인종주의에 도전하기보다는 남성적 특권을 과시하는 데 더 관심이 있다는 사실을 드러내기도 한다. 그들의 행동은 백인 가부장들과 크게 다르지 않다. 이들은 백인이 우월하다고 주장하면서도 그들이 싫어한다고 말하는 인종의 여성, 즉 흑인 여성과의 성적인 접촉은 절대 포기하고 싶어하지 않는다. 이것이 무엇을 말할까? 남성인 그들은 삶의 그 어떤 기준보다도 남성이라는 특권을 가장 위에 둔다는 뜻이다. 그 특권을 유지하기 위해 여성을 학대하고 착취할 필요가 있다면 그들은 서슴지 않고 그렇게 할 준비가 되어 있다.

페미니스트들의 글에서 대부분의 필자들은 남성 압제자에게 화내고 분노하고 울분을 토한다. 그 분노는 여성의 성역할 패턴을 아무리 낭만화한다고 해도 그것이 여성의 인간성을 부정하는 것임을 알게 된 이들이 할 수 있는 최초의 행동이기도 하다. 안타깝게도 압제자로서의 남성을 지나치게 강조하면 남성 또한 가부장제에 의해 희생되었다는 사실을 보지 못하게 될 수도 있다. 압제자가 된다는 건 피해자가 되는 것과 마찬가지로 자연스럽게 비인간화되는 것이고, 인간을 혐오하게 되는 것이다. 가부장제는 아버지에게 괴물처럼 행동해도 된다고 말하고 남편과 연인이 강간범과 비슷해져도 된다고 부추긴다. 우리 형제들에게 우리를 아끼고 돌보는 것을 부끄러워하도록 가르치고 남성들에게 가장 인간적이고 가장 자신감을 갖게 하는 힘이 될 수 있는 자연스러운 인간의 감정을 부정하라고 한다. 현대 가부장제 사회에는 과거의 전통적인 가부장, 존경과 신망을 얻었던 옛날식 가부장의 자리는 없다. 가부장제는 제국주의적 자본주의라는 지배적인 체제 아래에 붙는 부제가 되어버렸다. 오늘날의 가부장 남성들은 가족과 지역사회를 위해 봉사하지 않고 국가의 이익을 위해 봉사한다. 그들은 가정의 삶 속에서 자기 확신을 갖지 못한다. 《미국 남자: 남성성의 위기를 보는 예리한 시선》에서 한 정신 상담사는 이렇게 강조한다.

> 그는 고등학교에서는 영웅이었을 수도 있다. 학생회장이거나 스타 운동선수였을 것이고 전교생의 우상이었을 것이다. 하지만 세상으로 나가면 그는 조직의 톱니바퀴에 불과하며 매일 저녁 패배감에 젖어 집에 들어온다.

이런 자본주의 아래 남자들은 점차 여성을 자신의 **적**으로 설정한다. 그래야 미국인들의 삶을 가장 강력하게 비인간화하는 다른 힘들이 매일같이 자신을 파괴하는 것을 보지 못한 채 허용할 수 있어서다. 가부장제 사회에서 선택받은 여성(가부장제의 이상을 지지하고 유지하는 여성)과 미국 자본주의를 이룩한 가부장제적 남성은 사실 성차별을 상품으로 만들어 팔면서 그와 동시에 남성들에게 성차별을 세뇌시켜 개인의 정체성, 가치, 의미를 여성 억압을 통해 획득할 수 있다고 가르쳤다. 이것이야말로 가부장제가 남성을 항복시키는 가장 강력한 무기다.

흑인 남녀 관계에 대해 한 작가는 이렇게 주장하기도 한다.

> 흑인들의 성애적 관계에서는 자기 혐오와 폭력이 언제라도 나올 준비가 되어 있다. 이 때문에 흑인 남성과 여성은 만나면서도 자연스러운 사랑을 경험하지 못할 때가 많다. 섹스를 하지만 사랑하지 않거나 사랑하지만 섹스하

지 않는다. 미국의 인종주의와 탄압에 의해 흑인들의 의식에 너무 깊게 심어진 포주/창녀 증후군 때문에 흑인들의 사랑의 질이 저하되고 여성에 대한 존중은 이루어지지 않았다. 폭력이 애정으로 가장해 나타난다. 더 깊고 더 끈끈할 수 있는 감정은 상호적 착취, 불신, 비존중, 이기적인 자아와 자존심에 의해 훼손된다. 이와는 다른 모습의 관계를 알지 못하는 흑인 젊은이들이 너무나 많다. 남녀 간의 관계에서 섹스, 돈, 자동차, 남/녀 정치("성의 전쟁")를 빼고는 다른 형태와 의미를 찾지 못한다. 그리고 이 관계에는 대체로 물리적 폭력이나 언어적 폭력, 혹은 두 가지 모두가 수반되는 경우가 많다.

이 작가는 흑인 여성과 흑인 남성 사이에 존재하는 부정적 긴장 상태가 "미국의 인종주의와 탄압"에 의해서만 일어났다고 본다. 흑인 남녀 관계의 문제에 대한 설명으로 오직 인종주의만 강조하는 것은 우리의 눈을 가려 이 관계에 중대한 영향을 미친 성차별의 현실을 보지 못하게 한다. 많은 흑인 여성과 흑인 남성이 성차별로 인해 그들 사이의 폭력과 증오가 형성되고 영속되었다는 사실을 인정하지 않으려 하는 것은 가부장제의 사회적 질서에 도전하기를 꺼리기 때문이다. 흑인 남녀는 가부장제를 옹호했고 그 결과 성차별적 여성 억압을 옹호하면서 흑인들이 오직 인종차별의 피해자인 것 같은 사회적 상황을 만드는 데 크게 일조했다.

하지만 솔직히 말해보자. 우리 흑인들은 분명 인종차별의 희생자이지만 미국 사회 속에서 다른 방식으로도 희생되었다. 인종차별뿐만 아니라 인간 해방을 위협하는 다른 억압적인 힘들,

195
•

성차별주의, 자본주의, 나르시시즘 등을 인식하는 것은 매우 중요하고 꼭 필요한 일이다. 우리 인간의 경험이란 너무도 복잡하기 때문에 인종주의만 이해해서는 이해할 수가 없다. 다른 문제를 이해한다고 해도 인종차별에 대한 우리의 관심과 인식이 줄어들지는 않는다. 성차별과 싸우는 것 또한 흑인해방에 중요하다. 성차별이 흑인 남성과 여성을 분리하는 한 우리는 에너지를 모아 인종주의에 대항할 수가 없기 때문이기도 하다. 흑인 남녀 관계 안의 갈등과 문제는 성차별과 성차별적 폭력과 억압 때문에 일어난다. 이 관계에 대해 쓴 흑인 작가는 아마 이렇게 언급했다면 진실에 가까웠을 것이다.

흑인들의 성애적 관계에서는 자기 혐오와 폭력이 언제라도 나올 준비가 되어 있다. 이 때문에 흑인 남성과 여성은 만나면서도 자연스러운 사랑을 경험하지 못할 때가 많다. 섹스를 하지만 사랑하지 않거나 사랑하지만 섹스하지 않는다. 미국의 **가부장제와 성차별적 탄압**에 의해 흑인들의 의식에 너무 깊게 심어진 포주/창녀 증후군 때문에 흑인들의 사랑의 질이 저하되고 여성에 대한 존중은 이루어지지 않았다. 폭력이 애정으로 가장해 나타난다. 더 깊고 더 끈끈할 수 있는 감정은 상호적 착취, 불신, 비존중, 이기적인 자아와 자존심에 의해 훼손된다. 이와는 다른 모습의 관계를 알지 못하는 흑인 젊은이들이 너무나 많다. 남녀 간의 관계에서 섹스, 돈, 자동차, 남/녀 정치("성의 전쟁")를 빼고는 다른 형태와 의미를 찾지 못한다. 그리고 이 관계에는 대체로 물리적 폭력이나 언어적 폭력, 혹은 두 가지 모두가 수반되는 경우가 많다.

흑인 여성과 흑인 남성의 관계에서 점점 쌓여가는 증오와 폭력을 우려하면서도 가장 억압적인 힘이 성차별임을 인정하지 않으면, 이 폭력의 실제 양상을 이해하기가 어렵다. 분리주의와 새로운 문화의 형성을 강조하는 흑인 민족주의로 인해 흑인은 미국 사회에서 몇백 년을 살아오면서도 우리를 둘러싼 세상에 훼손되지 않고 길들여지지 않은 부분이 있다고 생각하게 되었다. 이는 우리의 흑인성을 고귀한 야생성의 신화로 너무 낭만화한 것이며 이로 인해 사람들은 흑인 민족주의자들이 제시한 사회구조가 가부장제를 기반으로 했다는 사실을 부정하게 된다. 이 때문에 흑인 여성과 흑인 남성 사이의 부정적인 감정은 바꾸기 어려울 수밖에 없다. 백인 압제자들로부터 흑인들을 해방시킨다는 명목 아래 흑인 남성은 흑인 여성 억압을 그들의 독자적인 힘이라고 내세웠다(이는 그들이 새로 찾은 광명이었다). 그 결과 흑인해방운동은 인종차별 면에서는 많은 긍정적인 의미를 남겼지만 성차별 면에선 어떤 미래도 제시하지 못했다. 흑인 남녀 관계는 (미국 사회의 모든 남녀 관계처럼) 제국주의적 가부장제라는 폭군에 의해 지배되고 있고 이 사회의 문화는 여성의 억압을 반드시 필요로 한다.

유색인으로서 인종차별적 제국주의에 대항하는 우리의 싸움을 통해 주인/노예 관계, 압제자/피압제자 관계가 있는 모든 곳에 폭력, 반란, 증오가 삶의 영역으로 스며든다는 사실을 우리는 배울 수 있었다. 흑인 여성의 예속을 지지하는 한 흑인 남성에게도 진정한 자유는 없다. 아니 여성의 예속을 옹호하는 한 모든

197
·
3장 _ 제국주의적 가부장제

인종의 가부장적 남성에게 자유는 없다. 가부장제의 절대적인 권력은 자유가 아니다. 파시즘은 본질적으로, 억압하는 사람들뿐만 아니라 지도자들도 통제하고 제한하고 방해한다. 긍정적인 사회적 평등으로서의 자유(여기서 말하는 자유는 내가 하고 싶은 대로 한다는 의미의 김빠진 자유가 아니다)는 모든 인간에게 가장 건강하고 가장 생산적인 방식으로 자신들의 운명을 개척할 기회를 부여하는 것으로, 이는 우리의 세상이 인종차별적이거나 성차별적이 아닐 때만 완전한 현실이 될 수 있다.

4장

인종주의와
페미니즘

그들은 인종 문제가 불거지는 것을 원치 않았는데
백인 여성은 "좋은" 사람들, 인종차별에 반대하는
희생자이고 백인 남성이야말로 "나쁜" 인종차별적
가해자라는 관점을 흔들고 싶지 않아서였다.
제국주의, 식민주의, 인종주의, 성차별주의의 영속화에
여성 또한 가담했다는 사실을 인정하면
여성해방운동 문제가 훨씬 더 복잡해질 뿐이었다.

인종을 막론하고 미국 여성은 어렸을 때부터 인종주의를 오직 인종 증오라는 맥락에서만 생각하도록 배웠다. 특히 흑인과 백인의 경우에 인종주의라는 용어는 대개 흑인들이 백인들에게 당한 차별이나 편견과 동의어로 여겨지기도 한다. 대부분의 여성은 구조적 차별로서의 인종주의를 개인적이고 직접적인 경험을 통해서나 담화, 책, 텔레비전, 영화처럼 가공된 정보를 통해서 처음 배운다. 그 결과 미국 여성은 식민주의와 제국주의의 정치적 도구로서의 인종주의가 무엇인지 배우고 이해할 기회를 거의 갖지 못한다. 인종 증오의 고통을 경험하거나 목격한다고 해서 인종주의의 기원과 진화, 세계사에 미친 영향까지 이해하는 것은 아니다. 미국 여성이 미국의 정치적 맥락에서의 인종주의에 대해 이해하지 못하는 것을 여성의 지성이 선천적으로 결여된 탓이라고 돌려선 안 된다. 이 현상은 그저 우리가 당한 피해의 범위가 얼마나 넓은지를 반영할 뿐이다.

공립학교에서 사용하는 어떤 역사책에도 인종차별적 제국주의에 대한 내용은 포함돼 있지 않다. 교과서에는 온갖 낭만적인 개념으로 포장한 "신세계"이니 "아메리칸드림"이니 모든 인종이 모여 하나가 되는 용광로이니 하는 내용만 반복된다. 우리는 콜럼버스가 아메리카를 **발견했다**고 배웠다. "인디언"들은 머리 가죽을 벗기는 인간 사냥꾼이고 순진한 여인과 어린이들을 죽였다고 배웠다. 흑인들이 노예가 된 것은 노아의 아들 함이 받은 저주 때문이라고, 여호와가 함의 자손들이 나무를 패고 밭을 갈고 물을 긷는 자가 되리라 정했기 때문이라고 했다. 아무도 아프리카가 문명의 발상지였다는 말은 하지 않았고 콜럼버스 이전에 아메리카에 왔던 아프리카인들과 아시아인들에 대해서는 언급하지 않았다. 아무도 북아메리카 원주민의 죽음을 대량 살상이라고, 북아메리카 원주민 여성과 아프리카 여성에 대한 성폭행을 테러리즘이라고 명하지 않았다. 노예제 덕분에 미국 자본주의가 급격히 성장했다고 누구도 가르쳐주지 않았다. 백인 아내들에게 최대한 많은 아이를 낳게 해 백인 인구를 늘리려고 한 것이 성차별적 억압이라고 어떤 이도 설명해주지 않았다.

나는 흑인 여성이다. 전교생이 흑인인 공립학교에 다녔다. 남부에서 자랐고 내 주변에는 늘 인종에 따른 차별, 증오, 강제분리 정책이 있었다. 그러나 미국 사회의 인종 정치에 관해서 내가 받은 교육은 내가 고등학교, 대학교, 다양한 여성 단체에서 만나게 된 백인 여학생들이 받은 것과 크게 다르지 않았다. 우리 대다수는 인종주의가 백인들의 편견에 의해 지속되었던 사회악이라 이해했고 흑인과 진보적인 백인들이 연대하여, 때로는 공격적인 시위를 통해 헌법을 바꾸고 인종 통합을 이루며 극복할 수 있다고 배웠다. 고등교육 기관도 정치 이데올로기로서의 인종주의에 대한 협소한 이해를 크게 넓혀주지 못했다. 교수들은 체계적으로 진실을 부정했고 우리에게 인종적 양극성은 백인 우월주의라는 형태로 받아들이고 성적 양극성은 남성 우월주의의 형태로 받아들이라고 가르쳤다.

의도를 갖고 창조된 버전의 미국 역사를 배우며 미국 여성은 자기도 모르게 그것을 내면화했다. 우리는 백인 우월주의 형식의 인종차별적 제국주의, 가부장제 형식의 성차별적 제국주의를 받아들여야 한다고 배웠다. 이러한 정치적 세뇌가 성공적으로 유지된 이유는 우리 또한 의식적으로나 무의식적으로 우리를 억압했던 사회악들을 지속시켜왔기 때문이다. 내가 6학년 때 우리반 담임이었던 흑인 여성 교사는 우리에게 역사를 가르치며 미국이라는 나라에 자부심을 가져야 한다고 했고 국기에 대한 맹세를 가장 잘 외우는 학생을 칭찬했다. 그 교사는 우리를 분리했던 정부를 사랑해야 한다고, 백인 학교에만 학용품을 제공하고 흑인 학교에는 제공하지 않는 정부를 사랑해야 한다고 말하면서도 그 모순을 인식하지 못했던 것이 확실하다. 자신이 앞으로 우리를 영원히 구속하게 될 인종차별적 제국주의를 우리 정신에 심고 있었다는 사실도 전혀 몰랐을 것이다. 선망하고 사랑하고 믿으라고 배웠던 시스템에 대해 어떻게 타도하고 바꾸고 도전할 생각을 할 수 있었겠는가? 그 교사가 순진했다는 사실이 현실을 바꾸지는 못한다. 그녀는 분명 흑인 어린이에게 우리를 차별하는 이 제도를 끌어안아야 한다고, 이 나라를 지지하고 경외하라고, 이 국가를 위해 목숨을 바치라고 가르쳤다.

미국 여성은 교육 수준, 경제 수준, 인종적 정체성에 상관없이 성차별적, 인종차별적 사회화 교육을 받아왔고 역사 교과서에서 배운 지식과 그것이 지금의 현실에 미치는 결과를 맹목적으로 믿어야 한다고 배웠다. 이 지식은 억압적인 제도에 의해 형성되었지만 이 지식이 만들어낸 현실이 최근의 페미니즘운동 안에서 분명하게 모습을 드러내고 있다. 대졸 백인 중상류층 여성들이 모여 조직한 여성운동 단체들은 미국의 여성 인권 개념에 새로운 에너지를 불러왔다. 그들이 단지 성평등만을 외친 것은 아니었다. 그들은 대대적인 사회적 전환을, 혁명을, 미국 사회의 구조적 변화를 요구했다. 그러나 그들이 페미니즘을 진보적 수사의 영역을 넘어 미국인들의 삶의 영역에 적용하려고 시도했을 때 그들이 전혀 변하지 않았음이 곧바로 드러났다. 그들은 자신들과 다른 사람들을 타인이라고 가르쳤던 성차별적, 인종차별적 세뇌 교육에서 벗어나지 못했던 것이다. 그 결과 그들이 이야기한 자매애 고취는 현실이 되지 못했으며 미국 문화를 완전히 바꿀 수 있으리라 상상했던 여성운동은 끝내 나타나지 못했다. 그보다는 미국 사회에 이미 자리 잡은 인종과 성별 관계의 위계적인 패턴이 "페미니즘"이라는 이름 아래 다른 형태를 띠고 나타났을 뿐이었다. 차별받는 여성들에게 소수집단 우대 정책이라는 이름으로 약간의 기회를 주면서 미국 내 모든 여성의 사회적 위치는 동등하다는 신화를 영속시키기도 했다. 각 대학의 여성학과에서는 백인 일색인 대학 교수들이 백인 여성이 쓴 백인 여성에 관한 책을 종종 인종차별적 관점에서 가르쳤다. 미국 대다수 여성의 경험을 이야기한다고 주장한 백인 여성의 책들은 사실 백인 여성의 경험에만 치중한 내용이었다. 그러다 인종주의가 과연 페미니스트들의 이슈인지 아닌지를 놓고 끝없는 논쟁과 토론이 이어지기도 했다.

만약 페미니즘운동을 조직한 백인 여성이 아주 조금이라도 미국 역사의 인종 정치를 인식했다면, 여성을 서로서로 떼어놓게 하는 장벽을 극복하기 위해 인종주의의 현실을 대면해야 한다는 사실도 알았을 것이고 인종주의가 사회의 일반적인 악이 아닌 자신들의 정신세계에 자리 잡은 인종적 증오라는 점을 이해했을 것이다. 미국 사회에서는 가부장제 원칙이 언제나 우세했지만 미국은 성차별적 제국주의가 아니라 인종차별적 제국주의를 기반으로 식민지화되었다. 백인 식민지 지배자 남성과 북아메리카 원주민 남성 사이의 가부장적 연대도 백인의 인종차별적 제국주의에 그늘을 드리우진 않았다. 인종주의는 백인 세계와 북아메리카 원주민, 아프리카계 미국인 사이의 성별을 기반으로 한 연대보다 우선했고 흑인 여성과 백인 여성 사이의 연대 또한 인종주의가 덮어버렸다. 튀니지 작가인 알베르 멤미Albert Memmi는《식민지 지배자와 식민지 피해자The Colonizer and the Colonized》에서 제국주의의 도구로서 인종주의의 영향력을 강조한다.

인종주의는 (…) 한두 가지 사건이 아니라 식민주의의 가장 중요한 부분이다. 식민지 시스템의 가장 중요한 표현이었고 식민주의자들의 가장 특징적 모습이었다. 식민지 지배자들과 피해자들 사이의 근본적인 차별을 확립했고 식민지 생활의 필수불가결한 요소였으며 이 생활의 변하지 않는 기반이었다.

성차별적 제국주의가 인종차별적 제국주의보다 더 고질적인 사회 병폐라 주장한 페미니스트들의 말이 옳을 수는 있지만 미국 사회는 인종차별적 제국주의가 성차별적 제국주의를 대체한 사회라 할 수 있다.

미국에서 흑인 여성과 백인 여성의 사회적 지위는 단 한 번도 같았던 적이 없다. 19세기와 20세기 초반에 두 여성 집단이 경험한 삶에서 비슷한 점은 거의 찾아볼 수 없다. 두 집단 모두 성차별적 억압의 대상이었지만 인종주의의 희생자였던 흑인 여성들은 어떤 백인 여성도 당하지 않았던 차별과 억압을 견뎌야만 했다. 사실 백인의 인종차별적 제국주의는 모든 백인 여성을 인정해주었고 백인 여성은 성차별의 희생자이긴 했어도 흑인 여성이나 흑인 남성과의 관계에서는 압제자의 역할을 할 수도 있었다. 사회운동이 페미니즘 혁명으로 향해 갈 때 백인 여성 활동가들은 미국 사회라는 인종적 카스트 사회에서 자신들의 지위를 최대한 낮추려고 했다. 페미니즘운동에 참여한 백인 여성들은 자신들을 백인 남성들과 분리하기 위해 (자신들이 그들과 인종적 카스트를 공유하는 연대 관계라는 사실은 무시한 채) 인종주의는 백인 남성 가부장제의 고유한 특징이며 자신들은 인종차별에 책임이 없다고 주장했다. 급진 페미니스트 에이드리언 리치Adrienne Rich는 백인 여성의 책임 문제에 대한 에세이 〈'문명사회에 굴복하지 않기': 페미니즘, 인종주의, 여성공포증'Disloyal to Civilization': Feminism, Racism, and Gynephobia〉에서 이렇게 주장한다.

흑인 페미니스트들과 백인 페미니스트들이 여성의 책임에 대해 이야기해야 할 때, 나는 우리가 인종주의라는 단어를 맨손으로 움켜잡아 무익하거나 방어적인 의식으로부터 꺼내버려야 한다고 믿는다. 이러한 의식에서 너무 쉽게 자라는 인종주의를 옮겨 심어 우리의 삶과 운동에서 빛나는 통찰을 만들어내야 한다. 우리가 했던 지배, 신체적·제도적 폭력, 신화와 언어의 정당화에 대한 책임을 백인 여성에게 두는 분석은 거짓 의식을 심화시킨다. 그뿐만 아니라 이는 노예제라는 역사적 조건 아래에서 우리 모두가 흑인 여성과 백인 여성 사이의 복잡하고 논쟁적인 관계를 부정하거나 도외시하도록 허용한다. 또한 모든 여성을 탄압하는 시스템, 신화·민담·언어에 여성을 향한 증오가 새겨진 시스템에서 여성이 어떻게 수단이 되었는지에 대한 건강한 토론을 방해하기도 한다.

리치의 글을 읽는 독자들은 페미니즘에 헌신한 이 여성이 흑인 여성과 백인 여성을 분리하는 장벽을 넘으려 노력했다는 사실을 의심하지 않을 것이다. 그러나 리치는 흑인 여성의 관점에서 그 장벽을 이해하는 것에 실패했다. 백인 여성이 흑인 여성의 존재를 부정하고 마치 흑인 여성은 미국 여성에 포함되지 않는다는 듯한 관점으로 "페미니즘" 책을 쓰거나 흑인 여성을 차별한다면 어떻게 될까? 북아메리카가 인종차별적 제국주의 사회질서를 제도화한 백인 가부장제 남성에 의해 식민지화되었다는 사실보다 페미니스트라 주장하는 백인 여성이 반흑인 인종주의를 지지하고 적극적으로 영속시켰다는 점이 더 눈에 띄게 된다.

흑인 여성의 입장에서는 백인 여성이 저지른 인종차별이 백인 남성의 인종차별보다 강도가 약했다는 점은 그다지 중요하지 않다. 그들 또한 인종차별주의자들이었다는 점이 중요하다. 흑인이건 백인이건 페미니즘 혁명에 자신의 인생을 바치기로 한 여성이 백인 여성과 흑인 여성 사이의 "복잡하고 논쟁적인 관계"를 이해하고자 한다면 가장 먼저 여성과 사회, 인종, 미국 문화 사이의 관계부터 철저히 검토할 의지가 있어야 하며 이상적으로 그려온 마음속 그림만을 보려고 해서는 안 된다. 다시 말해 백인 여성이 행한 인종차별의 현실을 직시해야 한다는 뜻이다. 물론 성차별로 인해 백인 여성은 백인의 인종차별적 제국주의를 지속하는 데 주도적인 역할을 맡지는 못했을 것이다. 그러나 성차별이 있었다고 해서 백인 여성이 인종차별적 이데올로기를 흡수하고 지지하고 옹호하지 못했던 것도 아니며 개개인이 미국 생활의 여러 가지 영역에서 인종차별의 가해자로 행동하지 않았던 것도 아니다.

미국의 모든 여성해방운동은 태동될 때부터 현재까지 기본적으로 인종차별적 기반 위에 세워져 있다(물론 이 사실이 정치적 이데올로기로서의 페미니즘을 무효화하지는 않는다). 19세기와 20세기 미국인들의 삶을 정의하는 가장 큰 특징은 인종 분리였고 이는 여성해방운동에도 그대로 반영되었다. 최초의 백인 여성인권운동가들은 절대로 모든 여성을 위한 사회적 평등을 추구하지 않았다. 그들은 백인 여성만을 위한 사회적 평등을 추구했다. 물론 19세기 백인 여성인권운동가들은 노예제 폐지에도 적극적이었기 때문에 그들이 반인종주의자였다고 가정하기가 쉽다. 역사가들의 기록과 특히 최근 페미니스트들의 저서에서는 백인 여성인권운동가들이 차별받는 흑인들의 챔피언인 것처럼 그려지지만 이는 그들 버전의 미국 역사일 뿐이다. 이러한 낭만적 관점은 노예제폐지운동을 다룬 대부분의 연구와 논문에서도 면면히 이어져왔다. 또한 근래에는 노예제폐지운동으로 인해 인종주의가 종식된 것처럼 논하는 경향도 있다. 물론 남성이건 여성이건 노예제 폐지를 주장한 백인의 대부분은 노예제를 극렬하게 반대하긴 했지만 흑인에게 완전한 사회적 평등을 부여하는 것 또한 전면적으로 반대했다. 조엘 코벨은 《백인 인종주의: 역사심리학》에서 "개혁 운동은 매우 고귀한 이상과 용감한 정신으로 시작하긴 했지만, 그 운동의 목적이 흑인의 완전한 해방은 아니었다. 그 운동은 백인들의 자기 방어와 양심의 가책이 낳은 산물이었다"고 주장한다.

근래에 대체적으로 받아들여지는 관점은 백인 여성 개혁주의자들이 차별받는 흑인 노예들에게 동정과 연민을 느꼈으나 자신들에게는 노예제를 종식할 힘이 없다는 것을 인식하면서, 페미니스트 의식과 페미니즘 혁명의 발전으로 이어졌다는 것이다. 최근의 역사가들, 특히 백인 여성 학자들 사이에 유행하는 이론은 다음과 같다. 백인 여성인권운동가들이 흑인 노예들에게 연대의 감정을 느꼈다는 것 자체가 바로 이 여성들이 반인종주의자이고 흑인 평등 지지자라는 이론이다. 이는 백인 여성의 역할을 지나치게 우상화한 관점으로 그로 인해 에이드리언 리치는 다음과 같이 주장하기도 한다.

백인 페미니스트들은 기억해야 한다. 합법적인 투표권도 없고 교육 기회도 박탈당하고 경제적으로 남자들에게 속박되어 있고 법과 관습상 공공장소에서 의견을 말하지도 못하고 아버지, 남편, 형제들을 거스르지도 못했음에도, 우리 백인 선조 여성은 릴리언 스미스Lillian Smith의 표현대로 "문명에 거역"했고 "'분리정책'이란 단어에서 죽음의 냄새를 맡았다". 거의 최초로 가부장제를 거역한 이 여성들은 자신들만을 위해서가 아니라 흑인 남자들, 흑인 여자들, 흑인 어린이들을 위해서 그 일을 했다. 백인 가부장제가 대상을 양극화하며 특권, 계급, 피부색, 연령, 노예 상태 여부에 따라 분리를 하기 위해 그토록 애써왔음에도 불구하고 우리 여성들은 반인종차별적인 여성의 전통을 지켜올 수 있었던 것이다.

리치의 주장대로라면 하나의 집단으로서 백인 여성들 혹은 백인 여성인권운동가들은 반인종차별의 전통을 지켜온 것이 되지만 이를 뒷받침하는 역사적 증거는 거의 없다고 할 수 있다. 1830년대 백인 여성 개혁가들이 노예해방을 위해 움직인 것은 사실이다. 그러나 대체로 그들을 이끈 동기는 종교적 신념과 감수성이었다. 그들이 직접적으로 공격한 대상은 인종차별이 아니라 노예제였다. 그들은 도덕적 개혁을 원했다. 흑인의 사회적 평등을 요구하지는 않았으며 이는 곧 그들이 노예제폐지운동을 했다고 해도 여전히 백인 우월주의를 버리지 않았다는 뜻이기도 하다. 그들은 노예제 폐지를 강력하게 지지하긴 했지만 인종적 위계질서의 변화는 절대 원하지 않았다. 이 위계질서 덕분에 백인 여성은 흑인 여성이나 흑인 남성보다 더 높은 계급에 위치할 수 있었다. 사실 백인 여성들은 이 위계질서가 유지되기를 바랐다. 그 결과 백인 여성인권운동은 초기 개혁 활동에서는 지지부진하다가 흑인민권운동이 시작되면서 훨씬 강력한 사회적 힘을 갖추게 되었는데, 백인 여성은 더 많은 권리에 대한 자신들의 요구가 충족되리라고 확신할 때까지는 흑인의 사회적 지위 변화를 원치 않았기 때문이다.

백인 여성인권운동가이자 노예해방론자인 애비 켈리Abby Kelly 는 이렇게 말한다. "우리에게는 노예에게 감사해야 할 충분한 이유가 있다. 그들을 위해 일하면서 우리에게도 큰 이익이 있었다. 그들은 쇠가 달구어졌을 때 두드리려고 노력했고, 그 모습을 보면서 우리는 스스로의 다리에 족쇄를 채웠었다는 것을 발견했다." 이는 백인 여성이 노예제폐지운동을 하면서 자신들이 지닌 권리의 한계 또한 인식했다는 증거로 많은 학자들에 의해 인용된다. 일반적인 19세기식 수사에도 불구하고 백인 여성이 노예의 자유를 위해 노력하다가 자신의 인권의 한계를 배우게 되었

211

다는 사고는 단순히 말해 틀렸다. 제도적 성차별에 대한 인식이 없었다면 19세기 백인 여성들은 성숙할 수가 없었을 것이다. 백인 여성이 노예해방을 위해 노력하다가 깨달은 것은 흑인 인권을 지지할 의사가 있던 백인 남자들도 여성 인권은 무시한다는 사실이었다. 이 사회는 백인 여성의 초기 개혁 활동에 부정적으로 반응했고, 대중은 백인 여성의 노예제폐지운동을 방해하고 막으려고 했다. 그 결과 백인 여성은 백인 남성과 동등한 권리를 요구하지 않으면 자칫 자신들도 흑인들과 같은 사회적 위치로 떨어질 수 있다는 사실을 인정했다. 심하면 흑인 남성이 자신들보다 더 높은 지위를 갖게 될 수도 있었다.

백인 여성이 자신의 역경과 노예제의 역경을 동일시했다고 해서 차별받는 흑인 노예들의 대의명분이 인정받게 된 것도 아니었다. 애비 켈리는 멋진 문장을 남겼지만, 사실상 백인 여성의 일상 경험과 흑인 노예의 일상 경험에는 유사성이 있을 수가 없었다. 이론적으로는 가부장제 사회에서 백인 여성의 법적 지위 또한 남성의 "재산"일 수 있었다. 그러나 노예들이 매일 겪은 것과 비슷한 수준의 인격 말살적이고 잔인무도한 핍박을 받지는 않았다. 백인 여성운동가들이 자신들의 삶에 드리워진 성차별과 노예제의 고통을 동일시하려고 했을 때도 그들은 노예들의 운명을 인지하거나 공감한 것이 아니었다. 자신들의 명분을 드높이기 위해 노예 경험의 공포를 도용한 것이다.

백인 여성 개혁자들의 대다수가 흑인들과 정치적 연대를 느끼지 않았다는 사실은 투표권과 관련해 일어난 갈등에서 더욱 극명하게 드러났다. 백인 남성이 흑인 남성에게 먼저 선거권을 부여하고 백인 여성에게는 부여하지 않으려고 했을 때 백인 참정권 운동가들은 한목소리로 모든 여성과 남성이 투표권을 얻을 권리가 있다고 주장하지 않았다. 그들은 인종적 위계보다 성적 위계를 유지하려고 하는 백인 남성들을 향한 분노와 울분을 표현했다. 대표적인 백인 여성인권운동가였던 엘리자베스 케이디 스탠턴은 이전에는 한 번도 인종차별적 제국주의의 관점에서 여성 인권을 주장한 적이 없었는데, 열등한 "깜둥이"들이 "우월한" 백인 여성보다 더 먼저 선거권을 받게 된 현실 앞에서 강한 분노를 표출했다. 스탠턴은 이렇게 주장했다.

> 앵글로 색슨 남성이 자신들의 어머니, 아내, 딸들을 위해 이러한 법률을 제정했다면 우리가 중국인, 인디언, 아프리카인들의 손에서는 무엇을 기대할 수 있겠는가? (…) 나는 다른 인종이나 국가의 남자들에게 참정권을 먼저 부여하는 것에 반대한다. 그 권리는 제퍼슨Jefferson, 행콕Hancock, 애덤스Adams 의 딸들이 먼저 가져와야 한다.

백인 여성 참정권 운동가들은 백인 남성이 흑인 남성에게도 부여한 특권을 자신들에게 주지 않은 것은 백인 여성에 대한 모욕이라고 느꼈다. 백인 남성의 성차별 자체가 아니라 그들의 성차별이 인종적 연대보다 우선했다는 점을 비난했다. 스탠턴를 비롯한 많은 백인 여성인권운동가들은 흑인들이 계속 노예로 살기를 바라지는 않았다. 그러나 백인 여성의 지위는 여전히 똑같은데도 흑인들의 지위만 상승하는 것은 보고 싶어 하지 않았다.

　20세기 초반 백인 여성 참정권 운동가들은 흑인을 열외로 두고 자신들의 이상과 명분을 지키는 일에 매달렸다. 1903년 뉴올리언스에서 열린 전미여성참정권협회National American Woman Suffrage Association 대회에서 남부의 여성 참정권 운동가들은 백인 여성의 참정권을 요구하면서 그것이 "즉각적이고 확고한 백인 우월주의를 보장"하기 때문이라고 주장했다. 역사학자 로절린 터보그펜Rosalyn Terborg-Penn은 에세이 〈1830~1920년 여성운동 내 아프리카계 미국인 여성 차별Discrimination Against Afro-American Women in the Women's Movement 1830-1920〉에서 백인 우월주의를 지지한 백인 여성에 대해 다음과 같이 말한다.

　1890년대 초반이 되자 수전 B. 앤서니Susan B. Anthony는 여성 참정권 운동의 잠재력은 남부 백인 여성의 지지에 달렸음을 깨달았다. 그녀가 여러 차례 페미니즘 지지 연설을 해왔던 프레더릭 더글러스에게 애틀랜타에서 열릴 전미여성참정권협회 대회에 참석하지 말아달라고 요청한 것은 그녀가 의리나 정의보다는 편의를 택했다는 의미이기도 했다. (…)

　1903년 뉴올리언스에서 열린 전미여성참정권협회 모임 중《타임스 데모크랫Times Democrat》은 이 모임이 흑인 여성 문제와 흑인 여성의 참정권에는 부정적인 태도를 취한다는 점을 비판했다. 수전 B. 앤서니, 캐리 C. 카트Carrie C. Catt, 애나 하워드 쇼Anna Howard Shaw, 케이트 N. 고든Kate N. Gordon, 앨리스 스톤 블랙웰Alice Stone Blackwell, 해리엇 테일러 업턴Harriet Taylor Upton, 로라 클레이Laura Clay, 메리 코그셸Mary Coggeshall, 전미여성참정권협회의 이사들이 서명한 선언문에서는 이 단체의 입장을 표명했는데, 대부분의 주, 특히 남부 주에서 백인 우월주의를 보장한다는 내용이었다.

여성인권운동 내 인종주의가 참정권 운동에서만 나타난 것은 아니었다. 그것은 백인 여성 회원들이 속한 모든 사회운동 단체를 떠받치는 힘이었다. 터보그 펜은 주장한다.

1830년대부터 1920년까지 여성인권운동 내 아프리카계 미국인 여성 차별은 예외라기보다는 법칙과도 같았다. 19세기에 수전 B. 앤서니, 루시 스톤Lucy Stone 등 일부 백인 페미니스트들이 흑인 여성의 참여를 독려하긴 했으나 남북전쟁 이전 시대 개혁 운동가들은 달랐다. 이들은 분명 여성의 노예해방운동과 여성인권운동에 참여했지만 흑인 여성은 적극적으로 차별하고 배제했다.

근래 여성운동가들은 19세기 흑인 여성 개혁가들과 백인 여성 개혁가들 사이에 연대가 존재했다고 주장하기 위해서 여성인권 대회에 참석한 소저너 트루스가 연설 중 백인 여성 참정권 운동가들에 대해 반인종주의자라고 주장했다는 사실을 가져온다. 하지만 소저너 트루스가 강연을 하는 행사마다 상당히 많은 백인 여성들의 거부와 저항이 있었다는 사실은 말하지 않는다. 《니그로의 배신》에서 레이퍼드 로건은 이렇게 쓴다.

20세기 초 여성클럽총연맹General Federation of Women's Clubs에서 유색인 가

입에 관한 논의가 나오자 남부 클럽l공통의 목표로 모인 사람들의 권익 단체들은 독립하겠다고 협박했다. 시카고의 《트리뷴》과 《이그재미너Examiner》는 흑인 클럽의 입회에 대한 열렬한 반대가 어디에서 이루어졌는지 보도했다. 애틀랜타 박람회의 친목 축제, 루이빌의 연맹 야영지, 치커모가 전쟁터 봉헌식 등에서였다. (⋯) 조지아주 여성언론클럽Georgia Women's Press Club은 이 문제에 굉장히 예민해서 유색인 여성이 입회하면 연맹을 탈퇴하겠다는 뜻을 전했다. 조지아주 여성언론클럽의 관리 위원이며 《애틀랜타 저널Atlanta Journal》의 에디터였던 커린 스토커Corinne Stocker 양은 9월 19일에 이렇게 언급했다. "이 문제에 대해 남부 여성이 편협하거나 편견이 심한 건 아니다. 사회적으로 유색인 여성을 인정하지 못한 것이다. (⋯) 하지만 우리는 남부가 유색인 여성의 가장 친한 친구라고 느낀다."

남부의 백인 여성 클럽 회원들이 흑인 여성의 단체 가입에 가장 맹렬하게 반대하긴 했지만 북부의 백인 여성들 또한 인종 분리를 지지했다. 백인 여성과 흑인 여성의 동등한 참여 문제는 밀워키에서 열린 여성클럽총연맹 회담에서 가장 크게 불거졌다. 당시 전미유색인여성협회National Association of Colored Women의 회장인 흑인 페미니스트 메리 처치 테럴에게 개회 연설을 하게 할지와 흑인 단체 뉴에라클럽New Era Club의 대표인 조지핀 세인트 피어 러핀Josephine St. Pierre Ruffin을 받아들일지가 이슈로 떠오른 것이다. 여성클럽총연맹의 회장 로Lowe 여사는 《트리뷴》과의 인터뷰에서 조지핀 러핀 같은 흑인 여성을 왜 거부했냐는 질문에 이렇게 답변했다. "러핀 여사는 그녀 같은 사람들에게 속한다. 하지만 우리 사이에서 그녀는 문제만 일으킬 것이다." 레이퍼드 로건은 로 여사 같은 백인 여성은 자신의 운명을 개척하려는 흑인 여성들에게는 아무 반감이 없다고 말했다. 다만 인종 분리가 지금처럼 유지되어야 한다는 것이다. 로건은 흑인 여성에 대한 로 여사의 태도를 이렇게 지적한다.

> 로 여사는 남부에 유색인만을 위한 유치원을 설립해야 한다고 주장했고 그것의 담당자인 유색인종 여성이 모두 자신의 좋은 친구들이라고 말했다. 로는 그들과 사업은 같이 하지만 대회에서 그들 옆에 앉을 생각은 없었다. 니그로는 "그 자체로 다른 인종이고 그들끼리 많은 것을 성취할 수 있으며 우리와 연방정부의 도움도 받을 것이다. 우리는 모든 힘을 다해 그들을 도울 준비가 되어 있다." 러핀 여사는 "많은 이들의 말처럼 모든 면에서 교양 있는 여성이며, 자신의 역량과 재능을 유색인으로서, 유색인을 위해 유용하게 사용할 것이다."

백인 여성 클럽들 사이의 반흑인 정서는 백인 남성 클럽들 사이의 반흑인 정서보다 더 강한 편이었다. 한 백인 남성은 《트리뷴》에 보낸 편지에서 다음과 같이 언급했다.

> 여기 교육 수준 높고 교양 있는 크리스천 여성들이 있다. 이 여성들은 수년 동안 남성들이 만들어온 제도적 불평등과 차별에 항의하고 반대하는 운동을 해왔다. 이런 여성들이 모여 손가방에서 가장 먼저 꺼낸 무기를 같은 여자에게 휘두른다. 그 여자가 흑인이라는 이유 하나 때문이다. 다른 이유도

없고 다른 이유를 만들어낼 생각도 하지 않는다.

　백인 여성 활동가들이 흑인 여성을 향해 갖는 편견은 흑인 남성에 대해 갖는 편견보다 훨씬 더 강했다. 로절린 펜이 자신의 에세이에서 밝혔듯이 백인 개혁 운동 모임에서는 흑인 남성이 흑인 여성보다 훨씬 잘 받아들여졌다. 흑인 여성을 향한 부정적 태도가 강했던 이유는 흑인 여성은 천하고 속되다는 인종차별-성차별적 고정관념이 워낙에 팽배했었기 때문이다. 백인 여성은 흑인 여성과 어울리면 숙녀로서의 자신들의 이미지가 손상된다고 생각했다. 프레더릭 더글러스, 제임스 포텐, 헨리 가넷Henry Garnett 같은 흑인 남성 지도자들은 백인 사교 모임에서 종종 환영받았다. 흑인 여성과는 같이 식사할 생각도 하지 않던 백인 여성 활동가도 자기 가족의 저녁 식사에 흑인 남성을 초대하곤 했다.

　인종 간의 결합을 두려워하는 백인과, 흑인 여성에 대한 백인 남성의 성적 욕망의 역사를 고려할 때 자신들의 성적인 경쟁자가 될지 모른다는 두려움으로 백인 여성이 흑인 여성을 사회적으로 인정하기 꺼렸을 가능성도 완전히 배제할 수는 없다. 그러나 일반적으로 백인 여성은 도덕적으로 불순한 이들 옆에서 타락하고 싶지 않다고 생각해 흑인 여성과는 사석에서 어울리지 않았다. 백인 여성은 흑인 여성을 자신의 사회적 신분을 직접적으로 위협하는 존재로 보았다. 백인 대중에게 음탕하고 비도덕적이라고 여겨지는 흑인 여성과 어울린다면 어떻게 고결하고 성스러운 존재로서 이상화될 수가 있겠는가? 1895년 흑인 여성

클럽들의 대표로 뽑힌 조지핀 러핀은 한 강연에서 관객들에게 백인 여성 클럽이 흑인 여성의 가입을 원치 않은 이유는 "흑인 여성의 비도덕성"이라는 편견 때문이라고 말하며 흑인 여성됨에 대한 부정적인 고정관념이 지속되는 사회에 대항해야 한다고 촉구했다.

미국 전역에서 열성과 지성을 갖춘 진보적인 유색인 여성은 점점 더 크게 증가하고 있고 이들은 자신의 재능을 완전히 활용하지 못한 채 기회를 기다리고만 있다. 많은 이들이 여전히 기회의 부족으로 좌절하고 비틀거리고 있다. 그들은 더 많은 일을 하고 싶어 하고 지금보다 더 높은 곳으로 올라가기를 열망한다. 그러나 미국에서 유색인 여성은 평판이 나아지지 못하고 필연적으로 다음과 같은 말만 듣는다. "대부분의 경우 무지하고 도덕성이 부족하며 물론 가끔의 예외는 있지만 손에 꼽을 정도이다."

(…) 너무나 오래 우리는 이런 부당하고 불경스러운 비난 속에서도 침묵해왔다. 매년 남부 여성은 흑인 여성의 부도덕성을 이유로 유색인 여성이 전국 단위 단체에 가입하는 것을 금한다. 개개인이 이러한 잘못된 견해를 부인하려 노력하지만 전반적인 편견은 한 번도 깨진 적이 없고, 우리는 이 편견을 가장 먼저 제거해야 한다. (…) 이제 우리가 침묵을 깨야 한다. 요란한 시위는 우리의 본모습이 아니다. 우리가 어떤 사람이고 어떤 사람이 되고 싶어 하는지를 품위 있게 보여주어야 한다. 차분히 단계를 밟아나가며 이 세상에 객관적인 진실을 알려야 한다.

흑인 여성을 향한 백인 여성의 인종차별은 여성인권운동과 여성클럽운동에서도 드러났지만 일의 영역에서도 명백히 드러났다. 1880년부터 1차 세계대전까지 백인 여성인권운동가들의 가장 큰 관심사는 다양한 분야에서 일할 권리였다. 급여를 받는 직업이야말로 그들과 같은 입장의 여성이 경제적 의존에서 탈출하는 방법이라고 보았다. 《미국의 여성과 일》(보다 정확한 제목을 붙이자면 "미국의 백인 여성과 일"이 될 것이다)이라는 책에서 로버트 스머츠는 이렇게 쓴다.

> 만약 여성이 자신을 스스로 부양할 수 있다면 결혼을 피할 수도 있고 유지할 수도 있으며 모두 자신의 선택에 의해 그렇게 할 것이다. 따라서 일은 많은 페미니스트들에게 결혼에 대한 실제적이거나 잠재적인 대안이 된다. 따라서 부부 관계를 개선할 수 있는 하나의 도구가 되기도 한다.

백인 여성운동가들이 여성의 직업적 기회 확장을 위해 했던 모든 노력은 오직 백인 여성 노동자들의 운명의 개선에만 관련돼 있었다. 이 백인 여성들이 자신들을 흑인 여성 노동자들과는 절대 동일시하지 않았기 때문이기도 하다. 사실 흑인 여성 노동자는 오히려 백인 여성의 안정성을 위협하는 이들로 보이기도 했다. 흑인 여성 노동자의 등장은 곧 더 심한 경쟁을 뜻했다. 백인 여성 노동자와 흑인 여성 노동자의 관계를 한마디로 정의하면 갈등 관계라고 해도 무방했다. 흑인 여성이 다양한 산업에 진출하고 인종주의와 맞서 싸우자 갈등은 더 첨예하게 불거졌다. 1919년 뉴욕시의 흑인 여성 노동자에 관한 보고서 《유색인 여성 노동자들의 새로운 내일A new day for the colored women worker》은 이런 문단으로 시작한다.

수 세대 동안 유색인 여성은 남부의 농장에서 일을 했다. 그들은 남부와 북부에서 가사 노동자로 일했고 할 수 있는 서비스 직종의 일은 모두 도맡았다. 특히 고된 일, 남들이 기피하는 일이 그들의 몫이었고 판매점이나 공장 일자리에서는 철저히 배제되어 있었다. 가장 큰 이유는 관습과 인종적 편견이었다. 남부의 산업은 더디게 성장했고 그나마 적은 자리도 흑인 여성에게는 기회가 돌아가지 않아 장벽은 더욱 높아졌다. (…) 이러한 이유로 유색인 여성은 과거 산업 역군의 위치에는 올라가지 못했다.

오늘날 그들이 산업 역군이 되었다는 사실은 반박할 수가 없다. 전쟁으로 인해 적어도 당분간은 일부 공장이 흑인 여성에게도 문을 열게 되었다. 남자들은 전쟁터로 떠나고 백인 여성은 군수 산업 분야로 들어가자 이제 그들 자리를 유색인종 여성이 대신했다. 기술직, 반기술직, 단순 노동직의 수요가 각각 채워져야 했다. 기존의 이주 노동자들은 이미 일을 하고 있었고 이주 인구 유입이 막히면서 노동력 부족으로 인해 조금이라도 경력이 있는 백인 노동자들은 기술직에 채용됐다. 이제 어디서든 저가 노동력을 찾아야 했다. 역사상 처음으로 직업소개소와 신문 광고가 구인란에 "유색인"이라는 단어를 추가했다. 처음으로 많은 유색인 여성에게 일자리의 문이 열렸다.

흑인 여성 노동자들은 세탁 공장, 식품 공장에 들어갔고 전등갓 공장처럼 단순 노동이 필요한 의류 업계에서 일하게 되었다. 공장 내에서 흑인 여성과 백인 여성 사이의 갈등과 적대감은 흔했다. 백인 여성은 같은 일자리를 두고 흑인 여성과 경쟁하고 싶어 하지 않았고 흑인 여성 바로 옆에서 일하고 싶어 하지도 않았다. 흑인 여성 고용을 막기 위해 백인 여성들은 고용주들에게 일을 그만두겠다고 으름장을 놓기도 했다. 백인 여성 노동자들이 흑인 여성에 대해 불만을 털어놓아 흑인 여성을 고용하지 못하게 막는 일도 흔했다.

연방정부가 운영하는 공장에 고용된 백인 여성들은 자신들이 흑인 여성들과 분리된 곳에서 일해야 한다고 주장했다. 많은 일터에서 일하는 공간, 세면실, 샤워실을 분리해 백인 여성이 흑인 여성과 나란히 일하거나 씻지 않게 했다. 백인 여성 클럽 회원들이 흑인 여성을 배제하기 위해 사용한 주장을 백인 여성 노동자들도 이용했다. 즉 흑인 여성은 부도덕하고, 문란하고, 예의를 모른다는 것이었다. 한 발 더 나아가 흑백이 분리돼야 하는 이유는 "니그로"들이 퍼뜨리는 병에 감염되지 않기 위해서라고도 했다. 일부 백인 여성은 질염이 있는 흑인 여성이 많다고 주장하기도 했다. 예컨대 등기소에서 일하던 백인 여성인 모드 B. 우드워드Maud B. Woodward는 다음과 같이 진술하기도 했다.

백인과 흑인이 같은 화장실을 사용하고 있는데, 흑인 여자들이 질병에 걸렸다는 증거가 속속 나오고 있다. 알렉산더Alexander라는 니그로 여자는 몇 년째 질염을 앓고 있다고 하며 백인 여성들은 그 여자와 같은 화장실을 이용하는 것이 두려워 정신적, 신체적 스트레스를 겪는다.

흑인 여성 노동자들과 백인 여성 노동자들 사이에 경쟁이 있었다고 해도 대체로 모든 일이 백인 여성에게 유리한 방향으로 결정되었다. 흑인 여성은 백인 여성이 하기에는 너무 고되고 힘겨운 분야에 배치되었다. 제과 공장에서도 흑인 여성은 사탕 껍질 포장뿐 아니라 제빵사로도 일하고 무거운 쟁반을 테이블에서 기계로, 기계에서 테이블로 옮기는 일도 했다. 그들은 담배 공장에서는 이전에 남자들이 담당했던 "담뱃잎 건조" 작업을 했다. 뉴욕시의 한 조사원은 다음과 같이 보고했다.

유색인 여성은 백인 여성이 기피하는 공정에서 발견되곤 했다. 그들은 이전에는 소년들이 했던 창틀 닦기를 했는데 이는 계속 서서 팔을 뻗어야 하는 일이다. 남자들이 하던 모피 염색도 했다. 계속 서서 몸을 움직이고 무거운 브러시를 들고 역한 냄새를 참아야 하며 부상이 잦아 모두 기피하는 작업이었다. 매트리스 공장에서는 남자들 대신 "곤포" 작업을 했다. 보통 둘씩 짝을 지어서 다섯 개의 매트리스를 압축, 결속하는 일이다. 이 여자들은 하루 종일 허리를 구부리거나 70킬로그램 정도 되는 물건을 들어 올려야 했다.

인종적으로 분리된 직장에서 흑인 여성은 대개 백인 여성보다 낮은 임금을 받았다. 이 두 집단 사이에 교류가 별로 없었으므로 흑인 여성은 봉급의 차이를 알지 못했다. 뉴욕시 노동자들에 대한 보고서에 따르면 대부분의 고용주들은 같은 노동을 해도 흑인 여성 노동자들에게는 백인 여성과 같은 임금을 지급하지 않았다.

업종에 상관없이 유색인과 백인의 임금 차이는 두드러졌다. 모든 흑인 여성이 주당 10달러 미만의 임금을 받을 때 백인 여성은 6명 중 1명만이 그와 비슷한 임금을 받았다. (⋯) 고용주들은 백인 여성의 임금이 더 높은 이유가 그들의 작업 속도가 빠르기 때문이라고 주장했다. 그러나 모자 공장의 감독은 흑인 노동자들의 노동 효율이 더 높아도 적은 임금을 지급했다고 고백했다. (⋯)

이러한 임금 차별은 보통 세 가지 양상으로 나타난다. 먼저 고용주들이 유색인 노동자들을 분리하여 동일한 일을 하는 백인 노동자의 임금보다 낮은 임금을 준다. (⋯) 두 번째 방식은 유색인 노동자들을 더 높은 임금을 받을 수 있는 부서에 배치하지 않는 것이다. 예를 들어 의류 공장에서 유색인 봉제사에게는 시간당 임금을 계산해 주당 10달러를 주고 백인 봉제사에게는 단가당 임금을 계산해 주당 12달러를 지급하는 식이다. 세 번째 차별 방법은 유색인 여성의 주급을 백인 여성의 주급만큼 지불하는 것을 노골적으로 거부하는 것이다.

백인 여성 노동자들은 자신들이 노동시장에서 더 나은 대우를 받을 수 있게 인종 서열이 유지되길 원했다. 비숙련 분야에선 흑인 여성 고용을 지지했더라도 숙련 분야에는 흑인을 배치해서는 안 된다고 생각하는 이들도 많았다. 제도적 인종주의를 지지하는 백인 여성 노동자들과 흑인 여성 노동자들 사이에는 갈등이 생길 수밖에 없었다. 분란을 막기 위해서 처음부터 한 인종만 채용하는 공장도 많았다. 두 인종 모두를 채용하는 공장에서는 흑인 여성 노동자들의 노동 환경이 훨씬 열악했다. 백인 여성이 탈의실, 세면실, 휴게실 등을 흑인 여성과 공유하길 거부했다는 것은 곧 흑인 여성은 이런 편의시설을 이용하지 못했다는 뜻이다. 일반적으로 흑인 여성 노동자들은 백인 여성 노동자들, 그리고 전반적으로 백인들에게 착취를 당했다. 뉴욕시의 보고서는 흑인 여성 노동자들을 더 배려해야 한다는 호소로 마무리된다.

이 논의를 통해 분명히 드러나는 사실은 유색인종 여성의 업무 환경에 문제가 없지는 않다는 점이다. 유색인종 여성은 백인 여성이 거부하는 임금을 받으며 백인 여성이 거부하는 일을 하고 있다. 그들은 저임금으로 백인 여성과 백인 남성, 유색인 남성의 자리를 대체하고 있으며 건강에 해로운 작업도 수행하고 있다. 이 여성들은 미숙한 신입 노동자들이 흔히 저지르는 실수도 거의 하지 않으나 넘어야 할 너무나 큰 핸디캡을 갖고 있다.

유색인 여성의 지위가 어떻게 변해야 할까? 생산에 대한 수요는 가장 많고 역사상 노동력은 가장 부족한 지금의 시대에 유색인 여성은 가장 나중에 채용된다. 다른 노동력이 없을 때에야 비로소 채용되는 것이다. 그들은 가장 지루한 일, 가장 고된 일을 하면서 가장 낮은 임금을 받는다. (…)

미국인들은 유색인종 여성의 처우 개선을 위해 노력하여 전시에 더욱 중요해진 민주적 이상에 닿을 수 있어야 한다.

20세기 초반에 백인 여성과 흑인 여성의 관계는 갈등과 긴장으로 점철되었다. 여성인권운동은 흑인 여성과 백인 여성 사이의 거리를 전혀 좁히지 못했다. 그보다는 백인 여성이 모든 여성의 이익을 증진한다고 하면서 백인 우월주의 지지를 철회하지 않길 바란다는 사실만 드러냈을 뿐이었다. 여성운동과 노동계 내 인종차별은 흑인 여성에게 백인 여성과의 거리만 확인시켰고 백인 여성이 그 사이에 다리를 놓길 원치 않는다는 사실도 드러냈다. 현대 인권운동이 페미니즘의 방향으로 이동하기 시작할 때 백인 여성운동가들은 흑인 여성과 백인 여성 사이의 갈등을 짚고 넘어가려 하지 않았다. 그들은 자매애나 연대 같은 수사를 사용해 계급과 인종의 벽을 넘어 미국 여성이 하나가 될 수 있다고 말했지만 실제로 그 말처럼 흑백이 하나가 되는 일은 일어나지 않았다. 현대 여성운동의 구조 또한 초창기 여성운동의 구조와 크게 다르지 않았다. 전임자들과 마찬가지로 여성운동에 앞장선 백인 여성들은 1960년대 흑인해방운동이 시작되면서 더욱 입지를 넓힐 수 있었다. 역사는 반복되기 마련이고 이들 또한 자신들의 사회 계급을 흑인의 사회 계급과 비교하기 시작했다. "여성"의 고난과 "흑인"의 고난을 끝없이 비교하는 맥락 안에서 그들의 인종주의가 드러났다. 대부분의 경우 이 인종주의는 무의식적이고 그들 스스로는 인정하지 않는 사고였으며 나르시시즘 때문에 대놓고 드러내지만 않았던 것이었다. 이 나르시시즘 때문에 백인 여성 페미니스트들은 두 가지 명백한 현실을 보지 못했다. 첫째, 자본주의, 인종주의, 제국주의 국가에서 여성 집단 전체가 같은 사회적 계급을 공유하지는 않는다는 사실이다. 둘째, 이제까지 미국에서 백인 여성의 계급은 흑인 남성이나 흑인 여성의 계급과 단 한 번도 같지 않았다는 사실이다.

1960년대 후반 여성운동이 본격적으로 시작됐을 때 백인 여성은 이 운동이 "자신들의" 운동이라고 느꼈고 그동안 쌓인 불만의 목소리를 낼 수 있는 창구라고 생각했다. 백인 여성은 페미니즘 이데올로기가 자신들의 입장만을 대변하기 위해 존재하는 것처럼 행동했는데, 그래야 여론의 시선을 페미니즘 이슈로 돌릴 수 있었기 때문이다. 그들은 비백인 여성도 그들이 말하는 미국 여성의 일부라는 사실을 인정하고 싶어 하지 않았다. 흑인 여성에게 "자기들" 운동에, 때로는 여성운동에 참여하라고 설득하기도 했지만 그들의 대화와 글에서 나타나는 흑인 여성에 대한 태도는 인종차별적이고 성차별적이었다. 그들의 인종주의는 노골적인 증오의 형태를 띠지는 않았다. 그보다 훨씬 미묘했다. 흑인 여성의 존재를 가볍게 무시하거나 흑인 여성에 대한 글을 쓸 때 사회 전반에 퍼진 성차별적, 인종차별적 고정관념을 아무렇지 않게 사용하는 식이었다. 베티 프리단Betty Friedan의 《여성성의 신화The Feminine Mystique》에서부터 바버라 버그의 《기억된 문: 미국 페미니즘의 기원》, 비교적 최근 저작인 질라 아이젠슈타인Zillah Eisenstein이 편집한 《자본주의 가부장제와 사회주의 페미니즘 Capitalist Patriarchy and Case of Socialist Feminism》 등의 책에서 자신을 페미니스트로 정체화한 대부분의 백인 여성 작가들은 인종주의적 이데올로기를 받아들이고 지속시키고 있음을 그대로 드러낸다.

대부분의 글에서 저자들은 백인 미국 여성의 경험을 **미국 여성**의 경험과 동일시하려고 한다. 백인 여성에 대해서만 글을 썼다고 해서 단박에 인종차별적이라고 판단할 수는 없지만 그 책이 오로지 백인 미국 여성의 경험에만 치중했으면서도 마치 모든 미국 여성의 경험인 것처럼 포장되어 있다면 근본적으로 인종주의적인 책이 맞다. 이 책의 자료조사 과정에서 나는 식민지 시대 미국에서의 노예 흑인 여성과 자유 흑인 여성의 삶에 대한 정보를 찾았다. 그러다 줄리아 체리 스프루일Julia Cherry Spruill의 《남부 식민지 시대 여성의 삶과 일Women's Life and Work in the Southern Colonies》을 참고 문헌 목록에서 발견했다. 1938년에 초판이 발행되고 1972년에 재판된 책이었다. 로스앤젤레스의 시스터후드서점에서 이 책을 발견하고 뒤표지에 실린 개정판 소개문을 읽어보았다.

미국 사회사의 고전 중 하나인 《남부 식민지 시대 여성의 삶과 일》은 식민지 시대 남부 미국 여성의 생활상과 지위를 폭넓게 다룬 최초의 연구서이다. 줄리아 체리 스프루일은 식민지 시대 신문, 법정 기록물을 비롯해 다양한 사료들을 수집하고 보스턴부터 사바나까지 모든 도서관의 기록물을 샅샅이 뒤졌다. 그 결과 아서 슐레진저 시니어Arthur Schlesinger, Sr.에 따르면 "조사와 주석의 모범이자 미국 사회사를 다룬 중대한 작업으로 앞으로도 이 분야 연구생들의 참고서가 될 책"이 탄생했다.

이 책의 주제는 식민지 시대 정착지 여성의 역할로 이들의 가정, 가정 내 활동, 사교 생활을 포괄한다. 그들이 받은 교육의 목적과 방식, 정치와 경제에서 그들의 역할, 당시의 법과 사회에서 그들이 다뤄진 방식도 담겨 있다. 풍부한 문서 자료와 식민지 시대 정착민들의 구술 자료를 통해 생생하고 놀라운 그림이 완성되었다. 비록 직접 가볼 수 없는 시대이지만 그 시대 여성의 삶의 다양한 면면을 자세히 들여다볼 수 있다.

이 소개문을 읽은 후 나는 스프루일의 책에서 미국 사회의 다양한 여성 집단에 관한 정보를 찾을 수 있으리라 기대했다. 그러나 내가 찾은 것은 백인 여성에 관한 또 한 권의 책이었으며 책 제목과 소개문이 독자에게 오해를 불러일으켰다고 할 수 있었다. 아마 이 책의 정확한 제목은 "남부 식민지 시대 백인 여성의 삶과 일"이 될 것이다. 만약 나나 다른 저자가 미국 출판사에 남부 흑인 여성의 삶과 일만을 다룬 원고를 보내면서 제목을 "남부 식민지 시대 여성의 삶과 일"이라고 붙였다면 분명 출판사에서 그 제목은 잘못되었고 받아들일 수 없다고 말했을 것이다. 백인 페미니스트 저자들이 자신의 책에 "여성"이라는 제목을 붙이고 어떠한 인종적 언급도 하지 않으며 백인 여성에 관해서만 쓸 수 있는 힘은 바로 흑인 여성에 대한 글을 쓸 때는 당연하게도 인종적 정체성을 밝히게 하는 힘이다. 그 힘이란 인종주의다. 미국처럼 인종차별적 제국주의 국가에서는 지배적인 인종은 인종적 정체성을 잊어버리거나 생략하는 사치를 부릴 수 있으며, 차별받는 인종은 매 순간 자신의 인종적 정체성을 인식하고 있어야 한다. 지배하는 인종은 자신의 경험이 모든 이의 경험을 대표하는 것처럼 보이게 만들 수 있다.

미국에서는 백인 인종주의 이데올로기로 인해 백인 여성이 여성과 백인 여성을 동의어로 상정할 수 있었다. 다른 인종의 여성은 **타인**, 즉 여성이라는 이름에 같이 묶이지 않는 비인격적인 존재로 인식되었다. 정치적으로 깨어 있다고 주장하는 백인 페미니스트들 또한 언어 사용을 통해 흑인 여성의 존재를 인정하지 않음을 무의식적으로 드러낸다. 그들은 "여성"이라는 단어가 오직 백인 여성을 의미한다는 인상을 심어주는데, 끊임없이 "여성"과 "흑인"을 구분해서 사용하기 때문이다. 거의 모든 페미니스트들의 저술에서 이러한 구분법을 찾아볼 수 있다. 1975년에 출간된 에세이 모음집 《여성: 페미니스트의 관점에서Women: A Feminist Perspective》에서 헬렌 해커Helen Hacker가 쓴 〈소수 집단으로서의 여성Women as a Minority Group〉이라는 제목의 글을 보면 백인 여성이 흑인 여성을 배제하고 인종적 위계질서에 대한 비판을 피하기 위해 계속해서 "여성"과 "흑인"을 비교하는 방식을 취한다는 것을 알 수 있다. 해커는 다음과 같이 쓴다.

여성과 니그로의 관계는 역사가 깊고 유추적이기도 하다. 17세기 니그로 하인의 법적 지위는 여성과 어린이의 법적 지위에서 차용된 것이었다. 모두 파트리아 포테스타스[가부장의 권한] 아래에 있었다. 남북전쟁 이전까지 노예제 폐지론자와 여성 참정권 운동가들 사이에는 협력이 이루어졌다.

여기서 해커는 오직 백인 여성만 언급한다. 백인 페미니스트들이 "흑인"과 "여성"을 비교하는 가장 대표적인 예는 캐서린 스팀프슨Catherine Stimpson의 에세이 〈'이웃의 아내, 이웃의 하인': 여성해방과 흑인인권운동'Thy Neighbor's Wife, Thy Neighbor's Servants': Women's Liberation and Black Civil Rights〉에서 찾아볼 수 있다.

뮈르달Myrdal이 지적했듯이 산업화의 발전은 성인 남성 문화 내 여성과 흑인의 통합을 가져오지는 않았다. 여성은 아이를 낳고 직업도 가질 수 있는 만족스러운 방법을 찾지 못했다. 흑인은 이 사회의 강력한 반융합 정책을 무너뜨리지 못했다. 이 사회의 경제가 여성과 흑인에게 쥐여준 것은 육체노동, 저임금, 기회 박탈뿐이다. 백인 남성 노동자들은 이들과 경쟁하다가 임금이 삭감되거나 직업상의 평등이 이루어지는 등 불이익이 있을까 봐 두 집단 모두를 미워했다. 혹은 이들이 더 우월할지도 모른다는 사실이 그들에게 자연의 법칙이나 마찬가지인 신념을 위협했다고 할 수 있다. 여성과 흑인이 하는 작업들은 모두 미천하고, 단조롭고, 고생스럽고, 더러운 일들이었다.

스팀프슨의 에세이 전체에서 여성은 백인 여성과 동의어이고 흑인은 흑인 남성과 동의어이다.

과거에도 백인 가부장들은 백인 여성의 인종적 정체성을 굳이 언급하지 않았다. 인종이란 주제는 정치적이기에 "백인" 여성의 현실이라는 신성한 영역을 오염시킨다고 믿었기 때문이다. 언어적으로 백인 여성의 인종적 정체성을 부정하고, 백인 여성을 의미할 때도 그저 여성이라고 지칭하면서 백인 여성의 계급은 하찮게 여겨지기도 했다. 19세기부터 현재까지 "여성의 문제"에 대한 글을 써온 백인 여성 저자들은 남성을 다룰 때는 "백인 남성"이라고 정확히 지칭하지만 "백인 여성"을 의미할 때는 "여성"으로 통칭한다. 최근에 와서 "흑인"은 흔히 흑인 남성과 동의어가 되었다. 해커는 글에서 "카스트 제도와도 같은 계급사회 내 여성과 니그로"를 비교해 표를 작성한다. 제목은 "계급의 합리화"로, 그녀는 흑인들이 "자신의 계급 안에서 별문제가 없다고 생각한다"(?)고 쓰기도 한다. 해커와 스팀프슨처럼 백인 여성만을 지칭할 때 "여성"이란 단어를 쓰고, 흑인 남성만을 지칭할 때 "흑인"이란 단어를 쓰는 일은 특별한 경우가 아니다. 대부분의 백인 여성은 물론 일부 흑인들도 그랬다. 현실을 묘사할 때 사용하는 미국인들의 언어에서는 인종차별적, 성차별적 패턴이 나타나고 이 안에서 흑인 여성은 배제된다. 최근 이란에서 정치 혁명이 일어났을 때 미국의 모든 언론사들은 "호메이니가 여성과 흑인을 풀어주다"라는 헤드라인을 실었다. 이란 대사관에서 탈출한 미국 인질들은 백인 여성과 흑인 남성이었다.

백인 여성을 "여성"이라고 칭하는 것은 명백히 인종차별–성차별적 경향이지만 백인 페미니스트들은 이에 대해 크게 문제 삼지 않았고 오히려 지지했다. 그들에게 이 행동은 두 가지 목적에 부합했다. 첫째, 백인 여성과 백인 남성은 인종차별적 제국주의의 수혜자이지만 언어상으로는 이들 사이에 연대가 존재하지 않는 것처럼 분리해 백인 남성만이 이 세계의 압제자로 군림한 것으로 보이게 할 수 있다. 둘째, 백인 여성과 비백인 여성 사이에 사회적 연대가 존재하는 것처럼 행동할 수 있고 그들의 계급주의와 인종주의에 대한 비판을 면할 수 있다. 만약 백인 페미니스트들이 백인 여성과 흑인의 계급 차를 명시적으로 드러냈다면, 나아가 보다 구체적으로는 흑인 여성과 백인 여성의 계급 차를 비교했다면 이 두 집단은 동일한 핍박 속에서 살아오지 않았다는 사실이 극명하게 드러났을 것이다. 가부장제 아래 여성의 지위와 노예 혹은 식민화된 사람들의 지위 사이에는 공통점이 존재하지 않는다는 사실이 가시화돼버렸을 것이다. 인종차별적, 성차별적 제국주의 사회에서 성별로 인해 열등하다고 여겨지는 여성은 인종으로 인해 우월해질 수 있으며 다른 인종의 남성과의 관계에서도 더 우월한 위치를 점유할 수 있다. 페미니스트들은 여성의 이미지를 하나의 집단으로 전시하려는 경향이 있었기에 "여성"과 "흑인"을 비교하는 것은 별문제 없이 받아들여졌다. "여성"과 "흑인"의 고난을 지속적으로 비교하면 흑인 여성이 인종차별과 성차별 두 가지 모두의 극단적인 희생자라는 사실로부터도 관심을 돌릴 수 있었다(사실 이 부분이 강조됐더라면 대중은 중산층 백인 여성 페미니스트들의 불만을 사치로 치부해 그들에게 귀를 기울이지 않았을 수도 있다).

　19세기 백인 여성인권운동가들이 자신들의 경험과 운명을 흑인 노예들과 비교하면서 관심을 노예들에게서 자신들로 돌리려고 시도한 것처럼 현대 백인 페미니스트들 또한 같은 비유를 사용해 자신들의 문제에만 관심을 집중시키려 했다. 미국이라는 위계 사회에서 백인 남성이 가장 꼭대기에 있고 두 번째 자리에 백인 여성이 위치한다는 사실을 고려하면 아마도 백인 여성은 흑인인권운동 앞에서 자신들의 권리 박탈을 불평하게 되었을 것이고, 자신들의 이익이 자신들보다 아래에 위치한 사람들, 특히 흑인들의 이익보다는 우선시돼야 한다고 기대했을 것이다. 미국의 어떤 집단도 여성운동에 참여한 백인 여성만큼이나 흑인을 비유적으로 이용하지 않았다. 스페인 철학자 오르테가 이 가

세트Ortega Y Gasset은 비유의 목적에 대해 다음과 같이 지적한다.

무언가를 다른 무언가로 대체해 설명하려는 이 정신적 활동에서 이상한 일
이 일어나는 것이다. 첫 번째 것을 얻으려는 욕망보다 두 번째 것을 제거하
려는 욕망이 커진 것만 같다. 이 비유는 어떤 대상을 다른 무언가로 가장하
면서 그 대상까지 상실해버린다. 어떤 현실을 본능적으로 회피하고자 하는
의도가 있지 않은 한 이러한 목적 잃은 비유는 아무 의미가 없다.

백인 여성은 "깜둥이 같은 여성"이나 "여성이라는 제3세계",
"노예로서의 여성" 같은 표현을 통해 자신들의 이야기를 하면서
비백인들이 당한 억압과 고통을 상기시킨다. "우리 백인 여성의
운명이 얼마나 고통스러웠는지, 우리가 왜 깜둥이 같았는지, 우
리가 왜 제3세계 같았는지 보라." 물론 중상류층 백인 여성의 상
황이 억압받는 사람들의 상황과 정말 비슷한 면이 있었다면 이
러한 비유가 반드시 필요하지도 않았을 것이다. 만약 그들이 정
말로 빈곤하고 핍박받았다면, 억압받는 여성들의 운명에 대해
정말 걱정했더라면 흑인의 경험을 도용하려는 마음은 들지 않았
을 것이다. 그저 여자로 살면서 당한 차별이나 폭력에 대해 잘
설명하고 묘사하는 것만으로도 충분했을 것이다. 남편이나 애
인에게 육체적 학대나 폭행을 당한 백인 여성이라면, 빈곤에 시
달렸던 백인 여성이라면 굳이 자신이 고통스러웠다는 사실을 강
조하기 위해 고통받는 흑인의 운명을 가져와 자신의 운명과 비
교하려는 시도는 하지 않았을 것이다.

234

여성운동을 하는 백인 여성이 여자가 받은 억압과 폭력을 강조하기 위해 흑인의 경험을 이용해야 했다면, 흑인 여성의 경험에 집중하는 편이 더 논리적이었을 것이다. 하지만 백인 여성들은 그렇게 하지 않았다. 그들은 흑인 여성의 존재를 부정하고 여성운동에서 배제했다. 내가 "배제"라는 단어를 사용한 것은 그들이 인종을 기반으로 흑인 여성을 노골적으로 차별했다는 의미가 아니다. 그들은 다른 방식으로 사람들을 배제하고 고립시켰다. 백인 여성이 "여성"과 "흑인"을 비교 분석할 때마다 많은 흑인 여성들은 이 운동에서 배제되고 있다고 느꼈다. 여성과 흑인을 비교하면서 백인 여성은 흑인 여성에게 실제로는 이렇게 말한 것이나 마찬가지였다. "우리는 미국 사회에서 당신을 여성으로 인정하지 않습니다." 백인 여성이 공통의 억압과 차별을 바탕으로 흑인 여성과 연대하고 싶었다면 흑인 여성에게 영향을 미친 성차별을 자신들이 얼마나 잘 파악하고 인지하는지를 열심히 보여주려 했을 것이다. 안타깝게도 자매애와 연대에 관한 온갖 화려한 수사에도 불구하고 백인 여성은 진심으로 흑인 여성이나 다른 집단의 여성과 연대해 성차별과 싸우려는 마음이 없었다. 그들의 주요 관심사는 백인 중상류층 여성의 경험과 운명을 중요한 쟁점으로 끌어내는 것이었다.

여성운동을 하는 백인 중상류층 참여자들에게 빈곤층 여성의 고통 혹은 흑인 여성의 구체적인 고통에 주의를 환기하는 것은 개인적인 이득이 되지 못하기도 했다. 종신 재직권을 거부당했기 때문에 희생되고 차별받았다고 주장하고 싶어 하는 백인 여자 교수가 있다고 치자. 그녀가 빌려 오고 싶은 이미지는 최저임금 이하의 임금을 받으면서 식구들을 먹여 살리려고 홀로 애쓰는 가난한 가정부 여성이 아닐 것이다. 그보다는 이렇게 말한다면 훨씬 더 많은 관심과 공감을 받게 될 가능성이 크다. "나는 백인 남성 동료들 눈에는 깜둥이나 마찬가지입니다." 그녀는 흑인과 자신을 같은 수준에 놓으면서 순수하고 도덕적인 백인 여성의 이미지를 강조하는데, 여기서 더 중요한 것은 흑인 남성을 끌어온다는 점이다. 여성운동을 하는 백인 여성이 백인 여성의 운명을 흑인 남성과 비교하기로 선택한 것은 그저 우연이 아니다. 캐서린 스팀프슨은 여성해방운동과 흑인인권운동에 관한 에세이에서 "흑인해방운동과 여성해방운동은 각자 다른 길을 가야 한다"고 주장하는데 흑인인권운동은 흑인 남성과 관련이 있고 여성해방운동은 백인 여성과 관련이 있는 운동이라는 것이다. 그녀는 19세기 여성인권운동에 관해 쓴 글에서 대체로 흑인 남성 지도자들의 글만 인용한다. 사실 흑인인권운동에서 흑인 여성 지도자가 흑인 남성 지도자들보다 훨씬 적극적이었는데도 그러했다.

미국 인종주의에 나타나는 역사심리를 고려해보자. 백인 여성이 백인 남성에게 더 많은 권리를 요구하면서 그러한 권리 없이는 자신들이 흑인이 아니라 흑인 남성과 같은 사회적 계급으로 내려가리라는 점을 강조하자, 인종주의적 백인 남성에게는 백인의 여성됨이 강등되는 그림이 그려졌다. 아마 백인 남성은 인종—성별의 위계에서 백인 여성의 위치를 보호해야겠다는 생

236

각이 들었을 것이다. 스팀프슨은 이렇게 쓴다.

> 백인 남성은 자신들의 정자의 신성함과 우월성을 확신하지만 그것을 사용하는 데는 죄책감을 느꼈고 아늑한 자궁이라는 성소와 어린 시절의 특권을 잃었다는 점을 안타까워했다. 이들은 자신들의 성별을 이용해 권력을 가졌고 그 권력을 사용해 성을 통제하려고 했다. 현실 속에서나 환상 속에서나 그들은 격렬하게 흑인 남성과 백인 여성을 분리했다. 그들의 가장 악명 높은 환상 속에서 흑인 남성은 성적으로 사악한, 인간 이하의 존재이다. 백인 여성은 성적으로 순수하고 고상한, 인간 이상의 존재이다. 이 둘을 극과 극으로 놓고 정신과 육체를 분리했다. 흑인과 여성은 언제나 성적인 희생자였으며 그것도 잔인하게 희생된 이들이었다. 흑인 남성은 거세되었고 여성은 강간당하고 정신적 음핵절제술을 당하기도 했다.

스팀프슨에게는 흑인은 흑인 남성이고 여성은 백인 여성이며 그녀가 백인 남성을 인종주의자로 비난하고 있긴 하지만 백인 여성과 흑인 남성이 함께 차별당한 것 같은 이미지를 제시한 이유는 그들이 각자의 길로 가야 한다고 주장하기 위해서이다. 그렇게 함으로써 성별-인종적 비유를 이용해 인종주의자 백인 남성의 비위를 맞춘다. 아이러니하게도 그녀는 백인 여성에게 흑인과 백인 여성을 비유하지 말라고 하면서 자신은 에세이에서 계속해서 그렇게 하고 있다. 권리를 주지 않으면 백인 여성은 흑인 남성과 같은 부류가 될 것이라고 말하며 흑인 남성을 싫어하는 백인 가부장제 남성의 인종주의에 호소한다. 그들의 "여성해방"(그들에게는 백인 여성해방과 동의어이다) 주장은 백인 여성에게 흑인 남성보다는 높은 지위를 부여해달라는 백인 남성을 향한 호소가 되어버렸다.

흑인 여성이 백인 여성 앞에서 백인 여성도 인종차별을 한다고 하거나 여성운동의 선봉장들이 사실은 그렇게까지 억압받는 이들은 아니라는 생각을 전하려고 하면 백인들은 "억압과 차별의 정도를 측정할 수는 없다"고 말했다. 백인 여성은 "공통의 억압"을 강조하면서 이 운동에 가입하려는 흑인 여성을 더욱 고립시켰다. 여성해방운동에 참여한 백인 여성 다수가 사실은 비백인 혹은 백인 가정부의 고용주였기 때문에 사실 공통된 억압과 차별이라는 수사를 많은 흑인 여성이 모욕으로 느꼈고 부르주아 여성의 무심함이나 하층계급 여성에 대한 배려 부족으로 여겼다.

공통의 억압이라는 주장 밑에는 흑인 여성을 깔보는 태도가 담겨 있기도 했다. 백인 여성은 자신들이 해야 할 일은 오직 자매애에 대한 욕망을 표현하는 것, 혹은 흑인 여성이 단체에 가입하기 바란다는 사실만 강조하는 것이며 그러면 흑인 여성이 기뻐하리라 가정했다. 백인 여성은 스스로 매우 관대하고 마음이 열려 있으며 시종일관 반인종주의적인 태도를 보여주었다고 생각했고 자신들의 접근에 흑인 여성이 분노와 반감으로 대응하면 충격을 받았다. 백인 여성은 자신들의 관대함이 오직 자신들에게만 적용되며 자기중심적이고 기회주의적인 욕망에서 비롯되었다는 사실을 몰랐다.

미국의 백인 중상류층 여성이 현실에서 성차별과 성 착취로 고통받지 않았다는 뜻이 아니다. 다만 그들은 빈곤한 백인 여성 혹은 흑인이나 아시아 여성과 동일한 수준으로 차별받은 집단이 아니다. 그들이 이 세상의 차별과 억압 또한 상대적이고 다층적이라는 사실을 인정하지 않으려 하면서, 흑인 여성은 백인 여성을 점차 적대시하게 되었다. 많은 중상류층 백인 페미니스트들은 성차별적 사회에서 가장 작은 피해를 입었음에도 불구하고 모든 관심을 자신들에게만 돌리려고 했기 때문에, 미국 여성의 계층 간 차이를 객관적으로 분석하려고 하지도 않았다. 그들은 모든 여성이 동일한 차별을 받는 것은 아니며 어떤 부류의 여성은 자신들의 계급, 인종, 교육적 특권을 효과적으로 이용해 성차별 억압에 저항할 수도 있었다는 사실을 받아들이려 하지 않았다.

초창기 여성운동에서 백인 여성들은 계급 특권에 대해 전혀 논의하지 않았다. 그들은 자신들을 희생자라는 이미지로만 전시하려고 했고 그들의 계급이 조명을 받으면 그렇게 할 수가 없었다. 사실 현대 여성운동은 극단적으로 계급 중심적이었다. 백인 참여자들은 자본주의를 고발하지 않았다. 그들은 백인 자본주의적 가부장제의 용어를 이용해 여성해방을 정의했고, 해방이란 경제적 지위와 물질적 힘을 얻는 것이었다. 이 세상의 모든 착한 자본주의자들처럼 그들도 일이야말로 해방으로 가는 열쇠라고 주장했다. 일을 강조한다는 것은 백인 여성해방운동 안에서의 현실 개념이 얼마나 나르시시즘적이고 계급차별적이며 인종차별적인지를 보여주는 전형적인 증거라 할 수 있다. 일이 여성해방의 열쇠라는 주장은 미국 노동자 계층 여성의 대다수가 성차별에서의 해방이나 경제적 독립을 쟁취하기 위해서가 아니라 오로지 먹고살기 위해 일한다는 현실을 인정하지 않는 태도를 내포한다. 벤저민 바버Benjamin Barber는《페미니즘 해방하기 Liberating Feminism》에서 여성운동을 비판하며 오직 여성의 일할 권리만 강조하려는 백인 중상류층 여성해방론자에 대해 다음과 같이 언급한다.

일은 여가에서 탈출하고자 하는 여성에게는 매우 큰 의미를 갖는다. 그러나 대부분의 역사 속 대부분의 인간에게는 일의 의미가 그들의 생각과 다르다. 일부 운 좋은 남성에게만, 물론 그보다 훨씬 적은 숫자의 여성에게만 일은 의미와 창의성의 원천이었다. 대부분의 사람들에게 일이란 쟁기나 기계, 단어나 숫자를 앞에 두고 강제로 하는 중노동이었다. 제품을 만들고 스위치를 누르고 보고서를 쓰면서 인간으로 존재하기 위한 물질적인 수단을 겨우 끌어내는 일이었다.

(…) 일을 할 수 있는 것과 일을 갖는 것은 다른 문제다. 그러나 내가 볼 때 여성해방을 외치는 여성 중에 자신의 시간을 채우고 권력 구조를 이해하기 위해 미천하게 취급되는 비숙련 노동자로 일하려는 사람이 있을지 의문이다. 일에는 자동적으로 지위와 권력이 부여되는 것이 아니며 중상류층 계급에게 할당되는 특정한 일에만 그렇다. (…)《일Working》에서 스터즈 터클Studs Terkel이 보여준 것처럼 대부분의 노동자들은 일이란 지루하고 답답하고 짜증나고 외롭다고 말한다. 여성이 가사 노동을 하며 느끼는 감정과 비슷하다.

백인 여성해방론자들은 해방으로서의 일을 강조하면서도 미국 노동시장에서 가장 심하게 착취당한 노동자 계층 여성에게 관심을 돌리려고 하지 않았다. 만약 그들이 노동자 계층 여성의 고충을 강조했다면 대중의 관심은 중상류층이 선호하는 직업군에 진출하고자 하는, 교외의 중산층 대졸 전업주부에게서 이 노동자 계층 여성으로 바로 옮겨졌을 것이다. 이미 일을 하고 있으며 미국 사회에서 가장 값싼 임금을 받고 착취당하는 여성에게 시선이 집중되었다면 아마 중산층 백인 여성의 "의미 있는" 직업에 대한 욕구를 낭만화하지는 못했을 것이다. 여성이 직업을 갖는 방식으로 성차별에 저항하는 것 또한 매우 중요하지만 오랜 기간 노동은 대다수 미국 여성에게 해방을 가져다주는 힘이 아니었다. 어느 정도의 기간 동안 성차별이 여성의 사회 진출을 막은 것은 맞다. 베티 프리단의 《여성성의 신화》에서 묘사된 백인 중상류층 여성은 성차별 때문에 임금노동을 할 수 없어서가 아니라 저임금노동자가 되기보다는 전업주부가 되는 편이 낫다는 생각을 기꺼이 받아들였기 때문에 전업주부가 되었다. 백인 여성해방론자들이 일을 여성해방의 힘으로 논의할 때 그들의 인종주의와 계급주의가 가장 극명하게 드러난다. 그러한 논의에서 성차별의 피해자로 묘사되는 사람은 미국 경제에서 가장 착취당하는 빈곤층 흑인 여성이나 빈곤층 비흑인 여성이 아니라 중산층 "전업주부"였다.

임금노동자로서의 여성의 역사를 살펴보면 백인 여성 노동자들은 흑인 여성보다 훨씬 늦게 노동시장에 진입했지만 훨씬 더

빠른 속도로 앞서 나갔다. 모든 여성은 성차별 때문에 다양한 직업군에 진입할 수 없었지만 인종주의 덕분에 백인 여성은 흑인 여성 노동자보다 훨씬 더 나은 일자리를 구했다. 폴리 머리Pauli Murray는 〈흑인 여성의 해방The Liberation of Black Women〉이라는 에세이에서 두 집단 간의 위치를 비교하며 다음과 같이 지적한다.

> 흑인 여성과 백인 여성을 비교하면 흑인 여성이 싱글맘인 경우가 훨씬 많고 자녀의 숫자도 많으며 노동시장에서 더 장시간 일하고 더 많은 비율이 일한다는 사실을 발견하게 된다. 교육 수준은 낮고 임금도 낮으며 남편을 잃는 연령도 낮다. 같은 가장이라고 해도 백인 여성보다 흑인 여성의 경제적 부담이 훨씬 더 크다.

노동시장에서 여성의 위치를 논할 때 백인 여성해방론자들은 흑인 여성과 백인 여성의 경제적 차이를 무시하거나 최소화하려는 경향이 있다. 백인 활동가인 조 프리먼Jo Freeman은《여성 해방의 정치The Politics of Women's Liberation》에서 이 문제를 언급하면서 흑인 여성이 "모든 인종 및 성별 집단 중에서도 가장 높은 실업률과 가장 낮은 중위소득을 기록한다"고 밝힌다. 하지만 이후 다음과 같은 문장으로 이 주장의 영향력을 최소화한다. "정규직으로 일하는 모든 인종 및 성별 집단 중에서 비백인 여성의 소득은 1939년 이후에 가장 큰 비율로 증가했고 백인 여성의 소득 증가 비율이 가장 낮았다." 프리먼이 독자들에게 밝히지 않은 것은 흑인 여성의 임금 상승이 경제력 상승을 반영하는 것이 아니라 그들의 임금이 너무나 오랫동안 낮았기 때문에 상승률 자체만 높다는 사실이다.

백인 여성해방운동가 가운데 여성운동이 의식적으로 혹은 고의적으로 흑인 여성과 비백인 여성을 배제하는 구조이며 중상류층 백인 남성과의 평등을 추구하는 중상류층 대졸 백인 여성의 이익에만 집중한다는 점을 지적하는 이는 극소수였다. 때로 그 극소수는 여성해방운동가로 활동하는 백인 여성이 인종주의자이고 계급주의자라는 사실에 동의했다 하더라도 어떤 면에서건 여성운동의 성격을 폄하해서는 안 된다고 느꼈다. 하지만 페미니즘 이데올로기 주창자들의 인종주의와 계급주의 때문에 대다수 흑인 여성은 그들의 동기를 의심했고 여성운동 참여를 거부했다. 흑인 여성 활동가인 도로시 볼든Dorothy Bolden은 애틀랜타에서 42년간 가정부로 일한 전미가정부협회National Domestic Workers, Inc. 설립자 중 한 명으로《아무도 나를 위해 말해주지 않아! 노동자 계층 여성의 자화상Nobody Speaks for Me! Self Portraits of Working Class Women》이란 책에서 여성운동에 대한 자신의 의견을 남겼다.

처음 여성운동이 시작됐을 때 여성들이 일어나서 말하는 것을 보며 큰 자부심을 느꼈다. 정당한 이유를 갖고 일어나 목소리를 내는 사람을 보면 즐거웠고 그들이 인생에서 매일 무언가를 거부당하며 살아왔다는 사실을 알았다. 하지만 그들은 다수를 이야기하고 있지 않았다. 언제나 다른 계급과 인종의 사람들이 있고 그들 또한 자신들을 위해서 일어나 말해야 했다.

(…) 모든 여성을 포함하지 않는 한 우리는 여성에 대해 이야기할 수 없다. 자

신의 권리를 가진 한 여성을 부정하면 모든 여성을 부정하는 셈이 된다. 나는 점점 여성 인권 모임에 참여하는 일에 지치기 시작했는데 우리 같은 사람은 단 한 명도 없었기 때문이었다.

그들은 여전히 헌법 개정을 위해 노력할 테지만 우리를 포함하지 않는 한 쉽게 목적을 이룰 수 없을 것이다. 일부 주들은 모든 여성이 앞으로 나가 그 헌법 개정을 지지하지는 않는다는 사실을 알고 있다. 그들은 여성 인권에 대해서 이야기한다. 그런데 과연 어떤 여성이란 말인가?

모든 흑인 여성이 여성해방운동에 관심이 있었던 건 아니라고 짐작하는 사람들도 있다. 백인 여성해방운동가들은 흑인 여성이 남성과 사회적으로 동등해지기보다 전통적인 여성의 역할에 충실하기를 원했다는 믿음을 퍼뜨리는 데 일조하기도 했다. 그러나 1972년 해리스여론조사소가 버지니아슬림 담배업체의 의뢰로 실시한 설문조사에 따르면 62퍼센트의 흑인 여성이 여성의 사회적 지위를 바꾸어야 한다는 의견에 동의했고 백인 여성 중에서는 45퍼센트만 사회 변화를 지지했다. 67퍼센트의 흑인 여성은 여성해방운동가들에게 공감한다고 했지만 같은 대답을 한 백인 여성은 35퍼센트에 불과했다. 해리스여론조사소의 설문조사를 통해 흑인 여성이 여성운동에 참여하지 않는 것이 페미니즘 이데올로기 자체 때문은 아니라는 사실을 알 수 있다.

많은 흑인 여성이 모든 여성의 사회적 평등을 옹호하는 정치적 이데올로기로서의 페미니즘은 납득하고 인정했다. 그들이 이 운동을 거부한 것은 중상류층 대졸 백인 여성이 다수가 되어 자신들의 편의주의적인 목적 달성을 위해서만 이 운동을 끌고 가려고 했을 때였다. 당시 페미니즘의 정의는 이미 정립되어 있었고 그것은 성별 간 정치적, 경제적, 사회적 평등 이론이었다. 그러나 백인 여성해방운동가들은 미국 사회에서 지배적인 인종에 속한다는 이점이 준 권력을 이용해 페미니즘을 자신들에게 유용한 방식으로 해석했고 그 해석은 모든 여성에게 해당되지 않았다. 흑인 여성들은 이 운동을 믿고 지지할 수가 없었다. 이 운동에 참여하는 대다수가 어떻게든 여성 사이의 인종과 계급의 위계를 유지하려고 했기 때문이었다.

여성 단체에 가입하고 강연을 듣고 모임에 참석한 흑인 여성은 처음에는 백인 여성의 진심을 믿었다. 19세기 흑인인권운동가들처럼 그들도 여성운동이라면 모든 여성과 관련된 이슈들을 짚어줄 것이라 기대했고 여성을 분리하는 힘인 인종주의 또한 자동적으로 거론될 것이며 그렇게 되면 진정한 동지애와 자매애가 생겨날 것이라고 예상했다. 또한 여성이 한 집단으로서 정치적 연대를 맺었을 때 급진적이고 개혁적인 여성운동이 일어날 수 있음을 알고 있었다. 현대 흑인 여성은 백인 여성들의 인종주의를 인식은 하고 있었지만 그럼에도 다 함께 현실을 직시하면 변화를 이룰 수 있다고 믿었다.

흑인 여성도 다양한 여성운동에 참여했다. 그러나 그들이 여성 조직 내 백인 여성과의 대화에서, 여성학 강의실에서, 대규모 회담에서 깨달은 것은 신뢰가 배신당했다는 사실뿐이었다. 이들은 점차 백인 여성이 자신들의 대의를 위해 페미니즘을 도용한다고 생각하기 시작했다. 미국 자본주의의 주류에 진입하고 싶은 욕망을 충족하기 위해서였다. 흑인 여성들은 백인 여성이 대다수이기 때문에 어떤 문제가 "페미니즘" 이슈인지를 결정할 힘이 그들에게 있다는 말을 들어야 했다. 백인 여성해방운동가들이 인종주의를 대면하는 방식은 의식 고취 그룹에서 어린 시절 목격한 인종차별에 대해 털어놓거나 흑인 여성에게 자신들의 대의에 참여하라고 독려하고 "그들의" 여성학과에 비백인 여성한 명을 채용하거나 "그들의" 회담에 비백인 여성 한 명을 단상 위로 올려 연설을 부탁하는 정도였다.

여성해방운동에 참여한 흑인 여성이 인종주의를 논하려 시도하면 많은 백인 여성은 신경질적으로 반응하곤 했다. "우리는 죄책감에 사로잡히고 싶지 않습니다." 그들에게 대화는 이것으로 끝이었다. 어떤 이들은 약간은 자기도취적으로 자신들 또한 인종주의자라는 사실을 인정하기도 했지만 입으로 인종주의자임을 인정하는 것이 인종차별적 태도를 변화시키는 것이나 마찬가지라고 생각하는 듯했다. 대부분의 경우 흑인 여성은 자신들이 기대하는 바는 죄책감을 말로 표현하는 것이 아니라 의식적인 제스처와 행동으로 백인 여성해방운동가들이 반인종주의적이라는 사실을 증명하고 인종주의 극복을 위해 노력하는 것이라 설명하려 했지만 백인 여성은 귀를 닫았다. 여성운동 내 인종 문제는 중요한 논제로 거론되지도 않았으나 백인 여성은 글이나 연설에서 자신들이 실질적으로 인종주의에서 "해방되었다"고 말하곤 했다.

이 문제에 우려를 느낀 흑인이나 백인 일부는 여성운동 내 인종차별적 태도와 감성이 운동의 힘을 약화할 수 있으니 인종주의를 직시하고 변화시키자고 주장하기도 했다. 그러나 그럴 때마다 페미니즘을 개인의 목적을 추구하는 수단으로 본 백인 여성들의 거센 저항과 만났다. 여성운동 내에 정치적으로 보수적인 백인 여성의 숫자가 점점 증가했고 이들은 인종주의는 더 이상 논의 대상이 아니어야 한다는 데 목소리 높여 동의했다. 그들은 인종 문제가 불거지는 것을 원치 않는데 백인 여성은 "좋은" 사람들, 인종차별에 반대하는 희생자이고 백인 남성이야말로 "나쁜" 인종차별적 가해자라는 관점을 흔들고 싶지 않아서였다. 제국주의, 식민주의, 인종주의, 성차별주의의 영속화에 여성 또한 가담했다는 사실을 인정하면 여성해방운동 문제가 훨씬 더 복잡해질 뿐이었다. 페미니즘을 백인 남성 권력 구조에서 성공하기 위한 도구로만 보는 사람들에게는 남자는 가해자이고 여자는 무조건 피해자라는 식으로 문제를 단순화하는 것이 중요했다.

여성해방운동에 관심이 있었던 일부 흑인 여성은 백인 여성들의 인종주의에 맞서 따로 자신들만의 "흑인 페미니스트" 조직을 창설하기도 했다. 이러한 반응은 사실 반진보적이라고 할 수 있었다. 자신들만의 인종 분리적 페미니스트 조직을 창설하면서 그들 또한 자신들이 공격하려고 하던 그 "인종주의"를 지지하고 지속시키는 셈이었다. 그들은 여성운동을 비판적으로 평가하지 못했고 인종주의나 개개인의 기회주의적인 욕망에 오염

되지 않은 페미니즘 이데올로기를 모든 여성에게 제공하지도 못했다. 그보다는 식민화된 사람들이 수 세기 동안 그랬듯이 지배적인 집단(이 경우 백인 여성해방운동가들)이 자신들에게 주입한 조건을 별말 없이 받아들였다. 그리고 자신들이 거부하려고 하는 백인 지배 집단과 동일한 인종주의적 기반 위에 조직을 구성하기도 했다. 백인 여성은 흑인 조직에서는 가차 없이 제외되었다. 사실 흑인 "페미니스트" 조직이 다른 모임들과 구분되는 특징은 흑인 여성에게 관련된 이슈에만 집중한다는 점이었다. 흑인 페미니스트들은 흑인 여성만의 문제를 강조해 대중에게 알렸다. 컴바히강공동체Combahee River Collective[보스턴의 급진 흑인 페미니스트 집단]는 〈흑인 페미니스트 선언문A Black Feminist Statement〉에서 이 조직의 주요 쟁점을 설명했다. 그들은 첫 문단에서 다음과 같이 선언한다.

우리는 1974년부터 회합을 해온 흑인 페미니스트 조직이다. 지난 시간 동안 우리의 정치를 정의하고 명확히 하는 과정을 거쳤고 그와 동시에 우리 조직 내에서, 또한 다른 진보적인 조직 및 운동과 협력해 정치적 활동을 이어왔다. 현재 우리의 정치적 선언은 인종적, 성적, 이성애적, 계급적 차별에 대항하기 위해 적극적이고 헌신적인 노력을 하겠다는 것이다. 또한 우리만의 임무는 여러 차별적인 제도가 연동되어 있다는 사실을 바탕으로 그에 대한 통합적 분석을 발전시키고 실천하는 것이다. 여러 층의 차별과 억압이 통합되어 우리 삶의 조건들을 설정하고 있다. 흑인 여성인 우리는 흑인 페미니즘이 나아가야 할 가장 논리적이고 정치적인 방향은 모든 유색인 여성이 마주하는 여러 겹의 동시적 억압과 싸우는 것이라고 생각한다.

흑인 페미니스트 조직의 출현으로 여성해방운동가들은 흑인과 백인으로 더욱 양분되었다. 사회 안에서 여성이 겪는 다양한 집단적, 개인적 고통을 함께 이해하며 연대하는 대신 서로의 상이한 경험이 만들어낸 거리가 인식이나 이해로는 절대 좁혀질 수 없는 것처럼 행동했다. 흑인 여성은 자신들을 타인, 무명인, 불가해한 요소로 보려는 백인 여성의 시도를 공격하기보다는 백인 여성을 타인으로 보기로 했다. 많은 흑인 여성은 백인 여성 주도의 여성운동에서는 경험하지 못한 인정과 지지를 흑인들로만 구성된 조직 안에서 받을 수 있었고 이는 흑인 여성 조직의 긍정적인 점 중에 하나였다. 그러나 모든 여성은 인종적으로 다양한 조직 안에서 동의와 지지를 받아야만 한다. 인종주의는 긍정적이고 생산적인 대화를 가로막는 장벽이고 분리한다고 해서 사라지거나 도전받지 않는다. 백인 여성은 독립된 조직을 반기기도 했는데, 그들의 경험과 흑인 여성의 경험 사이에는 어떤 연결 고리도 없다는 그들의 인종차별-성차별적 개념을 더욱 공고히 할 수 있어서였다. 분리 독립된 조직이란 곧 그들이 앞으로 인종이나 인종주의에 대해서는 신경 쓰지 않아도 된다는 것을 의미했다. 흑인 여성이 백인 여성의 반흑인 인종주의를 비난한 반면 두 집단 사이에 점점 쌓여가는 반감으로 인해 이제는 반백인 인종주의에 대한 노골적인 표현도 속속 등장하기 시작했다. 여성운동에 한 번도 참여해보지 않은 흑인 여성은 독립된 흑인 공동체 형성을 보면서 흑인 여성과 백인 여성 사이에서는 어떤 통합이나 동맹도 일어날 수 없다는 믿음을 지켰다. 그들은 백인 여성을 향해 분노와 울분을 쏟아내면서 백인 여성에 대한 부정적인 고정관념을 퍼뜨리기도 했다. 백인 여자들은 다른 사람들의 노동에 기대어 사는 수동적이고 기생적인 특권층이라며 백인 여성해방운동가들을 조롱하고 멸시했다. 흑인 여성 로레인 베셀Lorraine Bethel은《우리라고 하는데 그게 무슨 뜻이지, 백인 여자들아? 혹은 유색인 레즈비언 페미니스트의 독립 선언문What Chou Mean We, White Girl? Or, The Cullud Lesbian Feminist Declaration of Independence》이란 시집의 서문에서 다음과 같이 말한다.

얼마 전 (앵글로 색슨이 아닌) 흰 피부의 여성이 연 중고 장터에서 스웨터 하나를 샀다. 입어보는데 냄새를 맡고 깜짝 놀라고 말았다. 이 스웨터에서는 스트레스, 땀, 고난이라고는 없는 연약한 특권층의 삶의 냄새가 나는 것이었다. 그 옷을 입을 때마다 생각한다. 이 스웨터는 안정과 평화의 냄새, 곧 내 삶에서 절대 알지 못했고 앞으로도 알 수 없을 존재 방식을 의미하는구나. 본윗텔러 백화점에서 하루 종일 서서 평생 동안 엘리베이터를 오르락내리락했던 흑인 여성 엘리베이터 관리인의 한 달 생활비에 맞먹는 가격의 액세서리를 사는 흰 피부의 여자들을 봤을 때와 같은 심정이었다고 할까. 바로 그 순간 / 끝없는 의식적인 고통 때문에 울고 싶었다 / 죽고 싶었다 / 눈을 굴리고 손을 엉덩이에 올리고서는 소위 급진파 백인 레즈비언들과 페미니스트들에게 소리 지르고 싶었다. **"당신네들은 우리라고 하는데 그게 무슨 뜻이지, 백인 여자들아?"**

흑인 여성해방운동가들과 백인 여성해방운동가들 사이의 적대감은 단순히 여성운동 내 인종주의에 대한 의견 불일치 때문만은 아니었다. 이 두 집단 사이에 수많은 세월 동안 쌓여온 질투, 부러움, 경쟁, 분노의 결과였다. 흑인과 백인 여성 사이의 갈등이 20세기 여성운동과 함께 시작된 것은 결코 아니다. 그것은 이미 노예제 시대에 시작되었다. 미국 백인 여성의 사회적 신분은 대체로 백인과 흑인의 관계에 의해서 정의되었다. 식민지 미국에 아프리카인들이 노예로 들어오면서부터 백인 여성의 사회적 위치에 변화가 생겼다. 노예제 이전에는 가부장제로 인해 백인 여성은 지위가 낮은 열등한 존재였고 2등 시민이었다. 흑인 노예제로 인해 하급 계층의 자리가 메워지면서 백인 여성은 상급자의 역할을 맡게 된 것이다.

따라서 노예제를 제도화한 주체는 백인 남성이었다 해도 백인 여성은 그 노예제의 직접적인 수혜자였다고 할 수 있다. 노예제는 어떤 면에서건 백인 남성의 사회적 지위를 바꾸지는 않았지만 백인 여성에게는 새로운 지위를 부여했다. 이 새로운 지위가 유지되는 유일한 방법은 자신들이 흑인 남성이나 흑인 여성보다는 우월하다는 것을 계속해서 증명하는 것이었다. 식민지 시대 백인 여성, 특히 노예의 여주인이었던 백인 여성들은 흑인들을 잔인하고 비인간적으로 다루면서 자신들과 차별화하려고 했다. 특히 흑인 여성 노예와의 관계에서 백인 여성은 자신들의 권력을 최대한 과시할 수 있었다. 일부 흑인 노예 여성은 성역할이 다르다고 해서 백인 여주인의 권위를 무시해서는 안 된다는 것을 빠르게 파악했다. 가부장제적 사회화를 통해 남성의 권위는 존중하고 여성의 권위는 무시해왔기에 흑인 여성은 백인 여주인들의 "권력"을 인정하는 것을 꺼리기도 했다. 흑인 노예 여성이 백인 여성의 권위를 무시하고 증오감을 표현할 때면 백인 여주인은 자신의 권위를 내세우기 위해 잔인한 처벌에 의존하곤 했다. 하지만 잔인한 처벌도 흑인 여성이 백인 남성을 대할 때처럼 백인 여성을 존경과 경의로 대하려 하지 않는다는 사실까지 바꾸지는 못했다.

백인 남성은 흑인 여성의 몸을 성적으로 탐하고 이들을 성적인 파트너로 삼으면서 백인 여성과 흑인 여성이 서로를 경계하고 시기하는 분위기를 성공적으로 만들어냈다. 대부분의 경우 백인 여주인들은 흑인 여성이 성적 노리개가 된다고 해서 흑인 여성을 질투하지는 않았다. 다만 자신들이 새로 얻어낸 이 사회적 지위가 백인 남성과 흑인 여성의 관계 때문에 위협받을까 봐 두려워했다. 백인 남성과 흑인 여성의 성적인 관계는(설사 그 관계가 강간이라 하더라도) 결과적으로는 백인 여성에게 자신 또한 남성과의 관계에 언제나 종속적이라는 사실을 일깨워줄 뿐이었다. 그 남성은 인종차별적 제국주의자이며 성차별적 제국주의자로서 자신의 권력을 이용해 흑인 여성을 성폭행하거나 유혹할 수 있었으나 백인 여성은 처벌의 두려움 없이 흑인 남성을 성폭행하거나 유혹할 수 없었다. 백인 여성이 흑인 여성 노예와 성적인 관계를 갖는 백인 남성의 행동을 비난할 수는 있었지만 그에게 적절하게 처신하라고 지시할 처지는 아니었다. 혹은 복수하기 위해 흑인 남성 노예나 자유 신분 흑인과 성관계를 맺을 수도 없었다. 놀랍지는 않지만 그녀는 자신의 분노와 억울함을 흑인 여성 노예에게 풀었다. 백인 남성과 흑인 여성 노예 사이에 혹시라도 감정적인 유대가 생겼을 경우 백인 여주인은 그 여성 노예에게 말 못 할 고통과 처벌을 안기곤 했다. 대체로 백인 여성이 흑인 여성 노예를 벌주기 위해 사용한 방법은 채찍질이었다. 질투에 눈이 먼 여주인이 흑인 여성 노예의 신체를 훼손하는 경우도 종종 있었다. 가슴을 잘라낸다거나 눈을 멀게 하는 등 신체의 한 부위를 잘라내는 것이다. 백인 여성과 흑인 노예 여성 사이의 적대감은 더욱 커졌다. 흑인 노예 여성 입장에서 비교적 편안한 삶을 영위하고 있는 백인 여성은 백인 여성됨을 상징했다. 흑인 여성은 백인 여성을 질투하면서도 경멸했다. 그들의 물질적 안정을 부러워하면서도 노예 여성의 운명에 어떤 연민이나 동정도 보이지 않는 그들을 미워했다. 백인 여성의 특권적 지위는 원래는 그들의 자리였던 낮은 자리에 다른 집단의 여성이 머물 때만 유지될 수 있었기 때문에 흑인 여성과 백인 여성은 서로 대치 관계일 수밖에 없었다. 백인 여성이 흑인 여성의 운명을 바꾸기 위해 노력하면 인종—성별의 위계질서가 흔들릴 수도 있었다.

노예해방도 흑인 여성과 백인 여성의 갈등을 해결해주지는 못했고 오히려 더 증폭시켰다. 노예제가 일상화해버린 인종 분리 구조를 유지하고 싶었던 백인 식민주의자들은 남성과 여성 모두 흑인 여성을 백인 여성과 차별화하기 위해 온갖 신화와 고정관념을 만들어냈다. 백인 인종주의자와 식민주의자의 정신을 내면화한 일부 흑인들 또한 백인 여성이야말로 완벽한 여성됨의 상징이라 묘사했고 흑인 여성에게 백인 여성을 모델로 삼아 그들의 완벽함에 도달하기 위해 노력하도록 권장하기도 했다. 노예제 시대 흑인 여성의 의식 안에서 분출됐던 백인 여성을 향한 질투와 부러움은 이제 지배적인 백인 문화에 의해 노골적으로 권장되었다. 광고, 신문 기사, 책 등이 모두 흑인 여성에게 그들과 백인 여성의 사회적 지위 차이를 지속적으로 상기시켜주었고 그들은 억울하지만 그 사실에 괴로워할 수밖에 없었다. 이러한 이분법이 가장 선명하게 드러난 것은 물질적으로 풍족한 백인 가정에서 흑인 여성이 가사 노동자로 일할 때였다. 그 안에서 흑인 여성 노동자들은 백인 가족의 사회적 신분을 상승시켜주기 위해 착취되는 대상이었다. 백인 지역사회에서 가사 노동자 고용은 경제적 특권의 표시였고 하녀 노동에 가장 직접적으로 수혜를 받은 사람은 백인 여성이었다. 하녀가 없다면 그들 또한 직접 가사 노동을 해야 했다. 당연히 흑인 여성 가사 노동자들은 대개 자신에게 임금으로 지급할 돈을 벌어오는 백인 남성이 아니라 백인 여성을 자신의 "상사", 자신의 압제자로 보았다.

과거에도 백인 남성은 백인 여성과 흑인 여성 사이의 적대감을 고의적으로 부추기는 경우가 많았다. 백인 가부장제 권력 구조는 두 집단이 서로를 미워하도록 했고 이 여성들 사이의 연대를 막았으며 가부장제 아래에서 이 여성들의 종속적 위치가 확고히 유지되기를 바랐다. 지금까지도 백인 남성은 가장 낮은 계급을 대체할 다른 집단의 여성이 존재하기만 한다면 백인 여성의 사회적 지위 변화를 지지해왔다. 그 결과 백인 가부장제는 여성이 선천적으로 열등하다는 성차별적 가정에서 아무런 급진적 변화를 겪지 않아도 되었다. 백인 남성은 자신의 지배적인 위치를 내려놓지도 않았고 가부장제 사회구조를 바꾸지도 않았다. 그러면서도 많은 백인 여성에게 "여성의 지위"에 근본적인 변화가 일어날 것이라고 설득할 수는 있었는데, 인종주의를 통해 백인 여성과 흑인 여성 사이에는 아무런 관련이 없다는 생각을 성공적으로 심을 수 있었기 때문이다.

여성해방이란 곧 백인 남성 권력 구조 안에서 특권을 얻는 것이었고 백인 남성들(또한 백인이건 흑인이건 여성은 아닌 이들)은 이 시스템 안에 입장할 수 있는 여성의 조건을 독단적으로 만들었다. 남성 가부장제가 지정한 조건 중 하나는 한 집단의 여성이 특권을 부여받으면 그 여성은 타 집단 여성에 대한 억압과 착취를 적극적으로 지지해야 한다는 것이었다. 백인 여성과 흑인 여성은 그 조건을 인정하고 존중하도록 사회화되면서 이 두 집단 사이에 격렬한 경쟁이 시작되었다. 이 경쟁은 모든 성 정치의 핵심이었고 백인 여성과 흑인 여성은 남성의 호의를 얻기 위해 경쟁했다. 이 경쟁은 다양한 여성 집단 사이에 일어나는 전쟁의 일부였다. 경쟁의 목표는 선택받은 여성 집단이 되는 것이었다.

현대 페미니즘 혁명은 다양한 분파 사이의 경쟁 때문에 지속적으로 그 힘이 약화되는 경향이 있었다. 여성운동은 백인 여성과 흑인 여성이 선택받은 여성 집단이 되기 위해 경쟁하는 또 하나의 영역이 되어버렸다. 권력 투쟁은 서로 반대되는 이익집단을 형성한다고 해서 해결되지는 않았다. 다양한 이익집단은 문제의 증상이지 해결이 아니다. 흑인과 백인 여성은 너무나 오래 기존 사회에 의해 형성된 해방의 개념만을 갖고 있었고 우리가 함께할 수 있는 전략을 개발하지 못한 상태였다. 그들이 가진 것은 노예가 그리던 자유의 개념이었다. 노예의 눈에는 주인이 누리는 삶의 방식이 가장 이상적이고 자유로운 생활 방식으로 보인다.

흑인 여성해방운동가들과 백인 여성해방운동가들에게 해방이 곧 백인 남성의 권력을 갖는 것이라면 그들은 언제까지나 서로 불화할 수밖에 없을 것이다. 그 백인 남성의 권력은 융합을 부정하며 공동의 연대를 부정하고 근본적으로 분열을 초래한다. 여성이 이 분열을 당연한 질서로 받아들였기 때문에 흑인 여성과 백인 여성은 인종의 장벽을 넘는 연대는 불가능하다는 신념에 종교적으로 매달렸고, 자신들의 분리 상태가 고정불변이라는 개념을 수동적으로 받아들인 것이다. 가장 순진하고 가장 못 배운 여성해방운동가들도 정치적 연대로서의 자매애가 페미니즘 혁명에 얼마나 필수적인지 알고 있다. 그러나 우리 여성들은 우리 정신에 새겨진 흑인 여성과 백인 여성 사이의 연합이 불가능하다는 믿음을 극복하려고 충분히 오랜 기간 최선을 다해 투쟁하지는 않았다. 여성들이 인종적 장벽을 넘어 서로에게 닿기 위해 시도했던 방법들은 모두 편협하고 피상적이어 실패할 수밖에 없는 운명이었다.

흑인 여성과 백인 여성 사이의 갈등은 인종주의적이고 계급주의적인 페미니즘운동은 가짜라는 사실을 모든 여성이 인정하지 않는 한 해결되지 못한다. 그 페미니즘은 물질주의적 가부장제 원칙에 여전히 구속되어 있고 지금 이 상태를 수동적으로 수용하는 태도를 가리는 가면일 뿐이다. 페미니즘 혁명을 이루기 위해 필요한 자매애는 모든 여성이 서로 간의 적대감, 질투, 경쟁에서 벗어날 때만 달성될 수 있는데, 그 감정이 우리를 나약하게 하고 서로의 현실을 제대로 이해하지 못하게 하기 때문이다. 그저 몇 마디 말만 오간다고 해서 자매애가 생겨날 수도 없다. 자매애는 지속적인 성장과 변화의 산물이다. 자매애의 목적은 어딘가에 닿고 무언가가 되는 과정이어야 한다. 그 과정은 먼저 행동에서부터 시작하고 각각의 여성이 신화와 고정관념을 거부하는 것에서 시작한다. 같은 인간으로서의 경험의 공통성을 부정하는 잘못된 가정들, 모든 삶의 통일성을 경험할 수 있는 능력을 부정하는 생각들, 인종주의·성차별주의·계급주의에 의해 형성된 차이를 메우는 능력을 부정하는 생각들, 변화할 능력을 부정하는 가정들을 거부해야 한다. 가장 먼저 여성 개개인 모두가 미국 여성으로 태어난 이상 정도는 다르지만 예외 없이 인종주의자, 계급주의자, 성차별주의자로 사회화됐음을 인정하는 데서 시작해야 한다. 자신에게 페미니스트란 이름표만 붙인다 해서 달라지는 것은 없다. 이 부정적 내면화의 결과물을 의식적으로 걷어내야만 한다.

여성이 페미니즘 혁명을 원한다면(우리는 페미니즘 혁명을 함께 외치는 세상을 원한다) 정치적 연대 안에서 여성이 함께 모여야 한

다. 여성을 편 가르게 하는 모든 힘들을 제거할 책임도 우리에게
있다. 그 힘 가운데 하나가 인종주의다. 여성은, 다시 말해 모든
여성은 우리를 지속적으로 갈라놓는 인종주의에 책임이 있다.
우리가 인종주의를 철폐할 책임이 있음을 인정한다고 해서 죄책
감, 도덕적 책임감, 피해자 되기, 분노에 잠식당해야 하는 것은
결코 아니다. 이 책임감은 자매애를 진심으로 원하는 마음에서
솟아나올 수도 있고 여성들 사이의 인종차별이 페미니즘 혁명의
급진성을 저하시킨다는 사실을 개인의 경험이나 지식을 통해 깨
달으면서 생길 수도 있다. 혹은 인종주의는 반드시 걷어내야 할,
우리 앞길에 놓인 커다란 장애물이라는 사실을 이해하면서부터
시작될 수도 있다. 이 장애물을 누가 놓았는지에 대해서만 끝없
이 논쟁한다면 이 길 위에 또 다른 장애물들만 계속해서 생겨날
뿐이다.

5장

흑인 여성과
페미니즘

변화는 행동, 운동, 혁명이 있는 곳에서 일어난다.
19세기 흑인 여성은 행동하는 여성이었다.
그들은 인종차별적, 성차별적 세상에서 사는 것이
고통스러웠기 때문에, 비참했기 때문에,
그리고 타인들도 고통스럽다는 것을 알았기 때문에
다 같이 일어나 페미니즘 투쟁에 뛰어들었다.
백인 여성운동가의 인종차별도, 흑인 남성의 성차별도
그들의 정치 참여를 막지 못했다.

100년도 더 전에 소저너 트루스는 인디애나주에서 열린 노예제 반대 집회에서 자신이 여성이라는 것을 증명하기 위해 백인 여성과 백인 남성 앞에서 맨 가슴을 내놓아야 했다. 노예로 태어나 자유인 신분을 쟁취하기 위해 머나먼 길을 걸어온 소저너에게는 젖가슴을 드러내는 일 정도야 아무것도 아니었을 것이다. 그녀는 수치심도 두려움도 없이 관중들 앞에 섰고 흑인이자 여성으로 태어난 것을 자랑스럽게 여겼다. 백인 남자들은 소저너를 야유했다. "당신이 여자인지 아닌지 어떻게 알지?" 이들은 미국인들의 흑인 여성됨에 대한 멸시와 무례를 부지불식간에 드러내고 말았다. 19세기 백인들의 눈에 흑인 여성은 여성이라는 명사가 붙을 가치가 없는 존재였다. 그저 움직이는 재산, 하나의 물건, 짐승이었다. 소저너 트루스가 1851년 오하이오주 애크론의 여성인권운동 2주년 대회에 참석했을 때 흑인 여성이 연단에 선다는 것을 있을 수 없는 일이라 여겼던 백인 여성들은 한목소리로 외치기도 했다. "저 여자를 끌어내! 저 여자를 끌어내! 저 여자를 끌어내!" 소저너는 그 모욕을 모두 견디면서 흑인 여성의 운명에 백인 여성이 주목하게 만든 최초의 흑인 페미니스트가 되었다. 당시 흑인 여성은 환경에 의해 어쩔 수 없이 흑인 남자들 바로 옆에서 일했고 여성도 남성과 동일한 노동을 할 수 있다는 사실에 대한 살아 있는 증거였다.

소저너 트루스가 연단에 올라간 시간이 백인 남자가 남녀는 동등한 권리를 가질 수 없다는 연설을 한 직후라는 것이 그저 우연은 아니었다. 그 남자는 여성은 너무 나약해 고된 노동을 할 수 없으며 그것은 곧 여성이 신체적으로 남성보다 열등하게 태어났기 때문이라 주장했고 소저너 트루스는 그 남자의 주장을 단번에 반박하며 관중들에게 말했다.

여러분, 이렇게 야단법석인 곳에는 정상이 아닌 뭔가가 있는 게 틀림없어요. 내 생각에는 남부의 깜둥이와 북부의 여성 모두가 권리에 대해 얘기하고 있으니 그 사이에서 백인 남성이 곧 곤경에 빠지겠군요. 그런데 여기서 얘기되고 있는 건 전부 뭐죠?

저기 저 남자가 말하는군요. 여자는 탈것으로 모셔다드려야 하고, 도랑에선 안아서 건네드려야 하고, 어디에서나 최고로 좋은 자리를 드려야 한다고. 아무도 내게는 그런 적이 없어요. 나는 탈것으로 모셔진 적도, 진흙 구덩이를 지나도록 도움을 받은 적도, 무슨 좋은 자리를 받아본 적도 없어요. 그렇다면 난 여자가 아닌가요? 날 봐요! 내 팔을 보라고요! 나는 땅을 갈고, 곡식을 심고, 수확을 해왔어요. 어떤 남자도 날 앞서지 못했어요. 그렇다면 난 여자가 아닙니까? 나는 남자만큼 일할 수 있었고, 먹을 게 있을 땐 남자만큼 먹을 수 있었어요. 남자만큼이나 채찍질을 견뎌내기도 했어요. 그래서 난 여자가 아닙니까? 난 열세 명의 아이를 낳았고, 그 아이들 모두가 노예로 팔리는 걸 지켜봤어요. 내가 어미의 슬픔으로 울부짖을 때 그리스도 말고는 아무도 내 말을 들어주지 않았어요. 그래서 난 여자가 아니란 말입니까?

대부분의 백인 여성인권운동가와는 달리 소저너 트루스는 자신이 살아온 경험을 통해 여성이 부모로서 충분한 능력이 있음을, 남성과 동일한 노동을 할 수 있음을, 남성과 같은 처벌, 신체적 학대, 강간, 고문을 겪고도 살아남을 뿐 아니라 승자의 인생을 살 수 있음을 증명했다.

여성의 동등한 사회적 권리를 옹호한 흑인 여성이 오직 소저너 트루스뿐인 것은 아니다. 그녀는 대중의 반대와 저항에도 공적인 자리에서 연설을 하면서 새로운 길을 개척했고, 그 뒤를 이어 정치적 참여를 원하는 흑인 여성들이 자신의 관점을 표명하기 시작했다. 미국 역사가들의 시각에 성차별과 인종차별이 배어 있다 보니 미국 여성인권운동사에서 흑인 여성의 노력과 발자취는 간과되고 배제되는 경향이 있다. 페미니즘 이데올로기를 찬양한 백인 여성 학자들 또한 흑인 여성의 기여를 무시했다. 비교적 현대 저서들인 바버라 버그의 《기억된 문: 미국 페미니즘의 기원》, 준 소천June Sochen의 《허스토리Herstory》 실라 로보섬 Sheila Rowbotham의 《숨겨진 역사Hidden from History》, 바버라 데커드 Barbara Deckard의 《여성운동The Women's Movement》 등에서도 19세기 여성인권운동 내 흑인 여성의 역할은 거의 다루지 않는다. 1959년에 출간된 엘리너 플렉스너Eleanor Flexner의 《투쟁의 세기Century of Struggle》만이 여성운동의 역사를 다루면서 흑인 여성의 참여를 언급한 역사서다.

페미니즘 혁명에 몸담기로 한 대부분의 여성은 미국 사회의 남성 우월주의에 대항하고자 한 백인 여성이 페미니즘운동을 시작했다고 가정하고 더 나아가 흑인 여성은 여성해방에 관심이 없었다고 생각하기도 한다. 백인 여성이 미국 사회의 페미니즘 혁명을 앞에서 이끌었던 것은 사실이지만 그들이 다수였다는 사실이 흑인 여성이 페미니즘 투쟁에 관심이 없었다는 증거가 되지는 못한다. 그보다는 식민지 사회와 인종차별적 제국주의 정치가 미국 흑인 여성이 여성운동을 주도하지 못하게 막았다고 하는 편이 더 정확할 것이다.

19세기 흑인 여성은 미국 사회의 그 어떤 여성보다 성차별을 가장 강하게 인식하고 있었다. 성차별과 성차별적 탄압에 가장 크게 희생된 여성 집단이기도 하고 워낙 힘이 없었기에 그들 쪽에서의 저항이 조직적이고 집단적인 운동의 형태로는 나타나지 못했기 때문이기도 하다. 19세기 여성인권운동은 흑인 여성이 그간 쌓인 울분과 고충을 털어놓을 수 있는 자리를 제공하기는 했지만 백인 여성들의 인종차별로 인해 흑인 여성은 그 운동에 완전히 두 발을 담그는 것을 꺼렸다. 게다가 여성 인권이라는 이슈 앞에서 백인 여성과 흑인 여성이 동등한 목소리를 낼 수 있으려면 먼저 인종주의가 제거돼야 한다는 보다 심각한 문제가 있었다. 19세기 여성 조직과 단체들은 거의 언제나 인종적으로 나뉘어 있었지만 그렇다고 해서 그 조직의 흑인 여성 활동가들이 백인 활동가들에 비해 적극성이 떨어졌다고 할 수는 없다.

현대 역사가들은 19세기 흑인 여성은 인종차별 철폐에 더 집중했었다는 점을 강조하고 흑인 여성이 인종차별 반대 운동에 보다 집중하느라 여성인권운동을 할 에너지와 시간이 없었던 것처럼 말한다. 이러한 관점은 준 소천의 책 《허스토리》에서 그 예를 찾아볼 수 있는데 그녀는 "여성운동The Women's Movement"이라는 제목의 챕터에서는 백인 여성 단체에 관해서만 논하고 "낡은 문제: 블랙 아메리칸Old Problems: Black Americans"이라는 제목의 챕터에서 흑인 여성 조직에 대해 언급한다. 이렇게 다른 장에서 여성운동을 다루었다는 것은 흑인 여성운동이 인종차별 철폐 운동의 일환이었지 여성운동의 일부는 아니었다는 뜻을 내포하는 것이다.

다양한 지역에 창설된 흑인 여성 클럽은 주로 자선 활동이나 교육 활동에 집중했다. 백인 여성 클럽과 목적과 성격은 비슷하다고 할 수 있었다. 전미 유색인여성협회는 1896년에 설립되었고 메리 처치 테럴(1863~1954)이 회장을 맡으면서 4년 만에 26개 주에서 10만 명의 회원이 가입했다. 각 지역의 지부는 흑인 병원을 개업하기도 하고 흑인 어린이 유치원을 설립하는 데 앞장서기도 했다.

오벌린대학교를 졸업한 최초의 흑인 여성 중 한 명이었던 메리 처치 테럴은 언변이 뛰어나고 탁월한 연설가로 미국 흑인 인권을 위해 노력했다. 평생 흑인들의 자유를 위해 싸운 흑인들의 위인이기도 했다. 훌륭한 연설을 했고 다양한 주제에 관한 글을 남기기도 했다. 테럴 여사는 전미유색인여성협회를 이끌었고 린치 반대 캠페인을 열었으며 전미유색인지위향상협회National Association for the Advancement of Colored People의 창립 이사로 활동하고 참정권 운동에도 참여했다. 여러 국내 및 국제 회의에서 흑인 여성을 대표해 발언했다.

위에서 제공된 정보에만 의지하는 독자에게는 메리 처칠 테럴이 흑인인권운동을 위해 투쟁한 열정적인 연설가였지만 여성인권운동에는 그리 큰 관심이 없었던 것처럼 보일 것이다. 그러나 전혀 그렇지 않다. 전미유색인여성협회의 회장이었던 메리 처치 테럴은 여성 인권 투쟁에 흑인 여성을 포함시키기 위해 무척이나 노력한 인물이었다. 또한 교육 분야에서 여성의 사회적 평등을 쟁취하는 데 특별한 관심이 있었다. 메리 처치 테럴은 다른 흑인 여성인권운동가들과 마찬가지로 전반적으로 자기 인종의 지위 향상을 위해 노력했으나 그렇다고 해서 이 사회의 여성의 역할 변화에도 지극한 관심을 기울였다는 사실을 과소평가해서는 안 된다. 테럴이 스스로를 흑인을 대표하는 연설가로만 생각했다면 다음과 같은 글을 출간하지는 않았을 것이다. 〈백인 세상에서의 유색인 여성A Colored Woman in a White World〉이라는 글은 흑인 여성의 사회적 지위와 흑인 여성의 삶에 드리운 인종주의와 성차별주의의 영향력을 다룬다.

어떤 백인 페미니스트 역사가도 루시 스톤, 엘리자베스 스탠턴, 루크리셔 모트Lucretia Mott 등에 대해 쓰면서 그들이 오직 백인 여성을 위한 사회 개혁 운동에만 치중했던 것처럼, 그들의 노력이 여성 인권 문제와는 분리돼 있었던 것처럼 글을 쓰지는 않을 것이다. 그러나 자칭 페미니스트 역사학자들은 흑인 여성인권운동가들이 마치 오직 인종 문제 개혁에만 집중한 것처럼 말하며 흑인 여성인권운동가들의 기여를 최소화하고 있다. 백인 인종차별적 제국주의를 엿볼 있는 대목은 백인 여성이 조직한 기독교여성금주연합Women's Christian Temperance Union, 기독교여자청년회Young Women's Christian Association, 여성클럽총연맹General Federation of Women's Clubs 등이 이름만으로는 오직 백인 여성 전용 클럽임을 짐작할 수 없다는 점이다. 반면 흑인 여성들이 조직한 단체는 유색인여성동맹Colored Women's League, 전미아프리카계미국여성연맹National Federation of Afro-American Women, 전미유색인여성협회 등으로 이름에서부터 인종적 정체성이 드러났는데, 인종적인 정체성이 드러난 이름을 붙였다는 이유로 학자들은 이 조직의 주요 관심사가 여성을 위한 사회 개혁이었다기보다는 흑인들의 인권 향상이었을 것이라고 가정한다. 사실 흑인 여성 개혁 단체들은 여성운동이 핵심인 경우가 많았다. 백인 여성의 인종주의 때문에, 또한 미국이 여전히 인종 분리적인 사회구조였기 때문에 흑인 여성은 모든 여성을 대표하기보다는 자신들의 문제에 집중해야 하기도 했다.

흑인 여성 학자인 조지핀 세인트 피에르 러핀은 백인 여성 단체 내에서 함께 일하려고 노력해본 끝에, 흑인 여성의 참여를 권장하는 백인 여성은 신뢰할 수 없다는 사실을 발견했다. 그 이후 흑인 여성에게 흑인 여성의 문제에 대해 발언할 수 있는 단체를 만들라고 요구했다. 1895년 보스턴에서 열린 최초의 전미유색인여성회담National Conference of Colored Women에서 그녀는 관중에게 연설했다.

> 우리가 함께 상의해야 하는 이유는 너무나 명백해 일일이 열거할 필요도 없을 것입니다. 그러나 그 모든 이유를 진지하게 고려해야 합니다. 가장 먼저 우리는 서로를 응원하고 만남을 일으켜야 합니다. 영혼이 통하는 사람들의 모임에서, 같은 목적을 위해 일하는 사람들과의 모임에서 용기와 활력을 끌어내야 합니다. 그다음으로 여성으로서 우리에게 가장 중요한 문제에 대해서 논해야 할 뿐만 아니라 흑인 여성인 우리에게 특별히 중요한 것들에 대해서 이야기해야 합니다. 또한 우리의 자녀를 어떻게 교육시켜야 하며 우리 아들딸들이 어떤 직업을 갖기 위해 노력해야 하고 어떤 직업의 기회가 열려 있는지, 우리와 같은 인종의 윤리 교육을 위해서 무엇을 해야 하는지, 우리의 정신적 성숙과 육체적 발달을 위해 무엇을 해야 하는지 살펴야 합니다. 또 우리 아이들이 처하게 되는 특수한 조건에 적응할 수 있는 교육에 관해, 이 제한된 기회를 우리를 위해 어떻게 최대한 활용할 것인가에 대해 논해야 합니다. 이것들이 우리가 반드시 논의해야 하는 문제들입니다. 이 외에도 매일 일어나는 일상적인 문제들 또한 무시할 수 없습니다.

러핀은 흑인 여성인권운동가들에게 흑인 여성들의 운명과 환경만을 개척해야 한다고 말하지 않았다. 흑인 여성이 서로 모이고 단체를 조직해야 하는 이유는 여성운동이란 모든 여성의 문제에 대해 관심을 가져야 하는 운동이기 때문이라고 주장했다.

여성운동은 여성이 이끌고 감독하는 여성의 운동으로 여성과 남성의 이익을 위해, 모든 인간의 이익을 위해 일합니다. 이 운동은 하나의 부문이나 영역 이상이 되어야 합니다. 우리는 남성의 중요한 관심사에 대해서도 물어야 합니다. 인종 사이에 굵은 선을 긋지 않습니다. 우리는 여성, 바로 미국 여성입니다. 우리에게 적용되는 일뿐만 아니라 다른 미국 여성들에게도 지극한 관심이 있습니다. 우리는 고립시키지 않고 탈퇴시키지 않습니다. 그저 앞으로만 나아가면서 같은 일을 하는 다른 사람들과 협력하고 우리에게 합류하려는 모든 이들을 열린 마음으로 초대하고 환영합니다.

다른 흑인 여성인권운동가들 또한 러핀와 같은 감성을 공유했다. 백인의 인종차별적 제국주의가 흑인 여성을 백인 여성 단체에 참여하지 못하게 막았음에도 불구하고, 흑인 여성들은 모든 여성이 하나로 연합할 때만 여성인권운동이 성공할 수 있다고 진심으로 믿었다. 세계여성대표회의에서 연설한 흑인 참정권 운동가인 패니 배리어 윌리엄스Fannie Barrier Williams는 흑인 여성이 다른 집단의 여성 못지않게 여성 인권 투쟁에 헌신하고 있다고 말한다. 한 연설에서 그녀는 여성이 정치적으로 연대해야 미국 문화에 절대적인 영향을 미칠 수 있다는 신념을 밝힌다.

조직적인 여성운동의 힘은 현대 사회학에서 가장 흥미로운 연구 분야입니다. 이전에 여성들은 서로의 정신을 깊이 이해하지 못했고 공통의 관심사는 대체로 감상적인 일상의 가십거리였으며 인간 사회의 더 크고 중요한 문제에 대한 지식이 빈약해 현대적 의미에서의 단체를 조직하는 것이 불가능했습니다. 이제 진보적 지성, 교육에 대한 관심, 이 시대의 위대한 개혁 운동이 미친 영향력으로 인해 여성들은 서로에 대한 존경심을 키워오고 있습니다. 그리고 더 크고 원대한 목표를 가진 조직에 중요한 도움을 줄 수 있게 되었습니다. 여성은 정신적으로 강건하며 서로에 대한 연민, 충성심, 상호적 신뢰를 바탕으로 연대를 찾을 수 있을 때 극적으로 성장할 수 있습니다. 오늘날 연대는 여성 행진을 이끌어가는 좌우명이 될 것입니다.

여성 조직 안에서 당연한 듯이 인종 분리가 이루어지곤 했지만 백인 여성 단체와 흑인 여성 단체의 개혁 방안이 극적으로 다르지는 않았다. 둘 사이의 차이점은 흑인 여성 단체는 흑인들에게 해당되는 특정한 문제를 해결할 수 있는 개혁 방안을 포함시켰다는 점이었다. 그 문제 중 하나는 백인 미국인들과 일부 세뇌당한 흑인들이 모든 흑인 여성을 비도덕적이고 문란하며 악의적이라 여기는 경향으로, 이 부정적인 편견은 미국의 성차별적 신화에서 유래한 것이다. 따라서 백인 여성 단체가 일반적인 개혁에 온전히 집중할 수 있었던 반면 흑인 여성은 자신들의 "미덕"을 알리는 캠페인도 함께 열어야 했다. 그 캠페인의 일환으로 흑인 여성의 성 윤리를 옹호하는 다양한 글을 쓰고 연설을 했다.

백인 여성 단체의 주된 관심사는 교육, 자선 활동, 혹은 문학 소모임 만들기 등이었으나 흑인 여성은 주로 빈곤, 노인과 장애인 돌봄, 또는 매춘 문제에 대해서 고심했다. 흑인 여성 클럽과 단체는 인종차별로 인해 형성된 환경의 차이 때문에 백인 여성 클럽보다 속성상 더 페미니즘적이고 급진적이 될 수밖에 없었다. 백인 여성 단체는 흑인 여성 단체처럼 매춘 퇴치 운동을 할 필요는 없었다. 흑인 여성 중에는 남부를 떠나 북부로 이주하면서 자의에 상관없이 매춘업에 종사하는 이들이 적지 않았다. 때로는 직업소개소나 인력 사무소가 제공하는 저스티스 티켓이라 불리는 것을 사서 북부로 가곤 했는데 이는 교통수단과 도착 시 일자리를 약속받고 직업 상담소에서 지정해준 일자리에서 한두 달 무급 노동을 하는 것이다. 북부에 도착한 그들을 기다리고 있는 직업은 하녀나 매춘부인 경우가 대부분이었다. 쥐꼬리 같은 월급으로 도저히 생활이 불가능해 백인 "포주"에 의해 매춘부가 되는 일도 더러 있었다. 전미유색인여성보호동맹National League for the Protection of Colored Women은 이렇게 북부로 이주하려는 남부 여성에게 정보와 도움을 제공하기 위해 만들어진 단체였다. 1897년 흑인운동가 빅토리아 얼 매슈스Victoria Earle Matthews는 뉴욕앤브루클린 여성충성연합Women's Loyal Union of New York and Brooklyn 안에 화이트로즈 일하는 여성의 집White Rose Working Girl's Home과 흑인보호및여성인권회Black Protection and Women's Right Society를 설립했다. 대중에게 백인 여성의 고충 또한 알리기 위해 빅토리아 매슈스는 〈아프리카계 미국 여성의 각성The Awakening of the Afro-American Woman〉이라는 제목의 강의를 하기도 했다. 그녀가 홀로 이 일을 해온 것은 아니었다. 다양한 흑인 여성 단체들이 자신의 운명을 스스로 개척하려는 흑인 여성을 돕기 위해 일했다.

여성의 사회적 평등을 지지한 또 한 명의 흑인 여성운동가인 안나 줄리아 쿠퍼 또한 다양한 활동을 이어갔다. 그녀는 흑인 여성들이 자신의 경험을 말과 글로 표현해 인종차별과 성차별이 이들의 사회적 지위에 미치는 영향을 대중에게 알려야 한다고 강조한 최초의 흑인 여성운동가이기도 했다. 쿠퍼는 이렇게 썼다.

오늘날의 유색인 여성은 이 국가 내 특이한 위치에 있다고 할 수 있을 것이다. 이 불안정한 과도기에 흑인 여성의 지위는 우리의 문명을 형성한 모든 힘 중에서 가장 확연하고 확정적인 힘이기도 하다. 그녀는 매일 여성 문제와 인종 문제를 동시에 맞닥뜨리고 있지만 아직 이 두 요인 안에서 인정받지도 알려지지도 않았다.

안나 쿠퍼는 미국 대중에게 흑인 여성은 자기 인종의 대변자일 뿐 아니라 여성 인권의 옹호자라는 사실을 알리고 싶어 했다. 여성 인권에 대한 자신의 관점을 널리 알리기 위해 1892년에 《남부에서 온 목소리A Voice From the South》를 출간했는데 이는 흑인 여성의 사회적 지위에 관한 최초의 페미니즘적 논의이자 고등교육을 받은 사람들을 위해 쓴 여성 인권에 관한 긴 분량의 책이기도 하다. 《남부에서 온 목소리》에서 쿠퍼는 흑인 여성이 흑인 남성과의 관계에서 수동적이고 순종적인 역할만 해서는 안 된다는 신념을 강조했다. 또한 동등할 권리를 획득하려는 여성을 지지하지 않으려 하는 흑인 남성을 비판하기도 했다. 당시 흑인 지도자들은 여성 인권 투쟁에 참여한 흑인 여성들이 인종차별 투쟁에 충분히 헌신하지 못한다고 주장하기도 했다. 이에 쿠퍼는 성평등이란 흑인 여성도 인종차별주의 저항 운동에서 지도자 역할을 할 수 있는 것이라고 주장했다. 나아가 흑인 여성은 흑인 남성보다 더 활발하지는 않았을지 몰라도 적어도 흑인 남성만큼은 흑인해방 투쟁에 헌신했다고 주장했다.

《남부에서 온 목소리》에는 〈여성의 고등교육The Higher Education of Women〉이라는 에세이가 포함돼 있는데 여기서 쿠퍼는 여성이 하나의 집단으로서 고등교육을 받을 권리가 있다고 주장했다. 여타 현대 페미니스트와 마찬가지로 쿠퍼는 "과거 이 세상에서 가장 결핍돼 있던 힘은 여성의 힘"이라는 "여성적 원칙Feminine Principle"을 믿었다. 이 힘이란 "여성의 무한한 발전을 통해서만 최대의 효과를 거둘 수 있는" 힘이었다.

내가 주장하고픈 것은 진리에는 여성적인 면도 남성적인 면도 있다는 사실이다. 그 무엇도 더 우월하거나 열등하거나 더 좋거나 나쁘거나 더 강하거나 약하지 않다. 이는 필수적이고 균형적인 전체를 구성하는 요소들이다. 이성 면에서 더 뛰어난 남성이 있고 감성 면에서 더 발달한 여성이 있다. 남성이 추상적인 진리를 지치지 않고 추구한다면 여성은 그 과정도 소중히 할 줄 안다("사소한 것들" 하나도 사라져서는 안 된다는 생각으로 매사에 정성과 사랑을 담기도 한다). 우리는 남성의 냉철함과 철저함을 지닌 여성들과 여성처럼 약자에게 배려심을 지닌 남성들을 흔히 볼 수 있음에도 아직도 어떤 기질은 근본적으로 남성적이고 어떤 기질은 여성적이라고 말하기도 한다. 이 두 가지 모두 아동의 교육에 포함돼 있어야 소년들은 남성성이 있으면서도 배려와 감성을 갖추고 소녀들은 다정한 성정에 힘과 자립심이 더해질 것이다. 개인의 균형적 발전을 위해 이 두 가지 기질이 반드시 필요한 것처럼 한 국가나 인종의 발전 또한 한 집단만이 지배하면 너무 감정적이 되거나 너무 거칠어질 것이다. 마지막으로 힘주어 강조하면 여성적인 요소는 여성의 개발과 교육을 통해서만 최고의 효과를 발휘할 수 있기에 여성은 살아가는 동안 매일 부지런히 자신의 힘을 키워야 할 것이며 이 세계의 사상에 자신의 풍부한 사상을 더하기 위해 노력해야 할 것이다.

안나 쿠퍼 또한 19세기 여성 인권 옹호자들과 마찬가지로 여성이 가부장제에 의해 지정된 성역할을 한 차원 더 높이려면 교육을 받아야 하고 그래야 나라의 일꾼이 될 수 있다고 주장했으며 고등교육은 여성이 전통적인 가정과 가족의 영역을 넘어 바깥의 세상을 탐험할 수 있게 해준다고 믿었다. 고등교육이 결혼에 방해가 된다는 주장에 쿠퍼는 이렇게 답변했다.

지적인 개발을 하고 자립심을 갖고 생활비를 벌 능력을 갖추면 여성은 물질적 지원으로서의 결혼 관계에 덜 의지할 수 있게 된다(결혼에 반드시 물질적 지원이 따라오는 것도 아니다). 또한 성적인 사랑만이 자신의 인생에 색조와 기쁨을 주는 감각이라거나 삶의 유일한 동력이자 활기라고 여기지도 않게 될 것이다. 그녀의 지평은 넓어질 것이다. 공감 능력은 커지고 깊어지며 확장될 것이다. 그 여성은 자연과 더 깊은 교감을 할 수 있을 것이다.

19세기 흑인 여성은 자신들이 투표할 권리가 있다고 믿었고 교육제도를 바꾸어 여성도 교육적 목표를 달성할 권리를 가져야 한다고 믿었다. 이 목표를 달성하기 위해 여성 참정권을 열렬히 지지했다. 흑인 여성 활동가인 프랜시스 엘런 왓킨스 하퍼Frances Ellen Watkins Harper는 그 시대 다른 어떤 흑인 여성보다도 여성 참정권을 공격적으로 지지한 여성이다. 1888년 그녀는 워싱턴에서 열린 국제여성협의회International Council of Women에서 흑인 여성과 백인 여성에게 참정권의 중요성에 관해 연설했다. 1893년 시카고에서 열린 컬럼비아세계박람회에서는 "여성의 정치적 미래Woman's Political Future"라는 제목의 연설로 참정권에 관한 자신의 관점을 표현했다.

나는 남성 혹은 여성만을 위해서 제한 없고 보편적인 참정권을 믿는 것은 아닙니다. 나는 윤리적이고 교육적인 시험대를 믿습니다. 무지하고 잔인한 남성이 교양 있고 올바르며 지적인 여성보다 이 정부의 힘과 내구성에 가치를 더할 준비가 되어 있다고 믿지 않습니다. (…) 여성의 손에 쥐어지는 투표권은 곧 이 사회에 영향을 미칠 힘을 의미합니다. 그 여성이 어떻게 그 힘을 사용하게 될지 미리 예상할 수는 없습니다. 여러 사회악이 우리 앞을 가로막고 있으며 이는 올바른 남성됨과 계몽된 여성됨을 합한 힘으로 내쳐야 합니다. 시민의 절반만 자유롭고 다른 절반은 속박돼 있다면 어떤 국가도 발전과 행복을 쟁취할 수 없습니다. 중국이 전족으로 여자의 발을 축소하자 그 여자 옆에서 걷는 남자의 걸음도 느려졌습니다.

메리 처치 테럴 또한 여성 참정권을 위해 정치 활동을 한 흑인 여성 활동가이다. 1912년 그녀는 전미여성참정권협회에서 두 차례에 걸쳐 여성 참정권 지지 연설을 했다. 테럴은 흑인들의 린치 반대 운동에도 적극적이었다. 그녀의 에세이 〈니그로의 관점에서 본 린치Lynching from a Negro's Point of View〉는 1904년 《노스 아메리칸 리뷰North American Review》에 실렸고 이 에세이에서 그녀는 처음으로 백인 여성에게도 반린치 운동에 협조해달라고 호소한다. 테럴은 백인 여성이 린치를 가하는 백인 남성의 조력자이기도 했으니 인종차별과 인종 탄압의 일부 책임은 그들에게도 있다고 말한다.

린치는 노예제의 속편이다. 흑인을 총을 쏘아 죽이거나 산 채로 피부를 벗긴 백인 남성, 기름칠한 흑인의 몸에 횃불을 대는 백인 여성은 노예제 시절 이 인종을 향한 동정을 거의 보이지 않았던 여성들의 아들과 딸이다. 오늘날 니그로에게 린치를 가하는 남성은 일반적으로 벽난로 앞에 앉아 자기 아이들을 옆에 두고 애정을 듬뿍 주며 자랑스러워하고 행복해하면서도, 자식들이 팔려 가는 것을 눈 뜨고 보아야 했던, 때로는 더 슬픈 운명의 희생자가 되었던 노예 어머니들의 분노에는 요지부동했던 여성들의 자식이다. (…) 아마 수 세대 동안 어두운 피부를 가진 같은 여성의 고난과 핍박을 보고서도 아무렇지도 않았던 여성의 자녀들에게 억압받은 인종의 자녀들에 대한 자비와 동정을 이제 와서 보여달라 하는 것은 너무 큰 기대일지도 모른다. 하지만 남부 백인 여성들이 여성됨의 순수함과 능력 안에서 다 같이 일어나 그들의 아버지, 남편, 아들의 손을 더 이상 흑인 남자의 피로 더럽히지 않게

만 할 수 있다면 이 세상의 법과 질서에 얼마나 큰 영향을 미칠 것인가? 남부의 폭력을 제어하는 데 얼마나 막강한 힘이 될 것인가.

테럴이 백인 여성에게 여성됨이라는 공통된 기반 아래 흑인 여성과 연대하자고 호소하는 것은 많은 19세기 흑인 여성이 미국의 새로운 정치적 힘은 여성이 되어야 한다고 확신했던 것과 동일한 감수성이다.

인종차별적, 성차별적 억압에도 불구하고 19세기 후반은 흑인 여성의 역사에서 매우 중요한 시대였다. 프랜시스 엘런 왓킨스 하퍼의 선언은 빛났다. "15세기에 구세계가 아메리카를 발견했다면 19세기는 여성이 자신을 발견한 세기다." 19세기에 시작된 여성운동의 열기는 20세기에도 이어졌고 1920년 8월, 여성에게 선거권을 보장한 수정 헌법 제19조가 비준됐을 때 절정에 달했다. 이 선거권을 쟁취하는 과정에서 흑인 여성은 쓰라린 교훈을 얻어야 했다. 그들이 참정권을 위해 싸울 때 많은 백인들은 여성의 투표권을 백인의 인종차별적 제국주의 시스템을 유지하는 또 하나의 방법으로 보았다는 사실이다. 남부의 백인 참정권 운동가들은 남부 여성의 참정권이 백인 우월주의를 강화할 것이라는 기대로 하나가 되었다. 여성의 참정권 운동은 흑인 여성에게도 투표권을 부여했지만 남부의 백인 여성 유권자는 흑인들보다 두 배가 많았다. 《미국 여성의 해방The Emancipation of the American Woman》에서 앤드류 싱클레어는 백인 여성 참정권 운동가들의 인종 정치에 대해 논하며 이렇게 요약한다.

케이트 고든이나 로라 클레이(앤서니가 사퇴한 후 전미여성협회의 가장 중요한 권력자들) 같은 남부 참정권 운동가들은 인종주의를 숨기지 않았고 이에 북부와 서부의 참정권 운동들은 우려를 표하기도 했다. 캐리 카트와 애나 쇼는 참정권 운동의 확장을 위해 남부 운동원들을 영입하는 과정에서 과거 노예해방론자들의 정의감을 잃었다. (…) 이 운동의 언어는 인권 중시의 언어에서 편의주의의 언어로 바뀌었다. 남부 여성들의 눈치를 보느라 참정권 운동 집회에서 북부의 니그로 여성을 제외하기도 했다. 한 니그로 리더는 동료에게 쓴 편지에서 참정권 운동가들에 대해 이렇게 말한다. "모두가 남부를 지독하게 두려워합니다. 유색인 여성에게 선거권을 주지 않아야 헌법이 수정된다면 아마 그들은 고민 하나 없이 그렇게 했을 것입니다."

북부 참정권 리더들의 언어 또한, 때로는 엘리자베스 스탠턴조차도 교육받은 여성의 참정권을 옹호하는 쪽으로 방향을 바꾸기도 했다. (…) 인간의 평등과 자유라는 미국 혁명의 약속은 백인, 앵글로 색슨 여성이라는 한정된 인구의 투표권을 얻기 위한 노력 속에서 잊혀졌다. 미국 헌법의 언어가 과거 〈미국 독립선언〉의 원칙을 부정한 것과 같은 방식이었다.

19세기가 여성 참정권 이슈가 가장 쟁점이 됐던 시대라면 20세기는 점차 인종 문제와 성 문제가 얽히기 시작했다. 이전 세대들과 마찬가지로 백인 여성은 의식적이고 고의적으로 백인 인종차별적 제국주의를 지지했고 흑인들과의 공감이나 정치적 연대를 노골적으로 거부하기도 했다. 백인 여성인권운동가들은 자신들의 투표권을 사수하기 위해 투표할 권리는 모든 여성의 천부적 권리라는 페미니스트의 신념을 기꺼이 배신하기도 했다.

여성운동가들이 페미니즘적 원칙과도 타협하려 하자 가부장제 권력 구조는 여성 참정권 운동가들의 에너지를 흡수해 기존의 반여성 정치 구조를 강화하는 데 여성의 투표권을 이용하기도 했다. 백인 여성 대다수는 어렵게 얻어낸 소중한 투표권을 여성 문제를 지지하는 쪽에 한 표를 던지는 데 사용하지 않았다. 그들은 자신들의 남편, 아버지, 형제와 같은 쪽에 투표했다. 조금 더 전투적인 백인 참정권 운동가들은 여성들이 이 투표권을 성평등을 부정하는 정당을 지지하는 데 사용하지 말고 자신의 정당을 만들어 키우는 데 써야 한다고 주장하기도 했다. 결론적으로 여성의 선거권이라는 특권은 미국 사회 여성의 운명을 근본적으로 바꾸지는 못했다. 오히려 여성이 기존에 존재하는 백인의 인종주의적, 제국주의적 가부장제 사회구조를 지지하고 유지하는 데 도움을 주게 되었다. 진지하게 반성해보면 여성의 투표권 쟁취는 페미니즘적 원칙의 승리였다기보다는 인종적 원칙의 승리였다고도 할 수 있다.

흑인 여성 참정권 운동가들은 자신들의 한 표가 자신들의 사회적 지위에 미치는 영향력이 미미하다는 사실을 곧 알게 되었다. 1920년대 여성운동 단체 중 가장 적극적으로 활동했던 전미여성정당National Woman's Party은 인종차별적이고 매우 계급차별적이기도 했다. 이 정당은 여성의 완전한 평등을 위해 일한다고 선언했지만 실제로는 오직 백인 중상류층 여성의 이익만을 증진하기 위해 노력했다. 《허스토리》에서 준 소천은 백인 참정권 운동가들의 흑인 여성에 대한 태도에 대해 이렇게 언급한다.

1920년 여성에게 투표권을 부여한 수정 헌법이 통과된 후 일부 개혁가들은 이것이 과연 백인 여성과 흑인 여성 모두에게 이익이 되고 있는지 질문했다(특히 남부에서는 흑인 남성이 백인 권력가들에게 실질적으로 투표권을 빼앗기고 있었다). 새로 투표권을 얻은 흑인 여성 200만 명 이상이 남부에 거주했다. 참정권 운동가들이 앨리스 폴Alice Paul에게 흑인 여성의 투표권과 관련된 문제가 앞으로도 계속 이어질 것이라는 의견을 말하자 그녀는 1920년은 이 문제를 논할 때가 아니라고 대답했다. 그보다 여성들에게 새롭게 주어진 정치적 권력을 즐기고 미래에 있을 다른 전쟁을 위한 계획을 세워야 한다고 말했다. 그러나 많은 개혁가들이 예측했듯이, 앨라배마주나 조지아주의 투표소에 간 흑인 여성들은 백인 투표관리자들이 만들어놓은 복잡한 속임수 때문에 투표를 못 하고 돌아오는 경우가 많았다. 복잡하고 까다로운 서류를 읽을 줄 아는 흑인 여성에게는 다른 모호한 이유를 들어 투표 자격이 없다고 말했다. 이 관료들의 주장에 바로 수긍하지 않고 저항하면 공권력의 압박이 따랐다.

여성 참정권 운동가들은 흑인 여성의 사회적 지위를 어떤 면에서도 바꾸지 못했고, 이에 많은 흑인 여성 참정권 운동가들이 품었던 여성의 권리에 대한 환상이 와르르 깨졌다. 그들은 여성 참정권 운동을 진심으로 응원하고 지지했지만 결국 돌아오는 것이 없다고 느꼈고 "여성 참정권"이란 오직 백인들의 흑인 탄압을 강화하는 무기로 사용된다는 사실만 알게 되었다. 백인의 인종차별적 제국주의가 그들의 온전한 시민권을 부정하는 한 참정권 획득 같은 것은 그들의 사회적 지위에 어떤 영향도 미치지 못한다는 쓰라린 현실만 마주하게 되었다. 백인 여성이 투표권 쟁취에 환호하는 동안 인종 분리 시스템은 미국 전체에 점점 더 일상화되고 제도화되면서 성차별적 제국주의보다도 더 흑인 여성의 자유를 위협하기 시작했다. 이 인종 분리 정책이 바로 짐 크로라 불리는 정책이다. 《짐 크로의 이상한 경력The Strange Career of Jim Crow》에서 C. 밴 우드워드C. Vann Woodward는 인종주의의 부활을 이렇게 묘사한다.

전후 시대 인종 관계에서 남부의 생활 방식이 미국 전체로 확대될 조짐이 나타나기 시작했다. 니그로가 주택지 슬럼가와 북부 대도시의 공장으로 대규모 이동을 하면서 인종 간 긴장이 심화되기 시작했다. 북부의 노동자들은 자신들의 지위를 지키려 애썼고 노동조합에 가입하지 못한 니그로들의 경쟁에 화를 냈다. 흑인들은 전시에는 노동 인력 부족으로 비교적 좋은 직종에 진입하는 데 성공했으나 이제 그 자리에서 빠르게 밀려났다. 흑인 공무원 숫자도 급격히 줄어들었다. 니그로 우체부는 경찰 통제로 인해 과거에 돌던 루트에서 사라져갔다. 흑인이 남부에서 독점하다시피 했던 이발사 같은 기술직에도 자리가 나지 않았다.

이렇게 1920년대 동안 엄격한 형태의 인종주의가 새로운 큐클럭스클랜[흑인의 권리 신장에 반대해 폭력을 행사하는 미국 남부 주의 백인 비밀 단체로, KKK라는 약칭으로 잘 알려져 있다]에 의해 나라에 퍼져갔다. (…)

1920년대에는 짐 크로 법의 분리와 차별 방식이 경감되거나 완화되는 쪽으로 향할 기미가 전혀 보이지 않았고 1930년대 대공황 시기에도 그런 경향은 보이지 않았다. 실제로 그 시기 짐 크로 법은 더 정교해지고 확장되어갔다. 이 새로운 법 안에 많은 사회적, 경제적 역사가 반영되고 있었다. 여성들이 머리를 단발로 잘라 이발소의 고객이 되려 하자 애틀랜타는 1926년 니그로 이발사가 여성이나 14세 이하 어린이에게 서비스를 제공하지 못하게 하는 조례를 통과시키기도 했다. 짐 크로 법은 교통과 산업의 발전, 그리고 패션의 변화에도 발맞추어 변신해나갔다.

짐 크로라는 인종 분리법이 재건 시대에 힘겹게 쟁취했던 흑인들의 인권과 성취를 빼앗기 위해 사력을 다하자, 흑인 여성 활동가들이 여성 문제를 위해 투쟁하는 것을 멈추고 오직 인종차별에 저항하는 데 에너지를 집중하게 된 것도 당연한 일이었다.

흑인 여성 활동가들만 여성 문제에 흥미를 잃은 것은 아니었다. 그간 여성 활동가들의 에너지는 오직 투표권 쟁취에만 집중돼 있었고, 이제 그들의 소망이 성취되면서 더 이상 여성운동의 필요성을 느끼지 못하는 이들도 많았다. 전미여성정당에 속한 백인 여성은 계속해서 페미니즘 투쟁을 이어갔지만 투쟁에 적극적으로 참여하는 흑인 여성은 거의 없었다. 이제 점점 심각한 수준으로 향해가는 인종차별에 저항하는 데 모든 힘을 모아야 했기 때문이기도 했다. 1933년 백인 여성인권운동가들이 미국 성평등 헌법 수정안Equal Rights Amendment을 통과시키기 위해 노력하고 있을 때 흑인 여성운동가들은 인종차별주의자 백인 군중이 흑인 여성과 흑인 남성에게 가하는 린치를 막고 빈곤에 허덕이는 대다수 흑인들의 조건을 개선하고 흑인에게 교육의 기회를 열어주기 위한 싸움에 매달려야 했다. 1920년대와 1930년대에 흑인 여성 활동가들은 성차별에 개의치 말고 흑인들의 자유를 위한 싸움에 남성만큼 동참해야 한다고 흑인 여성들을 설득하기도 했다. 동료이자 남편인 마커스 가비와 함께 흑인 민족주의 운동을 이끌었던 에이미 애슈우드 가비Amy Ashwood Garvey는 세계흑인지위향상협회Universal Negro Improvement Association가 발간하는 신문이었던 《니그로 월드Negro World》의 여성란을 편집했다. 그녀는 한 사설에서 흑인 여성은 이제 흑인 민족주의에 관심을 집중하고 흑인해방운동에 동등하게 참여해야 한다고 주장했다.

현 시대의 가장 시급한 문제 때문에 여성은 이제 자신의 자리를 자기 남성 옆으로 정해야 한다. 백인 여성은 자신의 인종을 구하기 위해서 국적에 상관없이 모두 힘을 합쳐 풍요로운 삶이라는 이상을 위해 싸운다. (…) 백인 남성은 여성이 집안의 기둥이라는 사실을 깨닫기 시작했고 이제 백인 여성은 경제활동 경험과 세부적 관리능력으로 이 국가와 인종의 운명을 좌우하기 위해 효과적으로 움직이고 있다.

충분한 노력을 기울이는 현대 여성에게, 닫혔던 문은 열리게 되어 있다. 그녀는 동등한 기회를 요구했고 얻어냈다. 자신의 직업에서 성과를 보이고 이전까지 여성과 대립했던 남성의 존중도 얻어냈다. 그녀는 집에서 굶고 있는 아내가 아닌 집을 이끌어가는 가장이 되기로 했다. 고된 일을 두려워하지 않고 독립적인 인간이 되면서 현재 남편보다도, 좋았던 시절의 할머니보다도 더 많은 수입을 올린다.

동쪽의 여성은 황인이건 흑인이건 서서히 서구의 여성을 모방해나가고 있으며 백인 여성들은 부패해가는 백인 문명을 일으키기 위해 노력하고 있으니 짙은 피부의 인종에 속하는 여성들 또한 남성들을 도와 자신들의 기준에 맞는 문명 건설에 앞장서고 세계에서 리더가 되기 위해 노력해야 한다.

  흑인 여성 지도자들은 인종주의 철폐를 위한 싸움에 흑인 여성이 남성만큼 적극적으로 임해야 한다고 주장했지만 그 주장 밑에는 성평등 운동은 부차적이라는 가정이 깔려 있기도 했다.
  여성인권운동의 초창기부터 그 운동에 충실했던 백인 지지자들은 여성의 사회적 평등이 애국과 정의로운 국가 건설에 반드시 필요한 단계라고 주장했다. 그들은 미국의 정치나 사회질서를 반대하는 것이 아니라 기존의 정부 시스템을 적극적으로 지지하길 원한다는 입장을 표명했다. 이러한 태도는 가끔 이루어지는 흑인 여성 활동가들과 백인 여성 활동가들 사이의 정치적 연대를 위협했다. 백인 여성에게 미국이라는 국가의 발전과 성장에 완전히 동참한다는 것은 곧 백인 인종차별적 제국주의를 인정하고 지지한다는 뜻이 포함되었던 반면 흑인 여성은 아무리 정치적으로 보수적이라 할지라도 인종차별적 정책을 표방하는 이 국가를 고발하고 비난할 수밖에 없었다. 결국 이 두 여성 집단은 인종적 연합이 페미니즘 투쟁을 대체해야 한다는 것을 깨달았다. 1930년대와 1940년대에 대부분의 여성 단체와 클럽은 인종적으로 분리돼 있었다. 1940년대부터 1960년대까지 대부분의 여성 단체는 여성해방을 강조하지 않았고 여성은 사회적인 이유 혹은 직업적인 이유 때문에 연대했다. 《여성운동》의 저자 바버라 데커드는 1940년대와 1960년대 사이에 조직적인 여성해방운동이 없었다고 하면서 다음과 같이 이유를 설명한다.

첫 번째 이유는 이데올로기의 한계와 엘리트 계급을 중심으로 한 참정권 운동가들이었다. 그들은 투표권의 중요성을 열렬하게 강조하고 오직 투표권 쟁취만 바라보았기에 그들의 후임자(여성유권자동맹League of Women Voters)들은 1920년대에는 더 이상 여성 차별이 없고 해방된 여성은 모든 인간을 위한 보편적인 개혁에 힘써야 한다고 선언했다. 가장 전투적이었던 참정권 운동가들의 유일한 후임자였던 전미여성정당도 다른 방식으로 시야가 좁았다. 이들은 계속해서 동등한 법적 권리를 위해 싸웠지만 가정 내 여성의 열등한 위치라든가 여성 노동자들이 당하는 착취나 흑인 여성이 처한 특정 문제 같은 이슈는 도외시했다. 사회적, 경제적, 인종적 문제에 대한 무관심으로 인해 급진파 여성은 고립되었고 사회 전반적으로 적대적인 분위기 때문에 중도파 여성을 설득하는 것이 어려워졌다.

1920년대 중반까지 자본주의는 비교적 안정적으로 발전하면서 소규모 개혁파 농부들은 사라졌고 빨갱이 사냥과 내부 분란으로 사회주의당이나 미국진보당이 붕괴되었으며 이런 보수적 분위기는 여성운동에 더욱 적대적이었다. 1930년대 급진주의는 주로 실업 문제에 치중했고 1930년대 후반에 파시즘과의 전쟁이 대두되면서 다른 모든 문제는 뒤로 밀렸다. 다시 한 번 전쟁이 일어났고, 다른 어떤 문제도 제기할 수 없었다. 전후 1946년부터 1960년까지는 미국의 경제적 팽창과 세계 지배의 시기로 매카시즘이라는 마녀사냥에 의해 냉전과 애국심 강요가 확산되었다. 모든 급진적이고 진보적인 대의들(예를 들어 보육)은 다른 사회 문제에 묻힐 수밖에 없었다.

1920년대 중반부터 1960년대 중반까지 40년 동안 흑인 여성 지도자들은 더 이상 여성인권운동을 지지하지 않았다. 흑인해방 투쟁과 여성해방 투쟁은 대체로 반목하는 관계로 보였는데, 흑인민권운동 지도자들은 대중이 기본적인 시민권에 대한 요구를 성평등처럼 급진적인 요구와 동일시하는 것을 원치 않았기 때문이다. 그들은 흑인해방운동을 현존하는 가부장제 국가 안에서 시민으로서의 완전한 참여를 획득하는 것이라 보았고 그들의 바람은 인종주의의 척결이었지 자본주의나 가부장제에 대한 반발은 아니었다. 백인 여성이 흑인과의 연대가 자신들의 이익에 부합하지 않는다고 믿었을 때 흑인과의 정치적 연대를 공공연하게 거부한 것과 마찬가지로 흑인 여성은 페미니스트처럼 보이는 것, 즉 급진적으로 보이는 것이 흑인해방운동이라는 대의에 방해가 될 것이라 생각해 페미니즘운동과는 거리를 두었다. 흑인 남성과 흑인 여성은 무엇보다 미국 삶의 주류로 들어가고 싶어 했고 그 입장권을 얻기 위해서는 보수적인 편이 낫다고 판단했다.

한때는 보육 문제, 직업여성 쉼터 문제, 매춘부 보호 같은 사회사업에 집중했던 흑인 여성 단체는 정치색을 벗고 상류층 데뷔 무도회라든가 자선기금 행사 같은 사교 행사에 눈을 돌렸다. 흑인 여성 클럽들은 중상류층 백인 여성의 행동을 모방하고자 했다. 여전히 사회적 성평등을 지지하고 있던 흑인 여성은 자칫 인종 문제로부터 관심이 멀어지게 될까 두려워 자기 의견을 겉으로 드러내지 않는 편을 택했다. 흑인들의 자유를 지지하는 것

286

이 우선이고 그 자유를 얻은 다음에 여성 인권을 위해 노력하면 된다고 생각했다. 한 가지 안타까운 사실은 여성과 남성이 동등해야 한다는 생각에 흑인 남성의 거부감이 얼마나 큰지는 예상하지 못한 것이다.

흑인민권운동에는 흑인 여성도 참여했지만 그들은 되도록 앞에 나서지 않았다. 민권운동이 끝나자 미국인들은 마틴 루터 킹 주니어, 필립 랜돌프Phillip Randolph, 로이 윌킨스Roy Wilkins 같은 이름은 기억했지만 로자 파크스Rosa Parks, 데이지 베이츠Daisy Bates, 패니 루 해머Fannie Lou Hamer 같은 이름은 잊었다. 1950년대 흑인민권운동 지도자들은 19세기의 전임자들과 마찬가지로 그들이 백인들과 같은 종류의 지역사회와 가정을 건설하고 싶어한다는 사실을 알렸다. 백인 남성 가부장제의 본보기를 따르고 싶어 하는 흑인 남성은 남성성을 강조하는 데 집착했고 흑인 여성은 백인 여성의 행동을 모방하면서 여성성에 집착하는 모습을 보였다. 흑인 성역할에 뚜렷한 변화가 일어나고 있었다. 흑인들은 더 이상 인종차별 때문에 흑인 여자가 남자들만큼이나 독립적이고 열심히 일할 수밖에 없었다는 사실을 수동적으로 받아들이지 않았다. 흑인들은 이제 여자라면 수동적이고 순종적이며 직업이 없는 편이 더 낫다고 생각하게 되었다.

1950년대 흑인 여성은 남성과의 관계에서 여자가 순종적인 역할을 맡아야 한다고 교육받았고, 마침 미국 사회는 분위기를 2차 세계대전 이전으로 돌려놓기 위해 여성을 세뇌하고 있었다. 전쟁으로 인해 백인 여성과 흑인 여성은 너 나 할 것 없이 강하고 독립적이었고 열심히 일할 수밖에 없었다. 백인 남성은 흑인 남성과 마찬가지로 여자들이 자아가 없고 남자에게 의지하며 직업을 갖지 않기를 바랐다. 여성들이 새롭게 발견한 독립성을 무너뜨리기 위해 이 사회가 사용한 가장 효과적인 무기는 역시 대중매체였다. 백인 여성과 흑인 여성 모두 자고로 여자가 있어야 할 자리는 가정이라는 믿음을 전파하는 프로파간다를 주입받았다. 여자로서 인생의 성공이란 좋은 남자를 만나 화목한 가정을 꾸리는 것이라는 전통적이고 과거 지향적인 믿음이었다. 그들은 만약 일을 해야만 하는 환경에 놓였다면 남자와 동등하게 경쟁하는 직업군보다는 교사나 간호사 같은 직업을 택하라는 말을 들었다.

　일하는 여성은 흑인이건 백인이건 자신이 충분히 여성적인 사람임을 증명해야 했다. 때에 따라 얼굴을 바꾸며 적절하게 처신해야 했다. 일할 때는 적극적이고 독립적이어야 하지만 집에서는 수동적이고 다정다감해야 했다. 미국 역사상 그 어떤 시기보다 흑인 여성은 텔레비전, 책, 잡지에서 묘사하는 이상적인 여성성을 추구하는 데 집착적으로 매달렸다. 흑인 중산층이 점점 증가한다는 것은 곧 옷과 화장품을 구입하고《맥콜스McCall's》나 《레이디스 홈 저널Ladies Home Journal》같은 잡지를 읽을 여유가 되는 흑인 여성이 많아진다는 뜻이었다. 집 밖에서 일할 능력도 있으면서 집에서도 좋은 아내와 어머니가 될 수 있는 자신에게 한때 자부심을 느꼈던 흑인 여성들은 일해야 하는 신세에 불만을 가지게 되었다. 전업주부가 꿈인 이들은 흑인 남성에게 대놓고 분노와 적대감을 드러내기도 했다. 그들 생각에 흑인 남자들은 외벌이 가장으로 아내를 전업주부로 살 수 있게 할 만큼 충분히 노력하지 않기 때문이었다. 당시 유행했던 "개똥 같은 흑인 남자들", "깜둥이들은 쓸모가 없다" 등의 표현은 흑인 여자들이 흑인 남자들의 무능력을 얼마나 싫어했는지를 나타낸다.

확실히 흑인 여성은 1950년대의 시대상이었던 "이상적인 여성성"에 근접하고자 적극적으로 노력했고 이 소망을 추구할 수 있게 옆에서 도와주지 않는 흑인 남성을 원망했다. 그들은 백인 남자들이 세워놓은 기준으로 흑인 남자들을 평가했다. 백인 남자들에게 "남자다움"의 정의는 홀로 한 가정을 부양할 능력이었기에 많은 흑인 여성은 흑인 남성을 "실패한" 남자로 여겼다. 이에 복수하고픈 흑인 남자들은 백인 여자들이 흑인 여자들보다 훨씬 더 여자답다고 말하곤 했다. 흑인 남성이나 흑인 여성이나 모두 자신들의 여자다움과 남자다움에 대해 확신하지 못했다. 모두 백인 사회가 세워놓은 기준에 맞추기 위해 애썼다. 흑인 여성이 흑인 남성과의 관계에서 수동적이고 순종적인 역할을 하는 데 실패하면 남자는 화를 냈다. 흑인 남성이 가정에서 유일한 부양자로서의 역할을 담당하지 못하면 흑인 여자가 화를 냈다.

흑인 남녀 관계의 이 긴장과 갈등은 1959년 로레인 핸스베리의 연극인 〈태양 속의 건포도A Raisin in the Sun〉로 극화되기도 했다. 극의 주요 갈등은 흑인 남자 월터 리와 그의 어머니, 그리고 아내 사이에서 일어난다. 월터가 아내 루스에게 어머니가 타게 된 보험금을 어디에 쓸 생각인지 말하자 아내는 들으려 하지 않는다. 그는 화내며 소리 지른다.

> 월터: 흑인 여편네들은 그게 문제라고. 남자의 기를 세워주질 못해. 뭔가 괜
> 찮은 남자처럼 느끼게 해주질 않는다고. 앞으로 뭔가 이룰 사람처럼 말
> 이야.
>
> 루스: 뭔가 해내는 잘난 흑인 남자들도 있긴 있겠지.
>
> 월터: 여자들한테 하나도 안 고마워.
>
> 루스: 글쎄. 흑인 여자로서 나도 당신들한테 하나도 안 고맙네.
>
> 월터: 우리 남자들은 속 좁은 이 인종 여자들한테 지쳤어.

〈태양 속의 건포도〉에서는 어머니가 이 집안의 중심이 되는 인물이고 월터 리는 계속해서 어머니 때문에 자기가 남자답게 살지 못한다고 불평한다. 어머니가 집안의 독재자처럼 자신을 통제하려 한다는 것이다. 연극 중반부까지 월터 리는 무책임하고 어머니의 신뢰와 존중을 받을 가치가 없는 사람으로 그려진다. 어머니는 아들이 그동안 철없는 모습만 보여왔기 때문에 그가 남자임을 주장하려고 하면 무시한다. 그러나 연극이 끝날 즈음에 그는 상당히 책임감 있는 남자로 변해 있으며 어머니는 자연스럽게 아들에게 기대려고 한다. 이 연극의 메시지는 양가적이다. 한편으로는 자신의 힘으로 한 가족을 먹여 살려온 흑인 싱글맘의 강인함과 헌신을 그리고 있지만 또 다른 한편으로는 흑인 남자가 가부장으로서의 역할을 제대로 하는 것이 얼마나 중요한지를 강조하고 있기도 하다. 어머니의 삶의 방식은 과거의 잔재다. 월터

리와 루스는 미래의 희망이다. 이들이 그리는 미래의 흑인 가정은 양친이 모두 있는 핵가족으로 아버지가 부양자, 의사 결정자, 보호자의 역할을 하고 가정의 자부심과 명예를 지키는 사람이 되는 그림이다.

로레인 핸스베리의 연극은 성역할 패턴이라는 문제로 인한 흑인 여성과 흑인 남성의 갈등을 미리 예견했다고 할 수 있다. 이 갈등은 1965년에 발표한 대니얼 모이니한의 보고서 《니그로 가족: 국가 행동의 예The Negro Family: The Case for National Action》에서 지나치게 과장되게 묘사되면서 사회적 관심을 모았다. 이 보고서에서 모이니한은 흑인 미국 가정의 문제는 여성 중심적인 가족구조 때문이라고 주장했다. 그는 흑인 남성이 취업 면에서 불이익과 차별을 받으면서 흑인 가정에선 여자가 가장이 될 수밖에 없었고, 이는 일반적인 미국의 가부장제적 가족구조에서 벗어나기 때문에 흑인들을 미국의 주류로 편입할 수 없게 만든다고 주장했다. 모이니한의 메시지는 가부장제의 가장 역할을 제대로 수행하지 못하는 흑인 남성을 비난하는 흑인 여성의 의견과 비슷하다고 할 수 있다. 차이점은 모이니한은 그 책임을 가부장이 되지 못하는 흑인 남성의 무능력으로 돌렸고 흑인 여성은 이 사회의 인종차별과 흑인 남성의 무관심 때문에 흑인 남자가 경제적 부양자가 되지 못한다고 보았다는 것이다.

흑인 여성을 가모장이라는 호칭으로 부르면서 모이니한은 열심히 일하면서 가정을 건사하는 흑인 여성을 마치 흑인 남성을 남자답게 못하게 만드는, 남자들의 적처럼 묘사했다. 모이니한은 자신이 제시한 모계 중심적인 흑인 가정 가설은 객관적 자료를 기반으로 한다고 했지만 사실 흑인 가정의 4분의 1 정도만 여성 중심 가정이었고 그는 이 비율만으로 흑인 가정을 일반화한 것이다. 그의 흑인 가족구조 일반화는 분명 오류가 있었음에도 불구하고 흑인 남성의 정신세계에 어마어마한 영향을 미쳤다. 1950년대와 1960년대 미국 백인 남성처럼 흑인 남성 또한 여자들이 너무 적극적이고 주도적이 될까 봐 두려워했다.

현대 여성이 남성을 무력하게 한다는 개념은 성역할 패턴으로 인한 흑인 여성과 흑인 남성 사이의 갈등에 뿌리를 두고 있지 않으며 미국 사회 전반에 이 성역할 문제는 늘 존재해왔다. 남성성을 거세하는 여성의 이미지는 흑인 여성과 관련된 자료에서 처음 등장한 것도, 대니얼 모이니한의 논문 때문에 처음 주목받은 것도 아니다. 1950년대가 자신들의 전성기였을 일부 정신분석학자들에 의해 유행이 되었을 뿐이다. 이 학자들은 이후 미국 대중들의 의식 속에 커리어 우먼, 혹은 남자와 경쟁하는 여자는 남성의 권력을 질투하여 남성을 무력하게 하려는 나쁜 여자라는 개념을 심어 놓았다.

그중에서도 흑인 여성이 유별날 정도로 대표적인 남성 거세자로 묘사되곤 했는데 이는 흑인 여성이 백인 여성보다 선천적으로 더 드세고 독립적이어서가 아니었다. 역사가 보여주듯이 백인 여성이 흑인 여성보다 먼저 남성 지배적인 권력 구조에 도전해 왔는데 이는 그 분야 진입을 완전히 불가능하게 하는 인종적인 장벽이 없었기 때문이다. 흑인 여성이 독립적인 여성을 향한 다양한 여성혐오적 공격의 목표물이 된 이유는 그들이 희생양이 되기 쉬운 인종이었기 때문이다. 19세기에 백인들이 흑인 여성을 여자라는 성에 해당되는 모든 부정적인 특질들을 형상화한 것처럼 묘사했듯이 20세기에도 백인들은 같은 행동을 반복했다. 그들은 흑인 여성을 천대하고 멸시하는 방식으로 백인 여성을 이상화하고 그들의 지위를 한 단계 더 승격시켰다. 대니얼 모이니한이 여성이 가장인 가정에서 흑인 여성이 맡았다고 가정한 이른바 "가모장"이란 단어를 왜 백인 가정의 여성 가장들에게는 적용하지 않았을까? 그는 미국에서 가장 인기 있는 놀이인 흑인 여성됨에 관한 성차별-인종차별적 신화를 영속시키려는 시도를 했을 뿐이다. 즉 흑인 여성은 백인 여성에 비해 타고나길 더 드세고 독립적이고 지배적이라는 신화를 강화하려 한 것이다.

성차별적 이데올로기는 가부장제 신화의 핵심이라 할 수 있다. 흑인 여성이 가모장이라는 주장 안에 담겨 있는 가정은 가부장제는 어떠한 일이 있어도 유지되어야 하며 여성의 수동성은 건강한 남성됨을 위해 반드시 필요하다는 가정이다. 사실상 모이니한은 흑인 여성이 더 수동적이고 남자에게 복종하며 가부장제를 지지한다면 인종차별의 부정적인 결과가 사라지기라도 할 것처럼 말하고 있다. 여기서도 여성해방은 흑인해방에 방해되는 요소처럼 취급되었다.

흑인 남성이 이 이데올로기를 얼마나 환영했는지는 1960년대 흑인해방운동에 분명하게 드러난다. 흑인 남성 지도자들은 인종차별로부터의 흑인해방을 가부장의 역할, 즉 성차별의 압제자라는 역할을 받아들일 권리를 쟁취하는 것과 동일시했다. 흑인해방을 정의하는 용어를 백인 남성에게 마음대로 정하게 하면서 흑인 남성은 흑인 여성을 향한 성차별적 착취와 억압을 공개적으로 지지한 셈이 되었다. 그렇게 백인 사회와 타협을 하게 된 것이다. 그들은 시스템에서 자유로워지기보다는 오히려 이 시스템을 자유롭게 지지하려 했다. 이 운동은 끝났지만 시스템은 변하지 않았다. 여전히 인종차별적이고 성차별적이었다.

흑인 남성처럼 많은 흑인 여성도 강력한 흑인 가부장제의 확립을 통해 흑인해방이 달성될 수 있다고 믿었다. 이네즈 스미스 리드Inez Smith Reid가 1972년에 출간한 책《다 함께 흑인 여성Together Black Women》에서 인터뷰한 여러 흑인 여성은 흑인해방 투쟁에서 남자가 앞장설 수 있도록 여자는 뒤에서 조용히 내조하는 역할을 담당해야 한다고 말했다. 전형적인 응답은 다음과 같다.

나는 여자가 남자 뒤에 있어야 한다고 생각한다. 남자가 앞에 서고 그 뒤를 여자가 따라야 하는데 사실 그동안 이 나라에서 흑인 여자들은 흑인 남자들을 압도해왔다. 여자들이 더 나은 직업을 갖고 더 나은 위치로 올라간 건 여자들의 잘못이 아니다. 흑인 여자는 백인 남자나 백인 여자와 동등하지는 않았지만 흑인 남자보다는 앞서 있었다. 이제 사회혁명이 일어나고 있고, 나는 흑인 여성이 삶의 모든 영역에서 남성보다 앞서 있어서는 안 된다고 생각한다. 이제는 흑인 남자들이 전면에 서야 한다. 그들이 이 인종의 상징이기 때문이다.

혹은 이렇게 말한다.

나는 이 혁명이나 투쟁에서 흑인 여성이 가장 훌륭한 자산이라고 생각한다.
역사적으로 흑인 여성은 불굴의 의지와 인내심과 힘을 증명해왔다. 그러한
힘이 너무 지배적인 성향이나 상대를 누르는 힘으로 바뀌지 않기를 바라고
있다. 그보다는 우리가 아내이자 연인이자 가족으로서 흑인 남성이 밖에 나
가 싸울 때 필요한 조용한 힘이 되어줄 수는 있다고 생각한다.

1960년대와 1970년대에 많은 흑인 여성, 젊고 대학 교육을
받은 중산층 여성이 빅토리아 시대에 처음으로 등장해 선풍적인
인기를 끌었던 이상적인 여성이라는 낭만화된 개념에 넘어갔
다. 그들은 여자가 할 일이란 자기 남자의 훌륭한 조력자가 되는
것이라 강조했다. 흑인인권운동 역사상 처음으로 흑인 여성은
흑인 남성과 동등하게 싸우지 않았다. 1960년대 흑인운동에 관
한 글인《흑인 마초와 슈퍼우먼 신화》에서 미셸 윌리스는 지적
한다.

여성혐오는 흑인 마초의 핵심이었다. 흑인 마초 사상에서는 흑인 남성이 흑
인 여성보다 더 차별받았고, 흑인 여성은 사실 그 차별에 동조했으며, 흑인
남성은 성적으로나 도덕적으로나 더 우월하다. 흑인 남자는 인간이 마땅히
다른 인간에게 져야 할 책임에서도 면제된다. 이러한 사상은 흑인 여성에게
만 해로울 수밖에 없다. 하지만 흑인 여성은 (본능적으로 그렇지 않다는 걸 알면
서도) 장미빛 입술과 치즈 케이크 같은 다리의 전지전능한 존재 같은 금발

머리 유령으로부터 마침내 자유로워지기 직전까지 왔다고 믿기로 결정했다. 그들은 단상 위에 올라간 다른 여자를 더 이상 부러워하지 않기로 했다. 이제 단상은 그들 차지가 될 것이다. 그들은 자신들끼리 싸우지 않아도 될 것이다. 이제 사람들이 그들을 갖기 위해 싸울 것이다. 흰 갑옷을 입은 기사가 달려올 것이다. 아름다운 동화 속 공주는 흑인 공주가 될 것이다.

흑인해방운동을 하는 여성은 혁명 한 가운데에서도 연약한 빅토리아 여성됨을 갈망하고 있다는 점에서 모순을 느끼지 못했다. 그들이 바라는 건 안락한 집과 흰 울타리와 냄비에서 끓고 있는 치킨과 자기 남자였다. 그들이 보기에는 유일하게 공식적으로 지정된 혁명의 의무는 아기를 갖는 것이었다.

물론 모든 흑인 여성이 흑인해방운동의 수사의 일부였던 성차별적 세뇌에 굴복한 것은 아니지만 저항한다고 해도 주목을 받지 못했다. 미국인들은 기존의 흑인 여성 이미지(강인하고 드세고 독립적인 이미지)가 나약하게 수동적인 역할을 받아들이는 모습, 아니 사실 수동적인 역할을 갈망하고 있다는 점에 매료되었다.

앤절라 데이비스가 1960년대 인권운동의 여자 영웅이기는 했지만 정치적으로 공산당원이었기 때문에 존경받은 것도, 자본주의와 인종차별적 제국주의를 향해 던진 날카로운 비판 때문에 사랑받은 것도 아니었다. 미모가 뛰어났고 흑인 남성에게 헌신했기 때문이었다. 미국 대중은 "정치적인" 앤절라 데이비스보다는 포스터에 걸 만한 아름다운 여인을 보고 싶어 했다. 대체로 흑인들은 그녀의 공산주의 지향성을 찬성하지 않았고 진지하게 받아들이지도 않았다. 월리스는 앤절라 데이비스에 대해 이렇게 쓴다.

그 모든 성취에도 불구하고 그녀는 이타적이고 희생적인 "착한 여자"의 결정판으로 인식되었다. 이 운동이 인정하는 유일한 흑인 여성상이기도 했다. 사람들은 그녀가 자기 남자를 위해 그 일을 해냈다고 말했다. 여자의 자리를 지키는 여자였다. 정치적 이슈는 상관없었다.

가부장제를 지지하는 흑인 여성은 인종 정치라는 맥락 안에서 자신들의 위치를 현 상태로 유지하고 싶어 했고 이 인종 전체의 선을 위해서라면 흑인 남성과의 관계에서 부차적인 역할을 맡을 준비가 되어 있다고 주장했다. 그들이 진정 신세대 흑인 여성이었다. 흑인 혁명에 의해서가 아니라 백인 사회, 미디어에 의해 세뇌당해 여성의 자리는 가정이라고 믿게 된 최초의 세대였다. 이들은 흑인 남성의 관심을 사기 위해 백인 여성과 경쟁을 하게 된 최초의 흑인 여성 세대이기도 했다. 대부분은 그저 혼자가 되고 싶지 않다는 이유로, 남성 동반자가 없는 삶이 두렵다는 이유로 흑인 남성의 성차별을 받아들였다. 사실 인종에 상관없이 여자들은 혼자 살게 되거나 사랑받지 못할까 두려워 조용히 성차별과 성적 억압을 받아들이기도 한다. 흑인 여성이 성차별적인 여성의 역할을 기꺼이 받아들이는 심리에 대해서는 특별할 것도 새로울 것도 없었다. 1960년대 흑인운동은 그들이 성차별이나 가부장제를 수용할 수 있게 하는 배경이 돼주었고 이는 흑인 여자가 백인 여자보다 더 주체적이고 지배적이라고 확신하는 백인들에게 다른 모습을 보여줄 수 있는 방법이기도 했다.

　다수의 의견과는 반대로 1970년대의 흑인 마초가 아닌 1950년대의 성 정치가 흑인 여성을 성차별적 역할 패턴에 순응하도록 교육시켰다. 1950년대의 흑인 어머니들은 딸들에게 여자가 일하는 것을 자랑스러워하지 말라고 가르쳤고 그래도 교육을 받아야 하는 이유는 그것이 여자의 인생에서 가장 중요한 힘이며, 그들을 부양하고 보호해줄 남편을 찾지 못할 경우의 대비책이기 때문이라고 말했다. 이러한 가정교육 아래서 대졸 흑인 여성이 가부장제를 끌어안은 것도 놀라운 일은 아니다. 1960년대 흑인 해방운동은 이미 흑인 지역사회에 존재하던 성차별과 가부장제 지지를 노출한 것뿐이었지 새로 만들어낸 것은 아니었다. 미셸 월리스는 1960년대 흑인 민권 투쟁에 대한 흑인 여성의 반응을 다음처럼 지적한다.

　흑인 여성은 흑인해방운동에서의 중요한 이슈를 해결하려고 나서지 않았다. 흑인 여성은 스트레이트파마를 그만두었다. 염색약과 탈색약 사용도 그만두었다. 자신을 억지로 수동적이고 순종적인 여자로 만들기도 했다. 자녀들에게 흑인 남성의 위대함을 설교했다. 하지만 그때 갑자기 흑인해방운동이 끝나고 말았다. 이제 그녀는 다시 머리를 펴기 시작했고 《보그Vogue》와 《마드모아젤Mademoiselle》 잡지에서 본 최신 유행을 따르며 열심히 볼터치를 하고, 항상은 아니지만 종종 흑인 남자가 얼마나 실망스러웠는지 말한다. 다른 흑인 여성과 별로 접촉이 없고, 있다 해도 깊은 우정을 쌓지 않는다. 대체로 옷, 화장품, 가구, 남자들 이야기를 한다. 그들은 짝을 찾지 못하는 수많은(100만

명의) 흑인 여성 중에 하나가 되지 않기 위해 남몰래 무엇이든 하려 한다. 그리고 남자를 찾으면 어찌 되었건 아기를 갖기로 결심한다.

이제 조직적인 흑인민권운동 단체가 더 이상 존재하지 않으면서 흑인 여성은 흑인해방운동의 맥락 안에서 성차별적 역할을 기꺼이 감당할 필요가 없어졌다. 따라서 이제 그들의 가부장제 옹호는 인권운동에 대한 우려 때문이 아니라 대부분의 여성이 가부장제를 지지하고 인정하는 문화 안에서 살기 때문이라는 사실이 확실해졌다.

1960년대 후반 페미니즘운동이 시작되면서 흑인 여성이 조직적으로 그 운동을 지지하는 경우는 거의 없었다. 지배적인 백인 가부장제와 흑인 남성 가부장제가 흑인 여성에게 성평등을 위해, 즉 여성해방을 위해 한 표를 던지는 것은 흑인해방운동에 어긋나는 행동이라는 메시지를 줄곧 전달했기에 흑인 여성은 초반부터 백인 여성 위주의 페미니즘운동을 의심스러워했다. 또한 흑인 여성이 이 운동에 참여하는 것을 거부한 이유는 더 이상 성차별과 맞서 싸우고 싶은 욕망도 없어졌기 때문이었다. 당시 이런 입장을 취하는 것이 특별하지는 않았다. 미국의 대다수 여성이 같은 이유로 여성운동에 동참하지 않았다. 여성운동이 흑인 여성의 관심을 끌지 못하는 현상을 가장 처음으로 발견한 이들은 백인 남성들로, 그들은 이를 들어 백인 여성의 노력을 비웃고 조롱할 수 있었다. 미국 사회에서 가장 핍박받은 여성 집단을 설득하지 못하는 여성해방운동의 성공 가능성에 의문을 던지기도 했다. 사실 백인 남성은 백인 여성운동 내 인종차별을 가장 먼저 지적한 최초의 페미니즘 비판가들이기도 했다. 그에 대한 응답으로 백인 여성해방운동가들은 흑인 여성과 비백인 여성에게 운동에 동참해달라고 부탁했다. 가장 열렬하게 페미니즘을 반대했던 흑인 여성이 가장 적극적으로 자기의 입장을 드러내기도 했다. 그러면서 그들의 입장이 여성해방운동에 대한 흑인 여성 전체의 목소리처럼 대표되기도 했다. 아이다 루이스Ida Lewis의 〈여성운동, 왜 이 투쟁이 아직까지 계속되는가Women's Rights, Why the Struggle Still Goes On〉, 린다 러루Linda LaRue의 〈흑인해방과 여성의 갈비뼈Black Liberation and Women's Lib〉, 《앙코르Encore》잡지에 처음 게재된 〈여성해방운동에는 영혼이 없다Women's Liberation Has No Soul〉, 러네이 퍼거슨Renee Ferguson의 〈여성해방운동은 흑인에게 다른 의미를 지닌다Women's Liberation Has a Different Meaning for Blacks〉 같은 에세이에서 흑인 여성의 페미니즘운동에 대한 반감을 볼 수 있다. 린다 러루의 여성운동에 대한 평은 이후 여성해방운동에 대한 모든 흑인 여성의 반응처럼 인용되곤 했다.

우리 솔직히 말해보자. 미국 백인 여성은 정신적으로나 육체적으로나 미국의 어떤 집단보다 더 자유롭고 충만한 삶을 살 기회를 누려왔다. 물론 그들의 백인 남편을 제외하고서다. 따라서 흑인 여성이 받은 차별과 억압을 미국 백인 여성의 고충과 비교 분석하려는 그 어떤 시도도 마치 교수형을 당하는 이의 목과 아마추어 등산가의 손에 난 밧줄 자국을 비교하는 것과 비슷하다 할 수 있다.

이 에세이에서 흑인 여성 안티 페미니스트들은 백인 여성에 대한 증오와 부러움을 동시에 드러낸다. 그들은 백인 여성해방 운동가들을 공격하는 데 에너지를 쓰지만 흑인 여성에게 여성해방운동이 필요 없다는 주장을 뒷받침해줄 설득력 있는 근거를 제시하진 못한다. 흑인 사회학자인 조이스 래드너는 흑인 여성에 대한 연구서인 《내일의 내일》에서 여성해방운동에 대한 관점을 이렇게 표현한다.

> 백인을 모델로 한 여성성을 받아들였던 많은 흑인 여성들이 이제 그 여성성을 거부하고 있다. 우리가 백인 중산층 라이프스타일을 거부해야 하는 것과 같은 이유에서다. 이 사회의 흑인 여성은 진정 여성이 될 수 있었던 유일한 인종적, 급진적 집단이다. 이 말은 곧 여성은 사회의 제약과 과보호에서 해방돼야 한다는 여성해방운동가들의 의제가 한 번도 흑인 여성에게 적용된 적이 없었다는 뜻이며 그런 면에서 우리는 언제나 "자유로웠으며" 가장 험악한 환경 안에서도 한 명의 온전한 개개인으로 성장할 수 있었다는 의미다. 이 자유, 그리고 흑인 여성이 겪었던 말로 다 할 수 없는 고초는 개인의 인격적 성장을 허락했다. 그러나 학계에서는 흑인 여성의 완강한 힘과 생존능력이 거의 묘사되지 않는다. 이들의 인도주의적인 캐릭터와 조용한 용기가 미국 페미니스트들이 따라야 할 본보기로 여겨지지도 않는다.

흑인 여성이 "자유로워서" 여성운동에 참여할 필요가 없다는 래드너의 주장은 흑인 여성이 여성운동을 거부한 이유 중 하나로 받아들여졌다. 하지만 이러한 주장은 여성해방운동을 가장 먼저 거부한 흑인 여성이 이 페미니즘 투쟁이란 것 자체를 진지하게 생각한 적도 없었다는 사실을 드러내지는 못한다. 백인 여성이 페미니즘을 사회가 강요한 이상화된 여성성이라는 개념의 압박에서 탈출하는 방법으로 봤다면 흑인 여성은 페미니즘을 성차별이 그들의 행동에 가한 압박에서의 탈출로 보았다. 가장 무지하고 진실을 모르는 사람만이 미국에서 흑인 여성이 가장 해방된 여성 집단이라고 자신 있게 주장할 수 있었다. "우리는 이미 자유롭고 해방되었다"고 자신의 등을 토닥이는 흑인 여성은 사실은 성차별을 인정하고 가부장제에서 만족을 찾는 이들이었다.

모두가 흑인 안티 페미니스트들이 어떤 생각을 하는지에만 집중하고 그 생각을 퍼뜨린 나머지 페미니즘을 지지하고 페미니즘운동에 진심 어린 노력과 참여를 한 이들이 있다 해도 거의 주목을 받지 못했다. 흑인 안티 페미니스트의 사설만큼이나 페미니즘을 지지하는 흑인 여성의 입장에 대한 글도 존재한다. 셀레스틴 웨어의 〈흑인 페미니즘Black Feminism〉, 셜리 치점Shirley Chisholm의 〈여성은 반항해야만 한다Women Must Rebel〉, 매리 앤 웨더Mary Ann Weather의 〈혁명적 힘으로서의 흑인 여성해방운동 논의An Argument for Black Women's Liberation as a Revolutionary Force〉, 폴리 머리의 〈흑인 여성의 해방〉 등은 모두 페미니즘을 지지하는 흑인 여성의 관점을 보여준다.

하나의 집단으로서 흑인 여성은 사회적 성평등에 반대한 것은 아니었지만 백인 여성이 조직한 페미니즘운동에 참여하고 싶어 하지 않았다. 1972년 버지니아슬림의 미국 여성 설문조사에서는 백인 여성보다 오히려 흑인 여성이 여성의 사회적 지위 변화가 필요하다고 생각한 것으로 밝혀졌다. 그러나 페미니즘 이슈를 지지한다고 해서 집단 전체가 여성해방운동에 활발히 참여하지는 않았다. 대개 이들의 소극적 태도는 다음 두 가지 이유로 설명되곤 한다. 첫째, 1960년대 흑인민권운동에서 흑인 여성은 조력자 역할을 맡으면서 페미니즘운동을 거부하게 되었다. 둘째, 한 백인 여성해방론자의 묘사에 따르면 흑인 여성은 "여성운동의 인종적, 계급적 구성 요소에 분개했다." 표면적으로만 보면 이러한 이유들은 적절해 보인다. 그러나 역사적 맥락을 살펴보면 흑인 여성은 흑인 남성이 종속적 위치를 종용했음에도 불구하고 여성 집회나 시위에 참여해왔으며 백인 중상류층 여성이 미국의 모든 여성운동을 지배했음에도 여성운동을 해왔다는 점에서 이 설명은 부적절하다. 이는 흑인 여성의 안티 페미니즘적 입장에 정당성을 부여하긴 하지만 왜 페미니즘 이데올로기를 지지하는 여성조차 현대 여성운동에 완전히 헌신하지는 못했는지를 명확히 설명하지 못한다.

초반에는 흑인 여성들도 백인 여성이 조직한 여성운동 조직에 문을 두드렸고 성차별 투쟁에 열렬히 참여했었다. 그러나 우리는 이 운동의 중심인 백인 여성이 하층계급과 빈곤 여성의 문제 혹은 모든 계급의 비백인 여성이 처한 문제에 무지하며 배우고자 하는 열의도 없음을 발견한 뒤 크게 실망하고 환상을 깼다. 나처럼 한때 여성 단체에서 열심히 활동한 사람들은 백인 페미니스트들이 비백인 참여자들의 숫자가 너무 적다고 하면서도 운동의 초점을 바꾸어 모든 계급과 인종의 여성의 필요를 채우려 노력하지 않는 태도를 보고 점차 발을 끊게 되었다. 일부 백인 여성은 소수의 문제를 모두가 주목해줄 것이라 기대해서는 안 된다고 주장하기도 했다. 그러한 입장을 접한 흑인 여성 페미니스트들은 백인 여성들은 전체 여성의 문제에 집중하기보다는 이 운동을 조직한 이들의 개별적인 문제에만 집중한다는 의심을 키울 수밖에 없었다.

흑인 페미니스트들은 알게 되었다. 대부분의 백인 여성에게 자매애란 인종, 계급, 성적 지향에 상관없이 하나가 되는 것을 의미하지도 않고, 페미니즘 혁명에 필수적인 정치적 신념 공유를 기반으로 한 연대 안에서 사람, 특히 모든 여성이 정당한 시민권을 주장하는 것을 의미하지도 않았다. 이 운동의 가장자리에 서 있는 우리의 입장에서는 입으로는 혁명을 부르짖지만 사실은 자본주의적, 가부장제적 권력 구조에 편입하는 데 급급한 여성들에 의해 이 운동의 진보성과 잠재력이 약해지는 것으로 보였다. 백인 페미니스트들이 아무리 백인 남성을 거부하고 그들을 제국주의자, 자본주의자, 성차별주의자, 인종주의자라 욕한다 해도 백인 여성들에게 여성해방운동이란 그들이 차별적이라고 정의한 바로 그 시스템에 안전하게 착륙하는 것이었다. 그들은 그저 성차별적인 억압 때문에 분노하는 게 아니었다. 자신들은 입장을 거부당하고 있는 그 시스템 안에서 권력을 누리고 있는 백인 남성을 질시하고 선망했다.

개개인의 흑인 페미니스트들은 페미니즘 이데올로기가 엘리트와 인종차별적 백인 여성에게 도용되는 것을 목격하고 좌절했다. 우리는 이 운동 내 리더의 자리에 올라갈 수 없었지만 어쩌면 그렇기 때문에 페미니즘 혁명의 진짜 메시지를 퍼뜨릴 수는 있었다. 대부분의 여성 단체는 모두 백인 여성이 조직하고 운영하고 있어 공청회에 참여할 기회도 없었다. 정치적으로 깨어 있는 일부 백인 여성과 우리 흑인 페미니스트들은 어떤 조직적인 페미니즘 투쟁도 실제로는 존재하지 않는다고 느끼기 시작했다. 우리는 조직에서 탈퇴했고 자기 자신은 전혀 바꾸려 하지 않으면서 여성이 세상을 바꾸는 힘이라는 이야기를 듣는 데도 지쳐갔다. 어떤 흑인 여성은 자신들이 떠난 단체와 거의 모든 면에서 똑같이 닮은 "흑인 페미니스트" 단체를 만들기도 했다. 어떤 이들은 홀로 싸웠다. 계속 모임에 출석하고 여성학 강의를 듣고 회담에 참여하는 사람들도 있었다. 하지만 진심을 다해 시간과 에너지를 투자하지는 않았다.

내가 한 명의 페미니스트로서 활동한 지 10여 년이 지났다. 그 시간 동안 나는 서구 문화에 스며들어 있는 지배의 심리를 파괴하려고 노력하고 여성과 남성의 성역할을 다시 세워보려 하고 물질적인 가치보다는 인간을 우선으로 하는 미국 사회 건설을 위한 운동도 해왔다. 여성학 수업에 빠지지 않는 학생이었고 페미니즘 세미나, 유명한 조직, 소그룹 모임에 꼬박꼬박 참석했다. 초반에는 페미니즘 활동을 하려는 여성이라면 성차별과 성차별이 전체 여성에게 미치는 영향에 대해 가장 큰 관심이 있을 것이라 믿었다. 하지만 다양한 조직의 여성이 자신의 개인적 목적을 달성하기 위해 페미니즘을 도용하는 것을 보면서 환상이 무너졌다. 대학 교수인 여성이 이 사회의 성차별적 억압에 울부짖으면서(내가 볼 때는 잘 봐주어야 차별이었다) 한 일은 승진을 위해 대중의 관심을 모으는 일이었다. 혹은 자신의 성차별적 태도를 위장하기 위해 페미니즘을 이용하는 여성도 있었다. 경력을 쌓기 위해 큰 관심도 없으면서 페미니즘 이슈를 피상적으로 탐색하는 여성 작가들도 있었다. 모두 이 사회의 성차별 문제를 최우선으로 삼고 있지 않다는 증거였다. 시위하면서 외치는 구호는 성차별 반대였지만 우리 사회에서 여성으로 산다는 것이 무엇이며 그들이 어떤 위치에 있는지에 대한 관심은 부족했다. 페미니즘을 자기들의 자기중심적 욕구와 욕망을 드러내는 토론장으로 삼는 데 가장 관심이 많은 것 같았다. 자신들의 주요 관심사가 현재 차별받는 여성들의 진짜 문제가 아닐 수도 있다는 가능성은 고려조차 하지 않는 듯했다.

그렇게 페미니스트들의 위선을 목격하면서도 나는 희망을 갖고 매달렸다. 페미니즘 활동에 참여하는 다양한 인종과 계급의 여성이 한 명이라도 많아질수록 페미니즘의 재평가가 이루어질 것이고, 페미니즘 이데올로기의 급진적 개편도 뒤따를 것이며, 여성과 남성 모두의 문제를 보다 적절하게 다룰 수 있는 새로운 운동을 시작하게 되리라 믿었다. 백인 여성 페미니스트를 "적"으로 보고 싶지 않았다. 그러나 다른 관점을 전달하고 싶어 다른 단체에 찾아가도 내가 만나는 것은 적대감과 분노였다. 백인 여성해방론자들은 페미니즘을 "자신들"의 운동이라 여겼고 비백인 여성이 그들의 지향성을 비판하고 도전하고 바꾸려고 하면 그 즉시 거부했다.

이 시기에 나는 페미니즘 이데올로기는 미국 사회구조의 변화와 개혁을 강조하고 있지만 이 이데올로기와 미국 페미니즘의 실제 모습은 전혀 닮지 않았다는 사실을 발견하고 충격을 받았다. 가장 큰 이유는 페미니스트들이 페미니즘을 급진적 이론의 영역에서 미국인들의 현실 생활의 영역으로 갖고 들어오려고 시도했을 때, 자신들이 바꾸고자 했던 그 구조에 여전히 갇혀 있었다는 점이다. 결과적으로 우리가 이야기했던 자매애는 현실이 되지 못했다. 우리가 그리던 여성운동의 모습, 즉 미국 문화를 전격적으로 변화시킬 수 있을 것이라 그렸던 여성운동은 출현도 하지 못했다. 그보다는 백인 자본주의적 가부장제에 의해 확립된 성별-인종의 위계질서가 페미니즘이라는 이름 아래 다른 형태로 나타났을 뿐이었다. 여성해방주의자들은 이 사회에서 여성의 위치를 총체적으로 분석하고 우리의 다양한 경험을 들여다볼 수 있게 해주는 페미니즘을 불러오지 못했다. 자매애라는 개념을 어떻게든 퍼뜨리려고 노력했으나 여성들이 경험하는 현실의 다양함과 복잡성은 무시했다. 여성을 생물학적 결정론에서 해방시켜야 한다고 주장하면서도 섹슈얼리티에 의해서만 결정되지 않는 여성의 존재는 무시했다. 인종과 계급에 관한 진지한 논의는 백인 중상류층 페미니스트들의 이익에는 부합하지 않고 방해가 되었다. 그 결과 페미니스트의 저서들은 여성의 경험에 대해 의미 있는 정보를 제공하기도 했지만 그 내용 자체가 계급적이고 성차별적이기도 했다. 그 저서들을 비난하고 깎아내리기 위해 이런 말을 하고 있는 것이 아니다. 성차별적이고 인종차별적인 페미니즘 책을 읽을 때마다 슬퍼지고 기운이 빠지기 때문이다. 여성을 해방시키겠다고 하는 그 운동 안에 덫들이 자꾸 생겨나 옛날 방식에 우리를 더 세게 묶어놓고 있다는 것을 알기 때문이다. 우리 사회를 개혁할 수 있는 또 하나의 운동이 또 다시 실패하는 모습을 목격 중인 것 같아서다.

현대 페미니즘운동이 처음에는 이 사회의 성차별을 제거하기 위한 여성들의 진심 어린 소망에서 시작된 것은 맞다. 그러나 이 운동은 더 거대하고 더 강력한 문화적 시스템, 즉 여성과 남성 모두 우리 사회의 변화보다는 개인적 욕망의 성취를 더 우선하라고 권장하는 문화적 프레임 안에서 일어났다. 이 문화적 프레임을 고려하면 자기도취, 욕망, 개인주의, 기회주의를 가장 중시하는 이들에 의해 페미니즘의 의미가 약화된 것도 놀라운 일은 아니다. 저항과 혁명이라는 급진적인 수사를 반복하면서도 자본주의적 가부장제 시스템 안에서 개인적인 성공만을 도모하는 페미니즘 이데올로기는 근본적으로 부패할 수밖에 없다. 현대 페미니즘운동이 미국 여성의 사회적 지위에 미친 성차별에 대한 인식을 일깨우는 데는 성공했지만 성차별을 제거하는 데는 큰일을 해내지 못했다. 여성들에게 남성 강간범으로부터 자신을 어떻게 방어할지를 가르치는 것은 남성이 강간하지 않는 사회를 만들기 위해 노력하는 것과는 같다고 할 수 없다.

가정 폭력 피해 여성의 집을 세우는 일은 여자를 때리는 남자들의 정신세계를 바꾸지도 않으며 폭력성을 권장하고 용인하는 문화를 바꾸지도 못한다. 이성애를 공격하는 것은 남자와 함께하고 싶은 욕망을 지닌 수많은 여성의 자아 개념을 강화하지도 못한다. 가사 노동을 하찮은 일로 치부하는 것은 가부장제에 의해 계속 폄하당하면서도 자신이 해야 할 일을 성실히 하고 있는 전업주부들에게 긍지와 자존감을 심어주지 못한다. 제도적 성차별의 종결을 요구하는 것이 성차별적 억압의 종결을 약속해주지는 못한다.

저항 정신, 반항 정신, 혁명 정신을 강조한 페미니즘의 수사와 지금 당장 세상을 바꿀 수 있을 것 같았던 급진주의의 환상은 페미니즘이 실은 자본주의적 가부장제에 어떤 도전도, 위협도 되지 못한다는 사실을 가려버렸다. 페미니스트들은 남성은 개인적 성공과 개인적 해방을 쉽게 손에 넣을 수 있는 특권 계급이고, 여성에게 결여된 권리는 남성적 권리라는 개념을 지속시켰다. 그렇다면 결국 모든 남성적인 것은 여성적인 것보다 태생적으로 우월하다는 주장과 남성적 힘의 신비화에 신빙성을 더하는 것이다. 질투, 두려움, 남성적 힘 이상화에 뿌리를 둔 페미니즘은 미국 사회의 남성과 여성에게 드리워진 비인간적인 성차별의 모습을 드러내지는 못한다. 오늘날 페미니즘은 여성에게 해방이 아니라 남성의 대리인으로 행동할 권리를 주었다. 성차별 퇴출이나 사회 변혁을 위한 청사진을 제공하지는 못했다. 여성운동은 남자들만 가졌다고 느끼는 종류의 권력을 쟁취하기 위한 일종의 게토나 여성 전용 강제수용소가 되었다. 그들의 페미니즘은 그동안 쌓인 울화, 선망, 분노, 실망을 성토하는 토론장이었다. 공통점이 거의 없는 여자들, 서로를 싫어하거나 무관심한 여자들이 남자를 향한 부정적인 감정이라는 공통점 하나로 뭉칠 수 있는 분위기를 제공했다. 마침내 제국주의적, 성차별적, 인종차별적 관점에서 남성을 무너뜨리고 싶어하는 모든 인종의 여성에게 성취욕과 권력욕이 모든 여성을 위한 공공의 선이라는 듯 행동할 수 있는 플랫폼이 생긴 것이다.

지금 현재 미국 여성은 또 하나의 여성인권운동의 종말을 목격하고 있다. 공동의 선을 위한 페미니즘 투쟁의 미래는 불투명하다. 페미니즘을 도용하여 자신의 개인적 대의를 지키려 했던 여성은 바라던 목적을 이루었고 더 이상 정치적 이데올로기로서의 페미니즘에 관심이 없다. 여성 인권 단체나 조직에 남아 활동하고 있는 많은 여성들도, 여성해방으로 인해 여성 운명에 대한 평가나 분석이 왜곡돼버렸음에도 이를 비판하지 않으려 한다. 이 여성들은 탄압받고 있지 않기 때문에 타협적이고 인종차별적이고 계급차별적인 페미니즘운동을 지지할 수 있다. 이들에게는 급진적인 변화를 일으켜야만 하는 다급한 필요가 없다. 미국 여성이 남성과의 평등에 한 발 더 다가가기는 했지만 자본주의적 가부장제 체제는 변하지 않았다. 여전히 제국주의적이고 인종차별적이며 성차별적이고 억압적이다.

최근의 여성운동은 성차별의 문제를 정확히 제시하는 데는 실패했지만 성차별이 미래에도 여전히 존재할 거라는 사실, 우리가 수천 가지 방식으로 성차별의 희생자가 되리라는 사실, 변화의 책임은 우리에게 있다는 사실에서 자유롭지 못하다. 많은 흑인 여성이 매일 이 순간 성차별에 의해 희생되고 있다. 우리가 그동안 한 일이란 침묵 속에서 고통을 삼키면서 결국에는 변화가 우리 곁에 찾아오리라 믿고 기다리는 것이었다. 그러나 수동적 수용이나 투철한 인내는 변화를 가져오지 않는다. 변화는 행동, 운동, 혁명이 있는 곳에서 일어난다. 19세기의 흑인 여성은 행동하는 여성이었다. 그들은 인종차별적, 성차별적 세상에서 사는 것이 고통스러웠기 때문에, 비참했기 때문에, 그리고 타인들도 고통스럽다는 것을 알았기 때문에 다 같이 일어나 페미니즘 투쟁에 뛰어들었다. 백인 여성운동가의 인종차별도, 흑인 남성의 성차별도 그들의 정치 참여를 막지 못했다. 그들은 그럴듯한 청사진을 제공하는 조직이나 단체에 기대지 않았다. 직접 청사진을 그렸다. 1892년 안나 쿠퍼는 여성 관중들 앞에서 흑인 여성에게 페미니즘이란 무엇인지 설명했다.

여성의 주장은 추상적이면서도 구체적이어야 합니다. 우리는 인간다움으로 결속되어야 하고 하나 된 세계 위에 서 있어야 합니다. 성별, 인종, 국가, 환경 등의 요소에서 한쪽만을 선호하는 일이 얼마나 부자연스럽고 부당한지 알아야 합니다. 사슬에서 고리 하나만 끊어지면 사슬 전체가 쓸모없습니다. 다리의 가장 약한 부분이 손상되면 다리는 튼튼할 수 없고, 작은 대의가 약해지면 아무리 큰 대의라도 가치가 없습니다. 여성의 대의 또한 손상되거나 약해져서는 안 됩니다. 정의와 인권의 승리를 위해 노력하는 우리들은 이 의사당에서 집까지 걸어가면서 우리 자신, 우리 인종, 우리 성, 우리 영역만을 위한 작은 길이 아니라 모든 인간이 나아갈 수 있는 큰 도로를 열어달라고 요구해야 합니다. 우리 유색인 여성들은 여성의 대의는 하나로 통합되고 인류에게 보편적이어야 한다고 느낍니다. 신의 모습이 흰 대리석 같건 흑단 같건 상관없이 신은 신성 불가침한 것입니다. 인종, 피부색, 성별, 환경은 우연의 산물일 뿐 인생의 가장 중요한 재료가 아닙니다. 생명과 자유와 행복의 추구가 우리 모두에게 양도할 수 없는 권리가 되어야 합니다. 여성의 대의가 승리해야 합니다. 여기서의 여성은 백인도, 흑인도, 붉은 피부의 여성도 아닌 세상의 악한 힘 아래 시들어갔던 모든 남자와 모든 여자를 말합니다. 특히 여성의 운명은 상처와 아픔과 불가분의 관계였습니다. 따라서 여자의 "권리"를 얻는 것은 모든 권리에 대한 최종적 승리를 의미할 것입니다. 이 지구 위의 여러 국가들의 정부는 이성과 정의와 사랑에 얼마나 큰 도덕적 힘이 있는지 알게 될 것입니다.

쿠퍼는 자신을 위해, 그리고 노예로 태어났던 수천 명의 흑인 여성을 위해, 자신이 고통받았기에 모든 억압받은 인간들의 수난에 공감과 연민을 느끼는 사람들을 위해 연설했다. 만약 미국의 모든 여성인권운동가들이 이러한 감수성을 공유했다면 미국은 진정 급진적이고 혁명적인 국가가 되었을 것이다.

페미니즘은 계속해서 만들어지는 과정에 있는 이데올로기이다. 옥스포드 영어 사전에 따르면 "페미니즘"이란 단어는 19세기 후반에 처음 사용되기 시작했고 그때는 "여성의 기질"을 갖는다는 뜻이었다. 이후 단어의 의미는 서서히 변해 20세기의 사전에서는 페미니즘을 "정치적, 경제적, 사회적 성평등 이론"이라 정의한다. 사실 많은 여성에게 이 정의는 그리 와닿지 않는다. 《기억된 문: 미국 페미니즘의 기원》에서 바버라 버그는 페미니즘을 "여성해방의 여러 단계를 아우르는 운동"이라고 정의했다. 그녀는 다음과 같이 덧붙인다.

> 페미니즘은 자신의 운명을 결정할 수 있는 자유다. 성별이 결정하는 역할에서의 해방이다. 이 사회의 억압과 한계에서의 해방이다. 자신의 생각을 완전히 표현하고 그 생각을 행동으로 옮길 수 있는 자유다. 페미니즘은 개개인의 양심과 판단에 맞는 여성의 권리를 인정할 것을 요구한다. 여성의 근본적 가치가 그 여성이 인간이기 때문에 있다고 상정하고 그 삶의 다른 관계에 의지하지 않는다는 것을 의미한다.

이 페미니즘의 확장된 정의는 유용하긴 하지만 한계가 있다. 많은 여성이 "사회적 평등"을 위한 투쟁도 "자율적인 존재로서의 여성의 이데올로기"에 대한 집중도 이 사회에서 성차별과 남성 지배를 척결하기에는 충분하지 않다는 사실을 발견했다. 내가 생각하는 페미니즘이란 단순히 남성 우월주의를 끝내려는 투쟁도 아니고 모든 여자가 남자와 동등한 권리를 갖게 만들어주는 운동도 아니다. 성별, 인종, 계급 등 서구 문화의 여러 결에 스며들어 있는 지배/피지배 이데올로기를 근절하겠다는 결심이며 미국 사회를 재조직해 제국주의, 경제적 팽창, 물질적 욕망보다 사람의 성장이 우선시되는 사회를 만들겠다는 결심이다.

1976년 페미니즘 팸플릿을 쓴 무명의 저자는 여성이 반드시 정치적인 의식을 가져야 한다고 말했다.

> 모든 투쟁에서 우리는 적극적이고 도전적으로 미국에 깊게 자리 잡은 성향과 싸워야 한다. 그 성향이란 긴장이 형성되거나 환영받지 못하는 것이 두려워 원칙이 어떤 것인지 질문하는 것을 회피하는 성향이다. 우리는 근본적이고 변증법적인 원칙에 따라 살아야 한다. 진보는 모순을 해결하기 위한 투쟁에서만 찾아올 수 있다.

백인 여성이 인종차별적인 여성해방운동을 조직하고 수많은 비백인 여성을 배제한 것은 분명 모순이었다. 그러나 모순이 존재한다고 해서 페미니즘 이슈를 무시해서도 안 된다. 종종 흑인 여자들은 나에게 묻는다. "왜 본인을 페미니스트라고 부르세요? 그 언어를 사용하는 것은 인종차별적인 운동에 협조한다는 뜻이 아닌가요?" 그럴 때마다 나는 이렇게 대답한다. "우리가 묻고 또 물어야 할 질문은 우리가 왜 페미니스트인지가 아니라 인종차별적 여성이 어떻게 자신을 페미니스트라고 부를 수 있는지입니다." 많은 여성이 페미니즘을 도용해 자신의 이득을 취하려 한 것도 사실이고 특히 이 운동의 전면에 섰던 백인 여성이 그랬던 것도 사실이다. 하지만 누군가 도용을 한다고 해서 포기하고 싶지는 않다. 나는 "페미니즘"이라는 용어를 재도용하여 "페미니스트"가 된다는 것의 진정한 의미는 여성과 남성 모든 사람이 성차별적 역할 패턴, 지배, 억압에서 해방되기를 바라는 것이라는 사실에만 집중하려고 한다.

오늘날 미국의 많은 흑인 여성이 페미니즘 투쟁을 통해 얻을 것이 많다는 사실을 인정하지 않으려 한다. 페미니즘을 두려워한다. 고정된 자리에 너무 오래 서 있어서 움직이고 싶어 하지 않는다. 변화를 두려워한다. 현재 갖고 있는 얼마 안 되는 것마저 잃을까 봐 두려워한다. 인종차별적인 백인 페미니스트나 성차별적인 흑인 남성, 또는 인종차별주의와 성차별주의를 모두 갖고 있는 백인 남성과 대치하는 것을 겁낸다. 그동안 나는 여러 가정의 부엌 식탁에 앉아서 수많은 흑인 여성의 말을 경청했다. 그들은 페미니즘에 대한 신념을 표현하면서도 현대 여성운동을 오목조목 비판하면서 왜 동참하지 않는지 설명했다. 여러 모임들에서도 동일한 관점을 표현하는 이들을 만났다. 나는 그들의 두려움이 왜 존재하는지 잘 안다. 그동안 우리는 짓밟히고, 강간당하고, 학대당하고, 학살당하고, 조롱당하고, 멸시당해왔기 때문이다. 몇몇 흑인 여성들만이 우리 19세기 자매들의 머리와 심장을 뜨겁게 했던 페미니즘 투쟁의 불씨를 다시 살리기 위해 노력해왔다. 페미니즘 이데올로기를 지지했던 흑인 여성들은 진정 개척자라 할 수 있다. 우리는 현재 우리와 우리 자매들을 위해 새로운 길을 만들고 있다. 우리는 목표를 달성할 것이고, 더 이상 희생되지 않고 더 이상 간과되지 않고 더 이상 두려워하지 않을 것이며, 이 모습을 본 다른 사람들도 용기와 신념을 갖고 따르게 될 것이다.

감사의 말

8년 전 처음 이 책을 위해 자료조사를 시작할 때 '흑인 여성과 페미니즘' 혹은 '인종주의와 페미니즘'과 관련된 논문이나 저서는 거의 찾아볼 수 없었다. 내가 흑인 여성 문제에 관심이 있다고 말하면 친구들은 물론 처음 보는 사람들까지 의아한 표정을 짓거나 대놓고 비웃었다. 한번은 저녁 식사 자리에서 이 책 이야기가 나오니 어떤 사람이 웃음을 참지 못하고 큰 목소리로 외쳤다. "흑인 여자에 대해서 할 말이 뭐가 있어요?" 다른 사람들도 따라 웃었다. 그때 쓰고 있던 원고에 흑인 여성의 존재는 지워진다고, 우리는 무시되거나 삭제된다고 썼었는데, 내가 직접 겪은 경험이 이 주장이 진실임을 증명하는 격이었다.

이 책을 쓰는 동안 친구이자 동료인 네이트Nate는 나의 은인이나 마찬가지였다. 어느 날 내가 도서관에 갔다 와서 흑인 여성에 대한 책이 없어도 너무 없어 실망했다고 씩씩거리자 내가 쓰면 된다고 말해준 사람도 그였다. 그는 자료를 찾아주는 등 다방면에서 도움을 주었다. 또 계속해서 책을 쓸 용기를 주고 지원해준 이들은 1973~1974년 즈음 버클리 전화국에서 일하던 흑인 여성 노동자들이다. 버클리를 떠나 위스콘신주의 대학원에 진학한 후로는 이들과 연락이 끊겼으나 에너지 넘치는 그들이 흑인 여성에 대해서는 할 이야기가 많으며 다름 아닌 '내가' 그것을 말할 수 있다고 믿어주었다는 사실이 끝까지 나를 지탱해주었다. 사우스엔드출판사의 엘런 헤르만Ellen Herman에게 큰 감사를 전한다. 우리의 관계는 정치적이었는데, 공과 사의 다리를 잇기 위해 노력하면서 사무적이지만 않고 다분히 인간적인 관계를 나눈 작가와 편집자였다.

마지막으로 이 책을 나의 어머니 로자 벨 왓킨스에게 바친다. 그녀는 나를 포함한 당신의 딸들에게 '자매애란 여성을 강하게 한다'는 진리를 우리를 존중하고 보호하고 응원하고 사랑하는 방식으로 일러주었다.

해제
"난 여자가 아닙니까?"
그 질문과 응답의 여정

— 김보명(이화여대 여성학과 조교수)

"내가 생각하는 페미니즘이란 단순히 남성 우월주의를 끝내려는 투쟁도 아니고 모든 여자가 남자와 동등한 권리를 갖게 만들어주는 운동도 아니다. 성별, 인종, 계급 등 서구 문화의 여러 결에 스며들어 있는 지배/피지배 이데올로기를 근절하겠다는 결심이며 미국 사회를 재조직해 제국주의, 경제적 팽창, 물질적 욕망보다 사람의 성장이 우선시되는 사회를 만들겠다는 결심이다."(본문 313쪽)

미국의 저명한 흑인 여성 페미니스트 이론가이자 활동가인 벨 훅스는 한국 독자들에게도 이미 친숙한 저자다. 지난 10여 년간 《모두를 위한 페미니즘Feminism is for Everybody》을 비롯해 《올 어바웃 러브All about Love》, 《남자다움이 만드는 이상한 거리감The

Will to Change》, 《벨 훅스, 당신과 나의 공동체Teaching Community》, 《당신의 자리는 어디입니까Where We Stand》 등 훅스의 여러 저서들이 번역되어 국내 독자들에게 소개되었다. 지난 2021년 12월 15일 그의 부고가 전해지자 《경향신문》, 《한겨레21》, 《서울신문》 등에서는 그의 생애와 사상을 조망하는 기사를 내보내며 죽음을 애도하기도 했다.

전후의 미국 사회에서 가난한 흑인 노동자 가정의 아이로 태어나 계층적, 인종적, 성적 차별을 모두 경험하며 성장한 훅스의 생애사적 기억은 이후 그의 이론과 활동에 뿌리 깊게 자리하면서 그의 관점과 실천을 형성했다. 잘 알려진 것처럼 대문자 없이 모두 소문자로만 표기하는 벨 훅스bell hooks라는 필명은 그의 외증조할머니의 이름인 벨 블레어 훅스Bell Blair Hooks에서 따온 것으로, 이는 노예제의 역사로부터 시작해 해방 이후에도 자본주의 시장에서 인종차별과 성차별의 역사를 고스란히 겪어낸 흑인 여성의 삶을 대변하는 이름이기도 하다. 훅스는 독자들이 저자의 개인적 정체성보다는 그의 생각과 그 생각이 드러내고자 하는 문제에 관심을 집중하길 바라며 이 필명을 쓰기 시작했다고 밝혔다.

훅스의 저서는 학술 논문뿐 아니라 대중서와 아동문학에 이르기까지 다양한 장르를 포괄한다. 훅스는 학술 논문의 경직성을 벗어나 자신의 사유를 자유롭게 펼치길 원했으며 장르나 형식에 매이지 않고 다양한 문화적, 역사적 사례들을 활용하면서 흑인 여성의 정체성과 정치학을 새롭게 벼려내고 찾아내고 구성했다. 훅스의 글을 접해본 독자들은 그의 글이 지닌 힘과 따뜻함을 잘 알고 있을 것이다. 훅스의 저서들은 이론적 틀이나 학문적 형식에 구애되지 않고 자신이나 다른 소수자들의 삶의 경험을 담아내면서 독자들에게 다가간다. 삶의 경험에 뿌리내린 그의 글은 여성학 전공자나 영문학 전공자뿐만 아니라 일반 독자에게도 쉽게 자신과의 접점을 찾을 수 있는 공통분모를 제공한다. 무엇보다도 그의 사유와 실천은 흑인 여성의 관점에서 미국 사회의 인종차별, 성차별, 계급차별을 날카롭게 포착하고 이러한 현실에 대한 비판적 독해와 저항적 실천을 지향한다. 현대사회의 자본주의, 가부장제, 인종주의에 대한 훅스의 비판은 양보나 타협의 여지 없이 철저하지만, 동시에 그러한 억압과 차별의 구조 속에서 살아가는 소수자들의 삶과 저항 가능성에 대한 그의 시선은 더할 나위 없이 따뜻하고 희망적이다. 일견 모순적이거나 불가능한 듯 느껴지기도 하는 이 이중주의 간극에서 우리는 비판적 사유와 대안적 삶의 가능성을 길어낼 수 있을 것이다.

《난 여자가 아닙니까?Ain't I a Woman》는 1981년에 출간된 훅스의 저서이자 그를 미국 페미니즘계와 지성계에 중요한 인물로 자리매김시킨 저술이다. 훅스는 스탠퍼드대 재학 시절 19세의 나이에 이 저서의 초고를 완성했지만 출간하지 않고 있다가 박사 학위를 받은 후 29세의 나이에 이 글을 출간했다고 한다. 소저너 트루스의 유명한 연설 〈난 여자가 아닙니까?〉에서 따온 제목에 이미 잘 나타나듯 이 글은 당대 미국 페미니즘의 인종차별과 흑인해방운동의 성차별 모두를 통렬히 비판하며 흑인 여성의 경험에서 출발하는 페미니즘과 사회정의의 새로운 언어와 방향을 찾아간다. 후일 교차성 페미니즘으로 명명되기도 하는 흑인 여성 페미니즘 정치학은 젠더, 인종, 계층 중 어느 한 가지 억압과 차별의 기제로만 설명되기 어려운 다중적 억압과 차별의 경험을 언어화하고, 나아가 이러한 현실을 넘어서기 위한 연대와 해방의 정치학을 언어화하기 위해 노력한다. 국내에도 이미 번역되어 소개된 바 있는 패트리샤 힐 콜린스Patricia Hill Collins의 《흑인 페미니즘 사상Black Feminist Thought》, 오드리 로드Audre Lorde의 《시스터 아웃사이더Sister Outsider》, 앤절라 데이비스Angela Y. Davis의 《여성, 인종, 계급Women, Race & Class》 또한 훅스의 저서와 동시대에 나란히 등장해 그간 주변에서 침묵되어온 흑인 여성들의 페미니즘 사상과 실천을 미국 여성학의 중심으로 밀어 올렸다.

지금 이 책을 읽고 있는 우리가 '흑인 여성'과 '페미니즘'을 나란히 두고 생각하거나 이야기하는 것에 불편함이나 어색함을 느끼지 않는다면 그것은 아마도 훅스를 비롯한 동 세대 흑인 여성 페미니스트들이 이론과 실천에서 저항적으로 개입했기 때문일 것이다. 어떤 사상이나 학문을 두고 그 기원이나 원저자를 특정하기란 어렵고 불필요하지만 어떤 면에서 《난 여자가 아닙니까?》는 이후 미국의 대학 교양 수업이나 한국의 여성학 수업에서 소개되는 흑인 여성 페미니즘 정치학의 출발점을 보여주는 저술이라 할 수 있다. 이러한 소개 혹은 자리매김은 훅스의 저서를 특권화하고자 하는 의도가 아니라 그의 저서가 놓인 복합적인 위치를 드러내기 위함에 가깝다. 고전이나 정전으로 소개되는 저서들은 종종 현대 독자들에게 친숙하게 다가오는 이야기를 담고 있지만 사실 이 친숙함으로 인해 우리는 그 이면에 놓인 급진성이나 복합성을 잘 보지 못하는 경우들이 있기 때문이다. 흑인 여성들의 정체성과 정치학이 백인 여성들이나 흑인 남성들의 그것과 다르다는, 이제는 너무도 당연하고 친숙하게 들리는 이 주장이 대체 어떤 새로움이나 변화를 만들어낼 수 있었던 것인지, 그리고 오늘날 한국 사회에서 흑인 여성 페미니스트 저자인 훅스의 초기 저서를 소개한다는 것은 대체 어떤 의미가 있는 것인지 궁금해지는 지점이다.

《난 여자가 아닙니까?》에서 훅스는 현대 미국 사회에서 흑인 여성들이 노동자로서 그리고 "여성"으로서 존중받지 못하는 현실과, 이러한 현실에 대해 기존의 페미니즘과 흑인해방운동 모두 적절한 해답을 제시하지 못하는 한계 모두에 의문을 제기하며 흑인 여성 페미니즘의 가능성을 모색한다. 훅스에 따르면 현대 미국 사회에서 흑인 여성에 대한 "격하devaluation"는 노예제의 역사로부터 시작되어 노예해방 이후 미국 사회의 노동시장과 가족 질서, 그리고 대중문화 재현의 장에서도 면면히 이어져왔다. 노예제 아래에서 노동력 착취와 성적 폭력으로 고통받아온 흑인 여성들은 이후 자본주의 노동시장에서도 저임금노동력으로 착취당하며 거칠고 강인한 "가모장"으로 정형화되었다. 흑인 여성은 백인 여성을 기준으로 구성된 규범적 여성성으로부터 배제되었으며, 이러한 배제가 한편으로는 백인 페미니즘이 "해방"으로 상상해온 "강인한" 여성의 역할로 이어졌지만, 역설적으로 이 강인함은 자유로운 선택이나 자기 구성의 과정이 아닌 가혹한 삶의 조건으로 인한 박탈의 결과로 나타났다. 같은 맥락에서 흑인 여성들의 힘과 저항이 역사적으로 중첩되어온 억압과 차별은 물론 그로부터 유래하는 폭력과 고통을 묵묵히 견뎌내는 능력으로 인식되면서 변혁의 힘이나 해방의 상상력은 제한되었다. 흑인 여성을 둘러싼 이러한 두터운 역사적, 문화적 재현의 결들은 인종차별주의와 성차별주의 너머의 "흑인 여성"이 어떤 모습일지, 이러한 "흑인 여성"의 미래적 구성으로부터 뻗어나올 수 있는 현재적 저항과 실천의 전략이 어떠해야 할지를 상상하기 어렵게 만든다. 이러한 어려움은 특히 페미니즘의 젠더 정치학이 백인 중심적으로 구성되고 흑인해방운동의 인종 정치학이 남성 중심적으로 구성될 때 더욱 가중된다.

아마도 그런 이유로 훅스는 이 책 전반에서 한 치의 양보나 타협 없이 동 세대 여성운동의 백인 중산층 여성 중심성과 흑인해방운동의 남성 중심성을 조목조목 짚어내고 비판하면서 새로운 사유와 실천의 필요성을 강조하는 것일 테다. 훅스는 또한 흑인 여성들이 보여주는 백인 여성됨에 대한 선망이나 가부장적 남성 지배와의 공모 또한 거침없이 지적하며 그 이면에 놓인 인종주의, 가부장제, 자본주의의 작동을 드러낸다. 명쾌하지만 때로는 엄격하게 느껴지는 훅스의 비평은 결국 백인 여성들, 흑인 남성들, 그리고 흑인 여성들 모두가 자신들의 경험, 의식, 욕망, 이해관계, 실천이 놓인 두터운 역사적, 문화적 격자들을 비판적으로 돌아보고 그로부터 옮겨갈 수 있을 때 새로운 관계와 세계가 시작될 수 있음을 말하는 듯 보인다.

훅스가 당대의 미국 사회를 상대로 펼쳐낸 흑인 여성 페미니스트 비평은 완결점이 아니라 시작점에 불과했으며 그로부터 40여 년이 지난 오늘날의 미국 사회에서도 여전히 현재진행형으로 재구성되고 있다. "난 여자가 아닙니까?"라는 질문은 우리가 알고 있는 "여성"이 누구 혹은 무엇인지, 그리고 이 여성됨의 의미와 기준이 백인, 중산층, 이성애자, 시스젠더, 비장애인, 선주민 등과 같은 권력관계와 어떻게 공모하고 타협하면서 상호 구성되는지를 비판적으로 되돌아보길 촉구한다. 이러한 질문은 또한 페미니즘의 이론과 실천에서 "여성"의 의미가 결코 완결되거나 고정될 수 없음을 끊임없이 상기시킨다.

1981년의 미국 사회에서 쓰인 뒤 40여 년의 시간을 넘어 한국에 도착한 훅스의 저서가 어떤 독자들을 만날 것인지, 어떤 대화를 촉발할 것인지 사뭇 궁금해진다. 이주민 여성, 트랜스 여성, 장애 여성, 퀴어 여성 등 다양한 여성들이 이미 페미니즘의 이론과 실천의 현장 속에서 함께하고 있는 오늘날 한국 사회의 풍경 속에서 "여성"은 누구이며 어떤 얼굴로 상상되고 있을까? 우리가 페미니즘 실천의 주체로 상상하는 그 "여성"은 우리가 싸우고자 하는 지배 질서가 정상과 규범으로 상상하는 그 "여성"과 얼마나 겹치고 얼마나 다를까? 페미니즘에 있어서 "여성"은 무엇이며 여성들에게 페미니즘은 무엇이 될 수 있을까? 누가 여성인지를 묻고 답하는 이 여정에서 페미니즘은 새로운 해답과 출구를 찾을 수 있을까? 이 책과 함께 우리는 최소한 그 질문과 응답의 여정을 시작할 수 있을 것이다. 독자들의 여정이 트루스와 훅스의 질문만큼이나 도전적이고 성찰적인 경험이 되기를 기원해본다.

참고문헌

American Anti-Slavery Society, *American Slavery As It Is: Testimony of a Thousand Witnesses*, New York, 1839.

Andreski, Iris, *Old Wives' Tales*, London: Routledge and Kegan Paul, 1970.

Aptheker, Herbert, *A Documentary History of the Negro People in the United States*, New York, 1951.

Babcox, Deborah and Madeline Belkin, *Liberation Now*, New York: Dell, 1971.

Bancroft, Frederic, *Slave Trading in the Old South*, Baltimore: J.H. First Company, 1931.

Baraka, Imamu Amiri, "Black Women" in *Black World*, 1970.

Barber, Benjamin, *Liberating Feminism*, New York: Delta, 1976.

Bennett, Lerone, *Before the Mayflower*, Baltimore: Penguin, 1966.

_____ , *Pioneers in Protest*, Baltimore: Penguin, 1969.

Benton, Myron, *The American Male*, New York: Coward-McCann, Inc., 1966.

Berg, Barbara, *The Remembered Gate: Origins of American Feminism*, New York: Oxford University Press, 1979.

Berlin, Ira, *Slaves Without Masters*, New York: Vintage Books, 1976.

Bernard, Jessie, *The Future of Marriage*, New York: Bantam, 1973.

_____ , *Marriage and Family Among Negroes*, New Jersey: Prentice Hall, 1966.

Billington, Ray, (ed.), *Journal of Charlotte Forten*, New York: Collier, 1961.

Billingsley, Andrew, *Black Families in White America*, Englewood Cliffs, New Jersey: Prentice Hall, 1968.

Bird, Caroline, *Born Female*, New York: Pocket Books, 1968.

Bogin, Ruth and Bert Lowenberg, *Black Women in Nineteenth-Century American Life*, Pennsylvania: Pennsylvania State Univ. Press, 1976.

Botkin, B.A., *Lay My Burden Down*, Chicago: University of Chicago Press, 1945.

Brotz, Howard, (ed.), *Negro Social and Political Thought, 1850-1920*, New York: Basic Books, 1966.

Brownmiller, Susan, *Against Our Will*, New York: Simon and Schuster, 1975. (수전 브라운밀러, 박소영 옮김, 《우리의 의지에 반하여》, 오월의봄, 2018.)

Cade, Toni, (ed.), *The Black Woman*, New York: Signet, 1970.

Carmichael, Stokely and Charles Hamilton, *Black Power*, New York: Vintage Books, 1967.

Cash, W.J. *The Mind of the South*, New York: Vintage, 1941.

Chafe, William, *Women and Equality*, New York: Oxford University Press, 1977.

Child, Lydia Maria, *Brief History of the Condition of Women*, New York: C.S. Francis and Co., 1854.

_____ , *An Appeal in Favor of Americans Called Africans*, (reprint), New York: Arno Press, 1968.

Chisholm, Shirley, "Racism and Anti-Feminism" in *The Black Scholar*, 1970, pp. 40-45.

Clarke, Jessie, *A New Day for the Colored Woman Worker*, New York, 1919.

Coles, Jane and Robert, *Women of Crisis*, New York: Dell, 1978.

Cooper, Anna Julia, *A Voice from the South*, Xenia, Ohio, 1892.

Cott, Nancy, *Bonds of Womanhood*, New Haven: Yale University Press, 1977.

Cudlipp, Edythe, *Understanding Women's Liberation*, New York: Paperback Library, 1971.

Day, Caroline Bond, *A Study of Some Negro - White Families in the U.S.*, Connecticut: Negro University Press, 1970.

Daly, Mary, *Gyn/Ecology*, Boston: Beacon Press, 1978.

Davis, Angela, *An Autobiography*, New York: Random House, 1974.

_____ , "Reflections on the Black Woman's Role in the Community of Slaves" in *The Black Scholar*, Vol. 3, Number 4, December 1971.

Deckard, Barbara, *The Women's Movement*, New York: Harper and Row, 1975.

Diner, Helen, *Mothers and Amazons*, New York: Anchor Press, 1973.

Doherty, Joseph, *Moral Problems of Interracial Marriage*, Washington: Catholic University of America Press, 1949.

Dougherty, Molly, *Becoming a Woman in Rural Black Culture*, New York: Holt, Rinehart, and Winston. 1978.

Douglass, Frederick, *Narrative of the Life of Frederick Douglass*, Edited by Benjamin Quarles, Cambridge, Mass.: Belknap Press, 1969.

Douglas, Mary, *Purity and Danger*, New York: Praeger, 1966. (메리 더글러스, 유제분 · 이훈상 옮김, 《순수와 위험》, 현대미학사, 1997.)

Draper, Theodore, *The Rediscovery of Black Nationalism*, New York: Viking Press, 1969.

Drimmer, Melvin, *Black History*, New York: Doubleday, 1968.

Duniway, Abigail Scott, *Path Breaking*, New York: Schocken Books, 1971.

Eastman, Crystal, *On Women and Revolution*, Edited by Blanche Cook, New York: Oxford University Press, 1978.

Eisenstein, Zillah, (ed.), *Capitalist Patriarchy and the Case for Socialist Feminism*, New York: Monthly Review Press, 1979.

Elkins, Stanley, *Slavery*, New York: Universal Library, 1963.

Fasteau, Marc, *The Male Machine*, New York: Delta, 1975.

Feldstein, Stanley, *Once a Slave*, New York: William Morrow and Company, 1971.

Figes, Eva, *Patriarchal Attitudes*, Greenwich, Conn.: Fawcett Press, 1970.

Firestone, Shulamith, *The Dialectic of Sex*, New York: Bantam, 1970. (슐라미스 파이어스톤, 김민예숙 · 유숙열 옮김, 《성의 변증법》, 꾸리에, 2016.)

Flexner, Eleanor, *Century of Struggle*, New York: Atheneum, 1970.

_____, *Mary Wollenscraft*, Maryland: Penguin, 1972.

Frazier, E. Franklin, *Black Bourgeoisie*, New York: Collier, 1962.

Freeman, Jo, *The Politics of Women's Liberation*, New York: David McKay Co., 1975.

Genovese, Eugene, *Roll, Jordan, Roll*, New York: Vintage Press, 1976.

_____, *The World the Slaveholders Made*, New York: Vintage Press, 1977.

Ginzberg, Eli, *Educated American Women*, New York: Columbia University Press, 1966.

Gordon, Albert, *Intermarriage: Interfaith, Interracial, Interethnic*, Boston: Beacon Press, 1964.

Gornick, Vivian and Barbara Moran, *Women in Sexist Society*, New York: Basic Books, 1971.

Greer, Germaine, *The Female Eunuch*, New York: Bantam Books, 1971.

Grier, William and Price Cobbs, *Black Rage*, New York: Bantam Books, 1968.

_____, *The Jesus Bag*, New York: Bantam Books, 1971.

Griffiths, Mattie, *Autobiography of a Female Slave*, New York: Redfield, 1857.

Gutman, Herbert, *The Black Family in Slavery and Freedom*, New York: Vintage Books, 1977.

Hafkin, Nancy and Edna Bay, *Women in Africa*, Palo Alto, Calif.: Stanford

University Press, 1976.

Halsell, Grace, *Black − White Sex*, Connecticut: Fawcett, 1972.

_____ , *Soul Sister*, Connecticut: Fawcett, 1969.

Hansberry, Lorraine, *To Be Young, Gifted and Black*, New York: Signet Books, 1970.

Harley, Sharon and Rosalyn Terborg − Penn, *The Afro − American Woman*, New York: Kennikat Press, 1978.

Hernton, Calvin, *Sex and Racism in America*, New York: Grove, 1965.

Isaacs, Harold, *The New World of Negro Americans*, New York: Viking Press, 1963.

Janeway, Elizabeth, *Man's World, Woman's Place*, New York: Delta, 1971.

Jones, Leroi, *Home*, New York: William Morrow, 1966.

_____ , *Raise, Race, Rays, Raze*, New York: Vintage Press, 1972.

Kemble, Francis, *Journal of a Residence on a Georgian Plantation in 1838 − 1839*, Edited by John Scott, New York: Signet Books, 1975.

Koedt, Anne, (ed.), *Radical Feminism*, New York: Quadrangle Books, 1973.

Kraditor, Aileen, (ed.), *Up From the Pedestal*, Chicago: Quadrangle, 1968.

Ladner, Joyce, *Tomorrow's Tomorrow*, New York: Anchor Books, 1972.

Lerner, Gerda, *Black Women in White America*, New York: Vintage Press, 1973.

Lincoln, C. Eric, *The Black Muslims in America*, Boston: Beacon Press, 1961.

Logan, Rayford, *The Betrayal of the Negro*, New York: Collier, 1954.

Meltzer, Milton, *Slavery: from the Rise of Western Civilization to Today*, New York: Dell, 1971.

Millett, Kate, *Sexual Politics*, New York: Avon, 1971. (케이트 밀렛, 김유경 옮김, 《성정치학》, 쌤앤파커스, 2020)

Milner, Christina and Richard Milner, *Black Players*, Boston: Little Brown and Co., 1972.

Morgan, Robin, (ed.), *Sisterhood Is Powerful*, New York: Vintage Press, 1970.

Myrdal, Gunnar, *An American Dilemma*, New York: Harper and Brothers, 1944.

Nichols, Charles, *Black Men in Chains*, New York: Lawrence Hill, 1972.

Paulme, Denise, (ed.), *Women of Tropical Africa*, Berkeley: University of California Press, 1963.

Quarles, Benjamin, *The Negro in the Making of America*, New York: Collier, 1964.

Reid, Inez, *Together Black Women*, New York: Third Press, 1975.

Reiter, Rayna, (ed.), *Toward an Anthropology of Women*, New York: Monthly Review Press, 1975.

Riegel, Robert, *American Feminists*, Kansas: University of Kansas Press, 1963.

Rogers, Katherine, *The Troublesome Helpmate*, Seattle: University of Washington Press, 1966.

Scott, Anne, *The Southern Lady: From Pedestal to Politics, 1830 – 1930*, Chicago: University of Chicago Press, 1970

Seifer, Nancy, (ed.), *Nobody Speaks For Me*, New York: Simon and Schuster, 1976.

Sinclair, Andrew, *The Emancipation of the American Woman*, New York: Harper – Colophon, 1965.

Silberman, Charles, *Crisis in Black and White*, New York: Vintage Press, 1964.

Smith, Page, *Daughters of the Promised Land*, Boston: Little, Brown and Co., 1970.

Smuts, Robert, *Women and Work in America*, New York: Schocken Books, 1971.

Snodgrass, Jon, (ed.), *For Men Against Sexism*, Albion, Calif.: Times Change Press, 1977.

Sochen, June, *Herstory*, New York: Alfred Publishing Co., 1974.

_____ , *The New Woman in Greenwich Village, 1910 – 1920*, New York: Quadrangle Books, 1972.

Spears, John, *American Slave – Trade*, New York: Kennikat Press, First printed in 1900.

Spruill, Julia, *Women's Life and Work in the Southern Colonies*, New York: W.W.

Norton, 1972.

Stambler, Sookie, (ed.), *Women's Liberation: Blueprint for the Future*, New York: Ace Books, 1970.

Stampp, Kenneth, *The Peculiar Institution*, New York: Vintage Press, 1956.

Staples, Robert, *The Black Woman in America*, Chicago: Nelson Hill, 1973.

Tanner, Leslie, (ed.), *Voices From Women's Liberation*, New York: Mentor, 1970.

Thompson, Mary, (ed.), *Voices of the New Feminism*, Boston: Beacon Press, 1970.

Vilar, Esther, *The Manipulated Man*, New York: Farrar, Straus, and Giroux, 1972.

Wallace, Michele, *Black Macho and the Myth of the Super Woman*, New York: Dial Press, 1978.

Ware, Cellestine, *Woman Power*, New York: Tower Publications, 1970.

Washington, Joseph, *Marriage in Black and White*, Boston: Beacon Press, 1970.

Williams, Eric, *Capitalism and Slavery*, New York: Capricorn, 1966.

Woodward, C. Vann, *The Strange Career of Jim Crow*, New York: Oxford University Press, 1957.

<Ain't I a Woman?> by Sojourner Truth

Well, children, where there is so much racket

there must be something out of kilter.

I think that 'twixt the negroes of the South

and the women at the North,

all talking about rights, the white men will be in a fix pretty soon.

But what's all this here talking about?

That man over there says that women need

to be helped into carriages,

and lifted over ditches, and

to have the best place everywhere.

Nobody ever helps me into carriages,

or over mud-puddles, or gives me any best place!

And ain't I a woman? Look at me! Look at my arm!

I have ploughed and planted,

and gathered into barns, and no man could head me!

And ain't I a woman?

I could work as much and eat as much

as a man - when I could get it

- and bear the lash as well!

And ain't I a woman?

I have borne thirteen children,

and seen most all sold off to slavery,

and when I cried out with my mother's grief,

none but Jesus heard me!

And ain't I a woman?

Then they talk about this thing in the head;

what's this they call it?

[member of audience whispers, "intellect"]

That's it, honey.

What's that got to do with women's rights or negroes' rights?

If my cup won't hold but a pint,

and yours holds a quart,

wouldn't you be mean not to let me have

my little half measure full?

Then that little man in black there,

he says women can't have as much rights as men,

'cause Christ wasn't a woman! Where did your Christ come from?

Where did your Christ come from? From God and a woman!

Man had nothing to do with Him.

If the first woman God ever made was

strong enough to turn the world upside down all alone,

these women together

ought to be able to turn it back ,

and get it right side up again!

And now they is asking to do it,

the men better let them.

Obliged to you for hearing me,

and now old Sojourner ain't got nothing more to say.